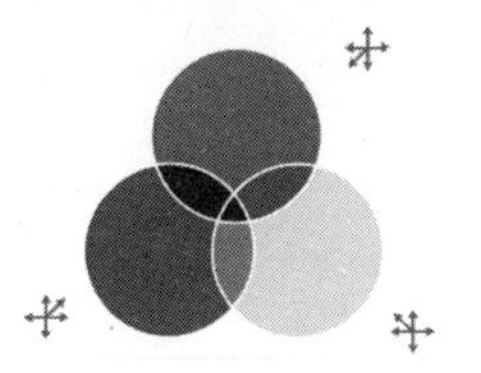

【家校合作丛书】

丛书主编：吴重涵 王梅雾 张俊

国家社科基金（教育学）资助项目：制度化家校合作与儿童成长的相关性研究（BHA140091）

共建大教育格局

制度化家校合作案例汇编·上

主　编：吴重涵 王梅雾　　副主编：范忠茂 张俊 刘莎莎

江西教育出版社
JIANGXI EDUCATION PUBLISHING HOUSE

图书在版编目（CIP）数据

共建大教育格局：制度化家校合作案例汇编 / 吴重涵，王梅雾主编. — 南昌：江西教育出版社，2018.7
（家校合作丛书）
ISBN 978-7-5705-0400-8

Ⅰ. ①共… Ⅱ. ①吴… ②王… Ⅲ. ①学校教育—合作—家庭教育—研究 Ⅳ. ①G459

中国版本图书馆 CIP 数据核字(2018)第 138404 号

共建大教育格局:制度化家校合作案例汇编
GONGJIAN DAJIAOYU GEJU:ZHIDUHUA JIA-XIAO HEZUO ANLI HUIBIAN
吴重涵　王梅雾/主编
范忠茂　张俊　刘莎莎/副主编

江西教育出版社出版
(南昌市抚河北路 291 号　邮编：330008)
各地新华书店经销
江西省和平印务有限公司印刷
700 毫米×1000 毫米　16 开本　39.5 印张
2018 年 7 月第 1 版　2018 年 7 月第 1 次印刷
ISBN 978-7-5705-0400-8
定价：98.00 元

赣教版图书如有印装质量问题，请与我社联系调换　电话：0791-86710427
投稿邮箱：JXJYCBS@163.com　来稿电话：0791-86705643
网址：http://www.jxeph.com

赣版权登字-02-2018-350

前　　言

家校合作并不是新鲜事物，作为个体层面的家校合作和活动层面的家校合作在很多学校都已经有不少实践。然而，家长参与长期被看作是外部力量对教育专业领域的介入，而没有被视为教育共同体的一个组成部分。即使是家长委员会也并非理所当然成为一个既被学校看好又被家长叫好的组织，在其背后往往隐藏着学校的"看不见的手"。因此，无论从家庭的角度还是从学校的角度看，家长参与学校教育都算不上是能"讨好"的事。

近些年来，家校合作时不时地在各地各校掀起热潮，但并没有跳出简单经验复制的模式，也没有克服长期停留在活动层面而未与学校日常管理和教学相融合的倾向。这种自发状态下的家校合作，正招致越来越多的质疑和批评。

2011 年以来，江西省引进国际先进家校合作理论成果和实践框架，通过全省两轮以全球视野和科学研究为基础的试点，用国内家校合作领域学术研究最高水平的研究成果促进家校合作实践的推进。（杨咏梅，2017）

2012 年以降，我们课题组系统检索和整理了美国、中国内地以及台湾、香港地区等有关家校合作的研究文献，确立了"科研引领——行政推动——试点创新"的行动路径。一方面，翻译出版了两本家校合作的专著——《学校、家庭和社区合作伙伴：行动手册（第三版）》《家庭优势：社会阶层与家长参与》；另一方

面，课题组一行先后前往山东和台湾地区考察家长（委员）会的建设工作，感受当地在推进家长（委员）会工作方面的力度和效果。回来后，我们从学习世界先进经验起步，推动家庭、学校和社区合作伙伴关系的建立。在这样的背景下，课题组带领试点单位通过两轮试点，探索各级各类学校家校合作的工作机制和规律。

6年来，全省170所中小学校、幼儿园和两个县参加了家校合作的试点（涉及25余万学生、50余万父母），在《中国教育报》评选的全国家庭教育的优秀案例中，我省9个家庭教育案例榜上有名，其中有3个家校合作案例成为前十佳。尤其是弋阳县的家校合作在全国影响很大，受到了新华社等中央媒体的采访。江西家校合作已经形成“一二三四五六”的实践模式，即一个着眼（构建围绕学生成长的、校内校外相协调的现代学校制度，形成大教育格局），二个服务（既要服务学校，又要服务家庭的双向服务），三个环境（系统优化育人、办学和家庭环境），四大主体（政府、学校、家庭、社区），五方联动（家庭、家长、学校、教师、学生），六种类型（当好家长、相互交流、志愿服务、在家学习、参与决策、社区协作）。这一模式的内在关系是：目的（一个着眼），目标（三个环境），结构（四大主体和五方联动），功能（双向服务），达成途径即方法（六种类型）。其核心是通过双向服务，系统改善育人、办学和家庭环境，在家校合作中形成大教育格局。

与此同时，江西省多项家校合作的研究成果在《教育研究》《教育发展研究》《光明日报》《中国教育报》等主要理论刊物和媒体发表，并在《新华文摘》《人大复印资料·教育学》多次转载，获得第五届全国教育科研优秀成果二等奖和江西省哲学社会科学优秀成果一等奖，入选第一届全国教育实证研究十佳论文，多次在家庭教育国际论坛和全国家校合作论坛上发布研究成果和数据报告。以江西的数据为基础，出版了一套在全国有影响的“家校合作丛书”。可以说，江西省家校合作试点工作引进国际先进的家校合作理论与实践框架，立足以研究为导向的本土化行动，很快超越了单纯家长委员会的组织建设层面，跨越了简单复制经验的活动层面，着力推进家校合作的制度化过程，理论和实践已经相对成熟，具备了在更大范围和层面上推广的条件。

按照当初的设计，我们编辑出版江西省家校合作不同时期的实践案例，既为同类学校提供可资借鉴的范例，也为实践工作者和研究者保留鲜活的历时性数据。2012 年出版的家校案例，呈现的是江西省推进制度化家校合作之初各级各类学校的原始缩略图，原汁原味地保留了各校在家校合作中“百花齐放”的思想与行为。

尽管我们这次编辑家校合作案例的工作原则依然是原汁原味地呈现，即不对案例做统一的规范要求和专业修订，但正如大家即将要看到的那样，如今的“百花齐放”背后隐含着广泛的价值共识和统一的实践框架。我们希望细心的读者在对比阅读两部家校合作案例图书时，家校合作发展的轨迹可以被大家捕捉，例如：家校合作制度化过程中的阶段性特征和本地“行话”的兴起及其意义，由单方面服务于学校向均衡服务于学校和家庭双边的转型，宏观号召和微观自觉行动的结合等。

本书共分为四章，整体结构遵循了江西省制度化家校合作“科研引领——行政推动——试点创新”的行动路径。第一章“科研引领”收录了项目组发表的研究论文，第二章“省级统筹”收录了江西省家校合作省级层面的总结和过去 6 年江西省家校合作和家庭教育方面的政策文件，第三章“区域行动”主要收录了江西省入选的全国家庭教育优秀案例和弋阳、芦溪两个试点县的案例，第四章“实践创新”收录的是各试点学校的案例。

本书得以出版，首先我们需要感谢各试点县（校），不仅因为撰写案例本身需要有关人员的努力，更在于案例背后的实践需要更多人的持续行动。再次我们还要感谢项目组的共同牵头单位江西省教育厅基础教育处，在将科研成果转化为教育政策方面给予了充分的信任和支持，使得研究与实践的结合、研究成果对实践工作的推进在江西省得到了近乎完美的经验。感谢中国教育学会家庭教育专业委员会和主要理论报刊《教育研究》《光明日报》《中国教育报》等为江西家校合作研究理论成果和实践经验的推介、展示提供了令人温暖的慷慨支持。感谢江西教育出版社在出版“家校合作丛书”的工作上，持续与江西省教育科学研究所的合作，他们提供了十分热情周全的协助。

目　　录

上　　册

第一章　科研引领

第二章　省级统筹

第三章 区域行动

下　册

第四章 实践创新(下)

第一章　科研引领

江西家校合作科研成果的简要介绍

江西省的制度化家校合作推进是"科研、行政和实践"三位一体的教育综合改革项目。科研在其中起了引领作用，它以证据为基础，从学理层面明确了家校合作的现状和改进动态，明确了本土化家校合作的作用、阻碍、改善路径、制度化过程等关键问题，还为行政和实践的持续改进提供了科学依据和指导，实现了科研与行政、实践的良性互动。

为了呈现科学研究在家校合作中的引领作用，与行政、实践的互动效果，以及家校合作研究的学理逻辑，本书选取了团队5篇代表性论文，它们分别探讨了家校合作的作用，影响因素，家校间的一致性与差异性，家校合作的功能面向，以及家校合作制度化过程等主题。为方便读者，在此分别介绍这几篇论文的主要观点。

第1篇论文《家长参与的力量——家庭资本、家园校合作与儿童成长》，是为了研究家庭资本、家校合作与儿童成长间的规律性联系，文章根据"家校合作跟踪研究"的大样本数据，建立了5个研究假设和1个推论，通过实证分析，发现家庭的各类资本对儿童成长有不同程度的作用，但家校合作会减弱家庭资本与儿童成长间的相关性。文章指出，弱势家庭虽不具有各种丰裕的资本，但可通过加强与学校的合作，来弥补家庭资本的不足，从而促进儿童在学业中取得成功，并在更宏观意义上促进教育公平，这种促进即称之为“参与的力量”。

这篇文章发表于《教育学术月刊》2014 年第 3 期，被《新华文摘》《人大复印资料·教育学》全文转载，相继获第五届全国教育科学研究优秀成果二等奖(2016 年)、首届全国教育实证研究十佳优秀论文(2017 年)、江西省第十五届社会科学优秀成果一等奖(2015 年)等奖项，是团队的代表作之一。

第 2 篇论文《是什么阻碍了家长对子女教育的参与——阶层差异、学校选择性抑制和家长参与》，是将家庭、儿童和学校层面的变量纳入同一模型中，探讨家长参与子女教育的阻碍因素。多层线性模型的回归结果发现，家庭、儿童和学校都会影响家长参与。家庭社会经济地位与家长参与的关系集中体现在家长的职业性质、母亲的受教育水平、家庭社会关系等因素上；学生年级和儿童留守状况显著影响家长参与；学校对家庭、儿童特征与家长参与间的关系具有调节作用。基于此得出：家长参与具有阶层差异；家长的参与存在学校的选择性抑制；克服家长参与的阻碍，改进学校行为，有利于促进教育公平。

这篇文章发表于《教育研究》2017 年第 2 期，系统性地描述了家长参与家校合作的阻碍因素，特别是学校的选择性抑制、制度性歧视、教师的不当行为等因素，为政策制定和学校实践提供了改进方向。文章被《新华文摘》等杂志转载，并在家庭教育国际论坛上宣读。

第 3 篇论文《学校和家长能否想到一块去 ——家校合作大样本跟踪调查的几个研究发现》，发表于《光明日报》2017 年 1 月 21 日。文章基于家校合作大样本调查数据，得出核心结论：儿童成长既不只取决于学校，也不只取决于家庭，而是取决于家庭与学校之间持续的、高质量的互动与合作。具体表现为家校合作对弱势家庭意义更大，教育均衡和公平的政策不能只注重于学校资源、师资配置等学校因素，应向促进“全体家长参与家校合作”倾斜；学校某些因素会阻碍家长参与，包括对弱势家庭的制度性歧视、形式化活动和教师的不当行为等；学校和家庭对家校合作存在较为明显的立场和行为差异，呈现“剪刀差”，不断扩大两者立场和行动共识的交集才是均衡、持续的家校合作之路。

第 4 篇论文《家长志愿服务:冷热不均待加温》发表于《中国教育报》2017 年 11 月 2 日。文章基于调查数据,对比了在志愿服务这一活动中,家长和学校的不同状况。一是家校间对志愿服务的积极性存在差异,具体表现为学校的积极性大于家长,家长参与的意愿大于其实际行为。二是参与志愿服务的家长存在明显的社会阶层特征,多是高社会阶层的家长,低社会阶层的家长有待激活。三是志愿服务的效用,可以显著提高学校声誉,家庭需求有待重视。文章指出作为儿童、学校和家庭多方共赢的家校合作,学校应均衡家校合作六种类型活动,不能过度热衷于志愿服务,要兼顾家校合作为学校和为家庭服务的功能的均衡,特别是面向家庭、儿童的个性化支持和服务。

第 5 篇论文《教育跨界行动的制度化特征——对家校合作的经验分析》发表于《教育研究》2017 年第 11 期。文章根据对家校合作试点单位 7 年的跟踪观察,提出了具有跨界性质的教育行动制度化过程模型。文章指出学校作为典型的强制度组织,对发生于其中的跨界行动,都有对行动持续发生而制度化的期望。跨界行动制度化的完成,最根本的影响因素是利益相关行动者价值和利益共享的程度。由于政策和文化环境的整体有利,家校合作处于制度化的良性发展道路上,但从具体的地域和学校微观层面,并非必然自然持续。要通过"政策""文化""共识"和"组织"的共同发力,使教育跨界行动走上制度化的良性发展轨道,并得以长期持续。

在接下来的内容中,我们将分别呈现这 5 篇文章,需要说明的是,我们选择性地删除了原文中的中英文摘要、关键词,以及较为繁琐的统计分析过程等内容,如需进一步阅读的读者可自行查阅对应期刊。团队对家校合作的学术研究仍在继续,我们也高兴地感受到来自实践和行政的创造性力量,为科学研究提供了不竭动力,而具有本土化特征的制度化家校合作也在科研、行政和实践三者互动过程中生根萌芽。

家长参与的力量

——家庭资本、家园校合作与儿童成长

吴重涵　张俊　王梅雾

从世界范围看，家庭出身与儿童教育获得间的联系普遍存在。教育不平等使阶级地位在代际之间传递，成为社会不平等再生产的工具(布尔迪约，帕斯隆，2002)。20世纪以来，尽管许多国家进行教育改革的目标之一就是要弱化这种联系，但几乎毫无例外地，这种联系仍然存在(李春玲，2003)。改革开放以来，我国教育事业取得了巨大成就，家庭经济条件有显著改善，然而教育资源分布不均衡和家庭禀赋差异，在相当程度上影响了儿童的教育获得和成就，如果"寒门难出学子"，则是从本质上关系到教育公平的问题之一。

另一方面，在发达国家和地区，以研究为基础的中小学幼儿园家校合作(本研究中的"家校合作"，皆是指中小学幼儿园的家校合作、家园合作)，被证实对教育公平有重大意义。家庭、学校的主动、积极合作，在一定程度上改善家庭决定出生的被动宿命，减弱家庭差异对儿童成长造成的影响，促进儿童成长，并对改善家庭与学校关系、促进学校教学等作用显著(Epstein J L et al.，2008；Becker H J，1987；Epstein J L，1986；Sewell W H et al.，1967)。在我国，中小学

幼儿园的家校合作尚处于起步阶段，本土理论还没有系统建立，相关研究还停留在工作总结、政策诠释和对国外经验的介绍上，停留在家长教育、德育功能等单项研究上，尚难有效解决现实问题。每个人都认为家校合作有用，但作用的方面，结果如何测量，有多大作用，作用机制如何产生等，没人说得清楚，甚至也没人说得清国外的研究和实践结论是否适用我国（吴重涵，2013）。

中小学幼儿园的家校合作是一个有着巨大前景的教育改革领域，一定意义上讲，谁抢占了这个制高点，谁就获得了基础教育改革和发展的先机（吴重涵，王梅雾，张俊，2013）。在这样的背景下，以江西省教育科学研究所、江西省家校合作研究中心为主，启动了“现代学校制度建设：中小学幼儿园家校合作的国际经验与本土实践跟踪研究”科研项目和江西省教育体制改革重点项目“创新中小学幼儿园家校合作教育机制”，旨在对家校合作进行跟踪研究和制度化的实践推动，在理论上探索家庭背景、家校合作与儿童成长间的规律性联系，分析我国家校合作的现状和特征，概括总结适合中国国情的中小学幼儿园家校合作理论和行动原则，以敷指导实践和研究之用。

家校合作具有家庭和学校两种视角，本文基于家庭视角，根据“跟踪研究”的大样本数据，采用实证研究方法，探讨家庭资本和家校合作对儿童成长的影响，分析家校合作的具体方面对儿童成长的作用，并验证我国的家校合作是否也同样可以“减弱家庭出身差异对儿童成长造成的影响”。

一、理论背景与文献回顾

（一）家庭资本与儿童成长

教育是现代社会个人实现价值和取得成就的主要手段，也是社会流动的重要通道。教育研究中资本概念的引入，确立了以投入产出为主流的解释逻辑，即家庭当前对教育的投入能带来未来收益（Schultz T W，1970），家庭资本是解释儿童成长差异的重要变量，它向人们提供了透视儿童成长的结构视角。

家庭资本是关于家庭收入、教育、职业、社会关系等指标的综合衡量，对儿童来说，它是一种先赋资本，为儿童提供各种有用的资源，与儿童身体、心理及认知发展有着广泛的联系(贝克· 劳拉 E.,2002)。国内外学者从不同的角度对影响儿童成长的家庭背景、物质资本、人力资本、社会资本、文化资本、政治资本等因素进行了大量研究。

布劳和邓肯在《美国的职业结构》(*The American Occupational Structure*)一书中，从社会分层角度来研究教育获得，指出教育获得，与家庭资本，特别是家长的职业和学历有着极为显著的联系(Blau P M, et al.,1967)。威斯康星学派的休厄尔(Sewell)等人扩展了布劳—邓肯的研究模型，在他们对 10318 名学生近 7 年的跟踪研究中，加入了个人努力、家长鼓励、家长参与等中介变量，发现这些中介变量会降低家庭背景对儿童成长的影响，并对儿童成长有直接作用(Sewell W H et al.,1967; Sewell W H et al.,1966; Sewell W H et al.,1968)。

舒尔茨开创了教育与人力资本(Human Capital)的研究，家长较高的受教育水平，不但意味着更高的劳动技能和产出率，更好的学习和迁移能力(Schultz T W,1970)，其人力资本的外部收益还包括更优秀的家庭育儿观念，更科学的教养方式，更亲密的亲子环境，在儿童成长中起着重要作用，并使其终身受益(伍尔夫·B L,2000)。布尔迪约在《再生产：一种教育系统理论的要点》中，将家庭的社会资本(Social Capital)纳入分析框架，指出教育是社会再生产的一个重要而又隐秘的渠道，社会资本、经济资本(Material Capital)与文化资本(Cultural Capital)一起在子代的教育获得中扮演了重要角色(布尔迪约 等,2002)。佩纳的研究指出美国非裔学生比白人学生上大学的机率小得多，很大程度上可用他们家庭在经济、文化和社会资本上的劣势来解释(Perna L W and Titus M A,2005)。就大学生本身人力资本(如学习成绩、实习经历、担任学生干部等)对初次就业的作用来说,比家庭社会资本的作用更大一些(岳昌君,2013),但马莉萍和丁小浩指出,随着工作年限的增加,社会资本的相对重要程度在日益凸显(马莉萍,丁小浩,2010)。赖德胜认为在获取就业机会和决定起薪方面,社会资本和人力资本存在替代关系,在决定能否进入国有部门工作方面,二者具有较强的互补关系(赖德胜,孟大虎,苏丽锋,2012)。

布朗进一步修订了布迪厄的框架(Brown D J,1998):

$$学业成就 = 经济资本 \times 人力资本 \times 社会资本$$

按布朗的公式,学业成就是指儿童所内化的知识、态度及技能;经济资本指儿童得以使用的学习工具及经济条件等;人力资本指家长的技能,例如家长任义务导师的能力;而社会资本则是社会成员的互相支持,订立的规范和承担的责任,布朗认为学校若能有效地调动这三种资本,便能增强儿童的学习效能及改善学校整体素质(何瑞珠,1999)。

Turner 在儿童成长的研究中加入社区环境(Neighborhood Context)变量,当同时控制家庭和儿童智力水平时,社区环境对男生和女生教育抱负的相关系数分别为+0.16 和+0.12(Turner R H,1964);休厄尔等人发现在不同等级的社区中,儿童成长虽然有显著差异,但当加入性别、家庭社会经济地位、家长参与和智力水平等变量时,社区环境的影响变得非常小,由此他们指出,人们可能过分高估了社区环境对儿童成长的重要性(Sewell W H and Armer J M,1966)。

(二)家校合作与儿童成长

家庭资本越丰裕的儿童,越有可能在教育中取得成功,而那些贫困家庭的孩子,或许他们的天赋不错,但要有好的学习成绩和职业成就更困难。通常的研究似乎就到此而止了,有关静态的家庭资本的研究和带有宿命性的结论告诉我们,家庭背景和教育不平等是社会不平等及再生产的根源,但是他们却无法解释那些贫困家庭儿童在教育中取得的成功。

教育社会学家科尔曼从功能角度，把家长对子女教育的参与纳入社会资本变量中考察，注重社会闭合(Social Closure)的作用。他认为家长对子女成长的关注和时间、精力投入是儿童成长过程中至关重要的社会资本，家庭构建的网络闭合性越高，子女就会得到越丰富的社会资本(Coleman J S,1987)。《科尔曼报告》发现，造成儿童教育获得差异的主要原因不是学校的物资和师资的差异，而是不平等的家庭背景及所构建的社会闭合，即教育不平等的根源首先在家庭及其家长对教育的参与，其次才是学校(Coleman J S, Campbell E Q and Hobson C F et al.,1966)。后来的研究者将社会闭合分为家长参与(Parental Involvement)和代际闭合(Intergenerational Closure)，前者指家庭内部家长与子女的关系，包括监督和学习指导等，后者指家长与老师、其他学生的家长形成一个可以闭合的人际交往圈(赵延东，洪岩璧，2013；洪岩璧，赵延东，2012)。

约翰·霍普金斯大学的全美合作伙伴学校联盟(NNPS)研究中心主任兼首席科学家爱普斯坦(Joyce L. Epstein)团队发展了科尔曼社会资本中社会闭合的概念，将其提升到"学校、家庭和社区合作伙伴"(School,Family,and Community Partnerships)的层次(在国内，我们称为家校合作、家园合作)(乔伊丝·L.爱普斯坦，2013)。她的"交叠影响域"(Overlapping Spheres of Influence)理论指出，家庭、学校和社区对儿童，以及三者的状况和关系发生了交互叠加的影响，即学校、家庭和社区的活动单独或共同地影响着儿童的学习和发展(Epstein J L and Sheldon S B,2008；乔伊丝·L.爱普斯坦，2013)。交叠影响域理论以关爱儿童成长为核心，突破以往社会资本只考察家庭的单一视角，将影响儿童成长的学校、家庭和社区作为一种制度性合作的整体，置于更宏观，更便于操作的背景下(吴重涵，张俊，王梅雾，2014)。

不同于社会资本中家长参与和代际闭合的划分，爱普斯坦将中小学幼儿园家校合作划分为六种类型，即当好家长(Parenting)、相互交流(Communicating)、志愿服务(Volunteering)、在家学习(Learning at home)、参与决策(Decision making)、与社区协作(Collaborating with community)(乔伊丝·L. 爱普斯坦,2013)。爱普斯坦认为,这六种类型的划分,可以指导发展平衡的、全面的合作伙伴计划。自20世纪70年代末以来,她带领她的团队进行了大量的实践探索和实证研究,反复验证了这种分类的合理性,指出开展这六种类型的家校合作,可以提升学校教育质量,改进学校气氛,提供家庭服务和支持,提高家长的家庭教育水平,协助教师完成工作,最重要的是,可以普遍提高儿童的学业成绩,促进儿童成长,并使其在今后生活中获得成功。当家长、教师、学生以及其他人能将彼此视为教育合作伙伴时,那么一个围绕儿童的爱心组织就形成并开始发挥作用。(Epstein J L and Sheldon S B,2008; Epstein J L,2010; Sanders M G,2008; Sheldon S B and Epstein J L,2005; Steven B S,2005; Sheldon S B,2002; Dodd A W and Konzal J L,2002; Becker H J,2000; Sanders M G,1996; Iver D J M and Epstein J L,1993)

总之,从布劳和邓肯"地位获得模型"中对家庭背景的分析,到布迪厄、科尔曼的"社会资本"中对"代际闭合""家长参与"的研究,再到爱普斯坦的"学校、家庭和社区合作伙伴关系",家校合作越来越成为一种独立的制度性视角,用来考察家庭与儿童成长间的规律性联系。

二、研究假设

本研究根据以往研究者的贡献,围绕儿童成长,从家庭视角将各类家庭资本分为家庭经济资本、人力资本、社会资本和社区环境(李春玲,2003; Sewell W H and Armer J M,1966; Brown D J,1998),与家校合作一起,在控制儿童智力水平、性别等情况下,分析他们与儿童成长的关系。由此提出家庭经济资本、人力资本、社会资本、社区环境和家校合作作用的5个研究假设和1个推论,这些假设和推论分别侧重于某一方面,以验证影响儿童成长的具体作用及大小。

(一)家庭经济资本作用假设

在我国城乡二元经济背景下,研究者认为,家庭所在地标志家庭经济地位的高低。在某种程度上说,它充当了社会福利的分配工具,家庭所在地的性质不同,则所享受的待遇就不同(厉以宁,2008)。从儿童成长来看,在我国按学区入学的制度背景下,家庭所在地的差异意味着教育资源分布差距、区域政策保护和对子女入学的限制等,严重影响了教育公平。相当多的研究已经指出,家庭财产和收入越高,意味着充足的营养、安全的社会环境和丰裕的学习支持,儿童亦能享受更高层次的教育和引导(贝克·劳拉 E.,2002; Sewell W H and Shah V P,1968; Guinagh B J,1971; Ireton H, Thwing E and Gravem H,1970)。由此我们假设,在家庭经济资本上,家庭所在地越接近城市、家庭收入和财产越多,儿童的成长状况越好。由家庭经济资本这个自变量,我们提出:

假设1:家庭经济资本越高,越有利于儿童成长。

假设1.1:家庭所在地越接近城市,越有利于儿童成长;

假设1.2:家庭现有财产和收入越多,越有利于儿童成长。

(二)家庭人力资本作用假设

研究表明,家长受过高等教育、职业为白领,儿童的学习成绩普遍比较高,同时,他们的教育抱负、职业成就也更高(Sewell W H and Shah V P,1967)。家长学历低、职业地位低的家庭,除可能缺乏必要的学习支持外,家长对自己工作和生活的不满,可能导致家庭危机,这些不满也可能发泄到孩子身上,缺乏亲子互动和学习指导,导致打骂甚至虐待(贝克·劳拉 E.,2002; 哈里楠,2004)。同时,儿童成长中,父亲和母亲的作用可能是不同的,如 Furnham 等人对美国、英国和日本儿童成长的比较研究中发现,父亲对子女数理逻辑能力的影响更大,而母亲可以帮助提高子女的文法水平(Furnham A, Hosoe T and Tang T L,

2002)。由此,我们提出:

假设 2:家长的人力资本越高,越有利于儿童成长。

假设 2.1:父亲的学历越高,越有利于儿童成长;

假设 2.2:母亲的学历越高,越有利于儿童成长;

假设 2.3:父亲的职业地位越高,越有利于儿童成长;

假设 2.4:母亲的职业地位越高,越有利于儿童成长。

(三)家庭社会资本作用假设

家庭社会资本的大小代表家长能够提供给孩子的社会资源和网络,它们通过基于人际网络的责任与期望、资讯渠道及社会规范传递到子代身上(科尔曼,1999)。从这一点来看,家庭社会资本拥有与经济资本、人力资本相同的性质,即具有代际迁移性。拥有较高社会资本的家庭,在代际闭合和家长参与方面较高,从而形成一种支持性社群(functional community),有利于各种有关孩子学习与生活信息的交流和传递,从而可以监督、鼓励和促进儿童更加有效地学习(科尔曼,1999)。另外,研究发现,有显赫社会地位的家长与学校人员磋商或为子女择校时,往往因掌握了重要的资料而占据有利地位(何瑞珠,2002),从而影响儿童的入学机会和教育获得(赵延东,洪岩璧,2013;金久仁,2009)。社会资本缺乏的家庭,家长在面对家庭之外的关系时,常因缺乏影响力而感到无能为力(Sui-Chu E H and Willms J D,1996)。

假设 3:家庭社会资本越高,越有利于儿童成长。

假设 3.1:家长与亲朋的联系频率越高,越有利于儿童成长;

假设 3.2:家长在社会网络中的位置越向上,越有利于儿童成长;

假设 3.3:家长社会关系的激活程度越高,越有利于儿童成长。

(四)社区环境作用假设

家庭所在的社区环境代表儿童的同伴、社会化过程中的角色模仿和学习条件、职业期望。教育社会学家发现，儿童成长不但与个人天赋、努力程度相关，而且与家庭及所在的社区环境相关。Wilson 曾对旧金山地区的高中男生进行研究，指出居住隔离与教育抱负正相关（Wilson A B,1959）。Conant 在其著作《贫民窟与富人区》（*Slums and Suburbs*）中，描述了在富人区和贫民窟中，社区居民等级与学生职业抱负的一致性（Conant J B,1961）。社区硬件设施被有效利用，如学校和社区商业组织等建立合作伙伴关系，可为学校提供设备、资源以及教育儿童的技术援助和支持（Decker L E and Decker V A,2003；Epstein J L and Sheldon S B,2002）。在社区氛围方面，社区的课后辅导项目对儿童成绩、出勤率和就业机会产生显著积极影响（Cooper T C and Maloof V M,1999），也能显著改善儿童行为（Newman K,2004）。根据社区主要居民、社区硬件和社区氛围，我们提出如下假设：

假设 4：儿童家庭所在的社区环境越好，越有利于儿童成长。

假设 4.1：社区主要居民的等级越高，越有利于儿童成长；

假设 4.2：社区硬件越好，越有利于儿童成长；

假设 4.3：社区氛围越好，越有利于儿童成长。

（五）家校合作作用假设

爱普斯坦将社会资本中的“代际闭合”和“家长参与”提升到“学校、家庭和社区伙伴”的层面，她所构建的六种参与类型的研究和实践已经证实，学校、家庭和社区通过建立有效的合作伙伴关系，可以促进家庭社会经济地位低下、处于贫困社区或距离学校较远的家庭参与到子女的学习中来，提高家长教育子女的技能，亦能显著地改善学生的低出勤、辍学行为，提升儿童的学习成绩，特别是对低年级的学生来说（乔伊丝·L. 爱普斯坦，2013）。根据爱普斯坦所构建的六种参与类型及本项目的本土化改造，得到如下假设和推论：

假设 5：家长在家校合作中的参与程度越高，越有利于儿童成长。

假设 5.1:家长在“当好家长”中的参与程度越高,越有利于儿童成长;

假设 5.2:家长在“相互交流”中的参与程度越高,越有利于儿童成长;

假设 5.3:家长在“志愿服务”中的参与程度越高,越有利于儿童成长;

假设 5.4:家长在“在家学习”中的参与程度越高,越有利于儿童成长;

假设 5.5:家长在“参与决策”中的参与程度越高,越有利于儿童成长;

假设 5.6:家长在“与社区合作”中的参与程度越高,越有利于儿童成长。

推论 1:家校合作减弱家庭资本与儿童成长间的相关性。

三、数据、变量与模型

(一)数据

本研究所使用的数据来自“家校合作跟踪研究”的第一次数据采集。根据规划,项目拟用 7～10 年,在引进和本土化改造爱普斯坦家校合作实践框架的同时,通过大样本调查、跟踪研究和实践指导,探索家校合作与儿童成长的规律性联系,进而推动家校合作政策和实践的持续改进。

本轮数据采集于 2012 年 12 月至 2013 年 1 月,以问卷调查为主,辅之以实地访谈、观察等方法。其中,问卷调查了江西省 11 个设区市的 59 所试点中小学幼儿园,每所试点园(校)每个年级随机抽取 1～3 个班级参测(共 774 个班级)。发放各类问卷近 6 万份,调查了试点园(校)的领导、教师、学生及家长。经录入、校验,共得到有效问卷 36729 份。其中,学生与家长问卷可配对 10324 对(即本研究的数据)。需要说明的是,试点园(校)根据江西省教育厅《关于开展中小学幼儿园家校合作教育试点工作的通知》遴选而来。以学校分布看,以城镇居多,农村较少,但基本涵盖了从幼儿园到高中、从城市到农村、从公办到民办的学校代表。虽然这种工作方法上的抽样,没有遵循概率意义上的随机性和代表性,但也尽可能地考虑到学校、家庭和地域的特征,并在研究中注重他们间的比较。因而,我们有理由谨慎地推断,数据基本代表了当前我国中小学幼儿园家校合作的现实状况。

(二)变量

1.因变量

休厄尔用学习成绩和教育抱负测量儿童成长(Sewell W H and Shah V P, 1968)。爱普斯坦认为儿童成长应包括学习进步、行为改善以及儿童成长环境的改善(吴重涵,2013;乔伊丝·L. 爱普斯坦,2013;吴重涵,王梅雾,张俊,2012)。因此,在本研究中因变量"儿童成长",被定义为对儿童成长状况的综合测量,包括学习成绩、行为改善和教育抱负三项。

在学生问卷中,我们根据学生对自己近两个学期在班上的学习成绩作出评估,从最差的20%到最好的20%,共分5个等级,来测量学习成绩;对行为改善的测量,我们通过询问学生奖项和证书、社会活动与实践次数、担任学生干部情况,将数量和等级加权得到;对教育抱负,我们询问儿童"对读重点中学/大学"的态度,共分三个等级。然后,我们将这三个指标进行综合加权(学习成绩0.4,行为改善0.3,教育抱负0.3),得到儿童成长的综合指数,并将其划分为高、中、低三个等级。

2.自变量

本研究的自变量包括家庭经济资本、人力资本、社会资本、社区环境和家校合作五大类,数据主要来自与儿童问卷相对应的家长问卷,并根据分析模型的要求进行了转换。在已有的研究中,当经济资本、人力资本、社会资本、文化资本、政治资本等概念同时出现时,对他们的测量往往相互焦灼,难以区分,一方面是因为这些概念本身的模糊,另一方面,正如科尔曼所说,"资本"的划分不是以其结构,而是以功能来测量(科尔曼,1999)。本研究也没有对这些概念作严格区分,而是围绕影响儿童成长的实际发生对其划分,如将"家长的职业"划入

"人力资本"而不是"社会资本"中，并不表示家长的职业不属于社会资本范畴，而是认为职业等级具有更多的人力资本属性。

经济资本中，基于我国城市化和人口流动的背景，我们认为"家庭所在地"比"户籍"更能精确地描述家庭经济地位，因此，我们将其划分为"市区""县城"和"镇乡"三个等级。对"家庭财产和收入"的测量，由于资产和收入问题非常隐讳，容易造成测量失真。我们通过询问家庭"标志性"资产和收入的方法来获得数据。我们还通过题目间的逻辑关联来验证受访者回答的可靠性，并综合加权得到所有样本家庭的"财产和收入"得分，将其划分为"高"和"低"两个等级。

人力资本中，我们主要测量儿童家长的"学历"和"职业等级"。根据数据的分布情况，在操作中将初中及以下定为"低"等级，将高中及以上定为"高"等级；"职业等级"由于缺乏职业隔离数据，本研究参考劳动分工、权威等级、生产关系和制度分割等 4 个维度（陆学艺，2004），综合加权后，将家长职业等级划分为"高"和"低"两个等级。

参考赖德胜等人的研究思路，本研究将社会资本操作化为"联系频率""交往方向"和"激活程度"三个维度（赖德胜，孟大虎，苏丽锋，2012；赵延东，洪岩璧，2013），我们通过询问家长"与亲朋好友最近三月的联系频率"得到"联系频率"，并将其划分为"高"和"低"两个等级；通过题目"亲戚朋友们的社会地位与学生家长的相比较"来得到"交往方向"数据；通过询问"亲戚朋友所提供的帮助的满意程度"来调查"激活程度"，并将其划分为"高""中"和"低"三个等级。

社区环境根据休厄尔和爱普斯坦等人的研究思路，划分为"社区主要居民""社区硬件"和"社区氛围"三个变量（Sewell W H and Armer J M，1966；乔伊丝·L. 爱普斯坦，2013）。本研究中，我们让受访者选择家庭所在社区主要居民的群体类型，将 5 个群体的居民分别赋值 5 到 1，以此求得该社区居民的加权得分，再根据得分分布，将其划分为"高"和"低"两个等级。"社区硬件"和"社区氛围"通过询问社区中的硬件、软件设施情况，共计 10 个问题，综合加权后将其划分为“高”和“低”两个等级。

根据“家校合作”六种类型和相应的活动，爱普斯坦团队设计了一套指标，来测量家庭、学校和社区在各种活动或行为上的参与程度。这套指标现已上升为美国家校合作国家标准(何瑞珠，2002；National PTA，1997)。这套指标既可以用于评估学校的实践，也可以用于研究测量(吴重涵，范忠茂，王梅雾 等，2013)。本项目团队对该指标进行了本土化改编。我们广泛收集本土家校合作的活动和行为，经过多次讨论，最终形成共 87 项(其中 14 项为自由扩展项目)，每个项目为一种活动，构成一道题目。这些指标改变视角后，在校领导、家长和教师问卷中同时出现，一一对应。在家长问卷中每个题目提供“③做得好”“②做得一般”“①做得差”三个选项，在操作中，我们将代表不同程度的选项等级分别赋值 3、2、1，加权汇总后得到六种类型的综合得分，根据得分分布及数值所代表的含义(家长参与的程度)，将其划分为“高”和“低”两个等级。

3. 控制变量

任何情况下对儿童成长的研究，都不应忽视智力水平的影响，否则有可能夸大其他变量的解释力度，导致结论不可靠。在威斯康星学派对家庭社会经济地位、社区环境、家长鼓励和儿童教育抱负与成就的关系的著名研究中，智力水平是控制变量(Sewell W H and Shah V P，1967；Sewell W H and Armer J M，1966；Sewell W H and Shah V P，1968)。由于没有现存数据，我们选用“瑞文标准推理测验”在参测的学生中开展智力测验，将儿童智力水平作为控制变量加入研究中。这项工作浩大，增加了项目实施难度，但无疑能提高研究的科学性。测量由调查员(通常是班主任)和巡视员(学校项目组负责人)共同实施，以班级为单位，以考试的形式，通常在一节课内完成。项目组为此专门开发了一套程序，对录入的答案进行评分、标准化换算和有效性校验。

此外，控制变量还包括儿童性别、是否独生子女、是否留守儿童等。

本文研究变量的描述性统计如表 1 所示。“p 值”表示自变量的不同等级上,儿童成长是否存在差异的显著性值。从检验结果来看,除社区主要居民、交往方向、与社区合作这三个变量外,其他变量的p值都小于0.05,亦即儿童成长在这些变量不同等级的分布上,存在显著差异。

表1 各变量描述性统计及与儿童成长的显著性检验(n=10324)

变量类别	变量名称	参照	分布情况(%)	p值
经济资本	家庭所在地	镇乡	市区:44.2,县城:29.7,镇乡:26.0	0.00
	家庭财产与收入	低	高:54.0,低:46.0	0.00
人力资本	父亲的学历	低	高:56.3,低:43.7	0.00
	母亲的学历	低	高:44.6,低:55.4	0.00
	父亲的职业等级	低	高:55.0,低:45.0	0.00
	母亲的职业等级	低	高:39.5,低:60.5	0.00
社会资本	联系频率	低	高:64.9,低:35.1	0.00
	交往方向	负	上:11.4,等:84.4,下:4.1	0.51
	激活程度	低	高:39.2,中:57.7,低:3.1	0.00
社区环境	社区主要居民	低	高:57.8,低:42.2	0.64
	社区硬件设施	低	高:48.0,低:52.0	0.00
	社区氛围	低	高:69.5,低:30.5	0.00
家校合作	当好家长	低	高:88.1,低:11.9	0.00
	相互交流	低	高:94.1,低:5.9	0.00
	志愿服务	低	高:56.9,低:43.1	0.01
	在家学习	低	高:95.7,低:4.3	0.01
	参与决策	低	高:56.2,低:43.8	0.05
	与社区合作	低	高:53.0,低:47.0	0.70
控制变量	儿童智力水平	定距	取值:0~100,均值:73.33,标准差:29.51	0.04
	儿童性别	女	女:46.2,男:53.8	0.00
	独生子女	否	否:55.4,是:44.6	0.00
	留守儿童	否	否:56.0,是:44.0	0.00
因变量	儿童成长	/	低:22.8,中:52.2,高:25.0	/

注:"p值"表示自变量与儿童成长的显著性检验值,定类—定类数据检验方法为卡方检验,定距—定类数据(智力水平与儿童成长)检验方法为方差分析;"参照"指回归模型中自变量的参照组;数据来源:《江西省中小学幼儿园家校合作追踪调查数据库》

(三)研究方法与模型

对假设1至假设5的检验，本研究的因变量有三个等级，为定序变量，由此我们采用定序因变量回归(ordinal regression)模型，它是二元累积概率(probit)模型的广义形式。其基本原理是依次将因变量按不同的取值水平分割成两个等级，对这两个等级建立因变量为二分类的回归模型，模型中各自变量的系数都保持不变，所改变的只是常数项(张文彤，董伟，2004)。在实际模型中，我们需要将因变量的累加概率转换为一个函数后再加以预测，这个函数称为联结函数。定序因变量回归模型的基本公式为：

$$\text{link}[y_{ij}]=\theta_j-\Sigma\beta_m x_{im}$$

式中link是联结函数，对自变量与因变量的相互关系，SPSS共提供5种连接函数；y_{ij}(i=1,2,3,…,10324,即样本数量；j=1,2,3,即因变量的三个等级)代表第i个变量在第j等级上的累积概率；θ_j 是第j个等级的阈值，即截距；x_{im}(i=1,2,3,…,10324；m=1,2,…,22,即自变量个数)是第i个样本的预测变量即自变量；β_m 表示第m个自变量的回归系数，此时求出的系数值是自变量某一水平转换到对照组水平的发生比率(优势比，odds ratio)的对数，因此我们可以计算回归系数的幂指数值，即：$c_m=\exp(\beta_m)$，表示自变量从某一水平转换到对照组水平(如当好家长的等级由低转换到高)，儿童成长为j级的发生比是为(j－1)级发生比的 c_m 倍，如果 c_m 大于1，则表示对儿童成长有正向作用，反之则反。

对推论1的检验，我们采用联合检验的思路，首先将上式所建立的回归模型称为无条件回归模型(UR)，它包含了所有研究变量(m=1,2,…,22)。然后将家校合作6个变量从回归方程中去除，得到有条件回归模型(R)，即：

$$\text{link}[y_{ij}]=\theta_j-\Sigma\beta_m x_{im}\quad(m=1,2,\cdots,16)$$

进一步地，如果从模型中去掉家校合作的6个变量对回归方程没有影响，那么两个回归方程的残差平方和是相等的，R^2 也不会发生变化，即验证 $\beta_{17}=\beta_{18}$

$=\cdots=\beta_{22}$的原假设。

为检验原假设,我们根据以上两个回归方程构造 F 联合检验统计量(平狄克,罗伯特 S,鲁宾费尔德,丹尼尔 L,1999),即:

$$F(q,n-q)=\frac{(R_{UR}^2-R_R^m)/q}{(1-R_{UR}^2)/(n-q)} \quad (q=6,n=10324)$$

检验家校合作 6 个变量的回归系数是否为 0,如果拒绝原假设 $\beta_{17}=\beta_{18}=\cdots=\beta_{22}$,则推论 1 成立。

本研究的主要分析工具为 SPSS 20。

四、结果与分析

为了更好地说明家庭资本、家校合作等变量如何影响儿童成长,我们采用逐步回归的形式,分别引入上述 5 组变量,建立 5 个回归模型(见表 2)。总体来看,随着变量的增加,Cox and Snell R^2 和 Negelkerke R^2(伪决定系数)越来越大,说明模型解释能力越来越强。模型 1 中只有家庭经济资本变量,Negelkerke R^2 为 0.026,表明儿童成长中的 0.26%可以被家庭经济资本解释;模型 2 中加入人力资本变量后,Negelkerke R^2 增加 0.007;模型 3 加入社会资本变量后,Negelkerke R^2 增加了 0.006;模型 4 加入了社区环境变量,Negelkerke R^2 减少 0.001;模型 5 加入家校合作变量,Negelkerke R^2 增加到 0.042,增加了 0.004。从 Nagelkerke R^2 的变化可见,人力资本变量最能解释儿童成长的差异,其次为社会资本变量和家校合作变量,社区环境变量的作用不显著。

表 2 儿童成长影响因素的定序因变量回归结果

		模型 1			模型 2			模型 3			模型 4			模型 5		
		系数	p	幂指数	系数	p	幂指数	系数	p	幂指数	系数	p	幂指数	系数	p	幂指数
经济资本	家庭所在地=市区	0.36	0.00	1.43	0.20	0.01	1.23	0.16	0.05	1.18	0.16	0.06	1.18	0.16	0.07	1.17
	家庭所在地=县城	0.27	0.00	1.31	0.20	0.01	1.22	0.16	0.04	1.18	0.18	0.03	1.20	0.17	0.05	1.19
	财产和收入=高	−0.03	0.64	0.97	−0.09	0.17	0.92	−0.11	0.10	0.89	−0.13	0.06	0.88	−0.16	0.03	0.86
人力资本	父亲学历=高				0.14	0.04	1.15	0.15	0.04	1.16	0.15	0.05	1.17	0.16	0.04	1.18
	母亲学历=高				0.26	0.00	1.30	0.26	0.00	1.30	0.24	0.00	1.28	0.24	0.00	1.27
	父亲职业=高				0.07	0.35	1.07	0.06	0.43	1.06	0.10	0.19	1.11	0.11	0.16	1.12
	母亲职业=高				−0.01	0.92	0.99	−0.04	0.54	0.96	−0.05	0.50	0.95	−0.06	0.41	0.94
社会资本	联系频率=高							0.16	0.01	1.17	0.14	0.03	1.15	0.13	0.05	1.14
	交往方向=上							0.10	0.54	1.11	0.15	0.38	1.16	0.16	0.36	1.17
	交往方向=等							−0.08	0.57	0.92	−0.06	0.68	0.94	−0.04	0.77	0.96
	激活程度=高							0.04	0.83	1.04	0.10	0.57	1.11	0.04	0.82	1.04
	激活程度=中							−0.13	0.41	0.87	−0.08	0.66	0.92	−0.14	0.43	0.87
社区环境	社区居民=高										−0.04	0.47	0.96	−0.03	0.61	0.97
	社区硬件=高										0.06	0.32	1.07	0.06	0.40	1.06
	社区氛围=高										0.07	0.34	1.07	0.08	0.25	1.09
家校合作	当好家长=高													0.05	0.06	1.05
	相互交流=高													0.18	0.02	1.20
	志愿服务=高													0.06	0.40	1.07
	在家学习=高													0.07	0.06	1.07
	参与决策=高													0.08	0.27	1.08
	与社区合作=高													−0.15	0.04	0.86
控制变量	智力水平	0.00	0.00	1.00	0.00	0.00	1.00	0.00	0.00	1.00	0.00	0.01	1.00	0.00	0.01	1.007
	儿童性别=男	−0.27	0.00	0.76	−0.26	0.00	0.77	−0.26	0.00	0.77	−0.25	0.00	0.78	−0.26	0.00	0.77
	独生子女=是	0.24	0.00	1.27	0.16	0.01	1.17	0.16	0.01	1.17	0.12	0.06	1.13	0.12	0.06	1.13
	留守儿童=是	−0.15	0.01	0.86	−0.07	0.27	0.93	−0.09	0.16	0.91	−0.06	0.38	0.94	−0.08	0.29	0.93
常数	儿童成长=低	−0.90	0.00	0.41	−0.83	0.00	0.44	−0.93	0.00	0.39	−0.80	0.00	0.45	−0.58	0.05	0.56
	儿童成长=中	1.46	0.00	4.29	1.53	0.00	4.64	1.46	0.00	4.29	1.60	0.00	4.93	1.81	0.00	6.13
模型拟合卡方 p		0.000			0.000			0.000			0.000			0.000		
Cox and Snell R^2		0.023			0.029			0.034			0.033			0.037		
Negelkerke R^2		0.026			0.033			0.039			0.038			0.042		
平行线检验卡方 p		0.021			0.034			0.044			0.390			0.545		

注：联结函数为 logit；各变量参照组见表 1

在模型 1 中，仅加入经济资本变量，家庭所在地为“市区”和“县城”两个变量通过了显著性检验，表明对儿童成长的作用显著；家庭财产和收入变量没有通过显著性检验，说明对儿童成长没有影响。从回归系数的幂指数来看，家庭所在地为县城和市区两个变量对儿童成长有正向作用，且市区大于县城，即市区、县城儿童获得较高成长等级的概率是家庭在镇乡的儿童的 1.43 倍和 1.31 倍；家庭财产和收入的作用为负。因此，假设 1 和 1.1 得到验证，假设 1.2 被拒绝。

模型 2 中加入了家长人力资本变量，父亲和母亲的学历两个变量对儿童成长的作用为正向，分别为 1.15 和 1.30，即母亲的作用大于父亲的作用，且通过了显著性检验，因此假设 2.1 和 2.2 得到验证；父亲的职业作用方向为正向，母亲职业作用为负，但没有通过统计检验，即拒绝了 2.3 和 2.4 的原假设。

模型 3 加入社会资本变量，从作用方向来看，联系频率、交往方向（上）、激活程度（高）对儿童成长有正向作用，而交往方向（等）、激活程度（中）作用为负；从显著性检验来看，只有联系频率变量 P 值小于 0.05，对儿童成长有显著的正向影响，即相对于参照组，家长与亲朋经常联系的儿童获得较好成长状况的概率要大一些，是参照组的 1.17 倍。由此可以认为模型验证了假设 3.1，拒绝了假设 3.2 和 3.3。

在模型 4 中，将社区环境纳入分析，社区居民等级、社区硬件和氛围都没有通过显著性检验，说明他们对儿童成长的作用不大；从系数大小来看，社区硬件和氛围对儿童有正向作用，而社区居民的发生比稍小于 1。因此，假设 4.1、4.2 和 4.3 均被拒绝，社区环境对儿童成长的作用不显著。

模型 5 中加入了家校合作变量，使整个模型的解释力达到最高。从统计检验来看，当好家长、相互交流、在家学习和与社区合作均通过检验性显著，表明他们对儿童成长的作用显著。从期望值来看，当好家长为 1.05，即家长在当好家长活动中参与程度高的儿童，比那些家长参与程度低的儿童，获得更好成长状况的发生比要高0.05倍;相互交流期望值最大,为1.20,即通过有效的亲子、亲师和家长间交流,可使儿童成长等级提高的发生比提高0.2倍;在家学习对儿童成长的作用为正,即家长经常督促、辅导儿童学习,是那些没有得到家长督促、辅导的儿童,获得较高成长等级的发生比的1.07倍;与社区合作的期望值小于1,且通过了显著性检验,是否家长、学校与社区合作阻碍了儿童发展,我们将在接下来的内容中讨论。另外,志愿服务和参与决策P值大于0.05,表明对儿童成长的作用不大,但从作用方向看,他们均对儿童成长有正向作用。根据以上分析可以得出,假设5.1、5.2、5.4均得到了验证,假设5.3、5.5被拒绝,而假设5.6被证反。

在控制变量中,儿童智力水平是成长的显著性影响因素,期望值显示,儿童智力水平每提高一个百分比,其提高成长等级的发生比为1.007倍;女性儿童的成长状况要显著高于男性;相对于非独生子女家庭的儿童,独生子女家庭的儿童取得较好成长状况的发生比要多0.13倍;而留守儿童的成长状况要低于非留守儿童,不过作用并不显著。

为验证“家校合作减弱家庭资本与儿童成长间的相关性”的推论,我们根据构造的F统计量,计算F值并查表:

$$F(6,10318)=\frac{(0.042-0.038)/6}{(1-0.042)/10318}=7.180>1.57$$

表明拒绝家校合作6个变量回归系数为0的原假设,即推论1成立。

五、主要研究发现

从布劳和邓肯“地位获得模型”中对家庭背景的分析,到布迪厄、科尔曼的“社会资本”中对“代际闭合”“家长参与”的研究,再到爱普斯坦的“学校、家庭和社区合作伙伴关系”,家校合作越来越成为一种独立的制度性视角,用来考察家庭与儿童成长间的规律性联系。本研究正是将家庭的各类资本、家校合作纳入到同一个研究框架中,探讨他们对儿童成长的作用。根据“江西省中小学幼儿园家校合作跟踪研究”的大样本数据，从家庭视角提出了家庭经济资本、人力资本、社会资本、社区环境和家校合作对儿童成长作用的5个研究假设和1个推论，采用定序因变量回归模型和F联合检验的方法，发现在控制儿童智力水平、性别等变量的情况下，家庭所在的社区环境对儿童成长作用不显著，家庭经济资本中的“家庭所在地”、人力资本中的“家长学历”、社会资本中的“联系频率”，以及家校合作中的“当好家长”“相互交流”“在家学习”等变量对儿童成长有显著的正向影响，且“家校合作减弱家庭资本与儿童成长间的相关性”在中国同样存在。由此我们认为，弱势家庭可通过加强与学校的合作，在一定程度上提升儿童成长等级，促进儿童成功，这种促进就是“家长参与的力量”。

（一）家庭经济资本在一定程度上影响儿童成长

家庭所在地越接近城市的儿童，越可能获得较好的成长等级；而家庭财产和收入并不对儿童成长有显著作用。通过分析，我们得到一些有益的启发，一是显示了我国城乡二元分割，教育资源不均衡的现状，从儿童成长角度，验证了厉以宁的结论（厉以宁，2008）。城市儿童可获取更多的学习资源和社会化支持，可就读更好的学校，而农村儿童在学校等级、师资、社会化条件等方面均处于劣势，且到城市就读没有制度空间，是强烈的教育不公平，这种不公平将会导致儿童成长状况的巨大差异，从而固化社会分层和流动。二是我国义务教育背景下，基础教育阶段的儿童，对家庭经济的要求并不大，常规的支出，一般家庭都能满足，即家庭的收入和财产对儿童成长没有显著影响。这个结论与Guinagh，休厄尔等人的研究有所不同（贝克・劳拉 E，2002；Sewell W H and Shah V P，1968；Guinagh B J，1971；Ireton H，Thwing E and Gravem H，1970）。三是如果家庭财产和收入与子女参加课外补习、特长、兴趣等辅导项目的数量正相关的话，那么这些辅导对儿童成长的作用值得商榷。另外，本项目的另一研究成果亦显示，无论家庭经济条件如何，近90％的家长都表示会“砸锅卖铁支持子女读书”，这种中华民族重教尊师的传统，也可作为解释之一（吴重涵，张俊，王梅雾，2014）。

（二）家长的学历对儿童成长有显著的正向影响，且母亲的作用大于父亲

家庭人力资本中，家长的学历比职业地位更能支持儿童成长，且母亲的作用大于父亲，这证实了休厄尔等人的研究结论（Sewell W H and Shah V P, 1967; Sewell W H and Shah V P,1968）。我们推测一是表明学历的外部收益比职业对儿童成长作用更大，如更科学的教养方式，更有效的时间安排，对子女更高的教育期望等；二是未成年子女在成长过程中并不要求家长有很高的职业地位，而是需要家长花更多的时间和精力来陪伴，但家长的职业地位越高，可能越缺乏精力来陪家人（Sui—Chu E H and Willms J D,1996）；三是中国有“男主外，女主内”的家庭传统，儿童教养通常由母亲承担，因此，母亲的学历越高，越能促进子女成长。有关大学生就业的研究通常指出，家长的职业地位越高，越能帮助子女获得较高的就业概率和初职地位（岳昌君，2013；马莉萍，丁小浩，2010；赖德胜，孟大虎，苏丽锋，2012），结合本研究的发现，似乎可以得到这样的结论，家长的职业地位可以促进子女就业（结果），但并不一定能促进儿童成长（过程）。

（三）家庭与社会网络的沟通频率对儿童成长有显著的正向作用

社会资本中，家长与亲朋的联络频率对儿童成长有显著的正向作用，而交往方向、激活程度两个变量作用不显著。通过分析，我们推测，一是科尔曼模式的社会资本遵循社会闭合的通路，考察代际闭合和家长参与对儿童发展的作用（张文宏，2003）。在本研究中，根据爱普斯坦的研究框架，我们对社会资本的考

察的视角更宏观，而代际闭合和家长参与被提升到家校合作层次，融入到当好家长、相互交流、在家学习等变量中，这些变量已被证实对儿童成长有显著的正向作用。二是社会资本只有在稳定、封闭的社会网络中，通过长期共同遵守的规划、规范和认知才能获得（波普诺，2007），且通常只为结构内部的个人提供便利，本研究所测量的是家长的社会资本，与子女成长不直接相关，子女是间接受益者，因此对子女的成长可能没有直接作用。赵延东等人的研究亦指出，无论在中学还是小学，家长的网络资源主要起到保证子女进入条件更好的学校中学习的作用，并不能直接提高子女的学习成绩（赵延东，洪岩璧，2013）。而家庭社会资本与子女入学机会（就读学校的等级）的关系，值得进一步研究。

（四）社区环境对儿童成长作用不显著

研究显示，社区居民、社区硬件和社区氛围对儿童成长没有显著作用，这个结果证实了休厄尔等人的结论：社区环境作为单独变量考察儿童成长时，作用显著，但将其还原到家庭资本中，与其他变量共同分析时，它的作用不显著（Sewell W H and Armer J M，1966）。我们认为作用不显著还有与国情相关的三个原因：一是我国的社区环境没有充分利用，绝大多数社区都没有放学后照看、志愿者服务、图书室等项目，农村家庭更甚，社区建设也重在环境美化而不是功能利用；二是我国普遍存在以家庭为单位的“居住隔离”，邻里交往少，更无从参与社区活动（张万录，2013），而国外（如美国，尤其是富人区）社区资源利用高，交往频繁，社区间的差异（如种族、宗教、职业等）明显，一定程度影响了儿童教育抱负（Conant J B，1961）；三是我国的社区还有一层含义——学区，它对儿童入学机会的作用大于教育获得过程。我国教育资源不均衡及就近入学政策，在某社区拥有户籍意味着子女就读某所学校的资格（朱敏，2011）。为使子女享受更好的教育资源，许多家庭不得不花高价购买学区房，哪怕社区环境差。中国家长对子女教育的重视和付出意愿无可厚非，但这种只在乎学校条件，忽视社区环境的做法，是否真的有益，值得我们思考和研究。

(五)家长对家校合作的参与对儿童成长有显著作用

家校合作的六种类型中，当好家长、相互交流、在家学习对儿童成长有显著的正向作用；志愿服务和参与决策作用不显著；与社区合作对儿童成长呈负向关系，这部分支持了爱普斯坦等人的研究结论(乔伊丝·L. 爱普斯坦，2013)。从类型性质来看，前三项与儿童成长直接相关，变量的等级分布(表1)显示，家长有参与积极性，参与率较高。这个结论支持了何瑞珠、林明地等人的研究，在中华传统文化背景下，家长偏好在家中、且与自己子女学习相关的参与项目(何瑞珠，2002；林明地，2002)。从回归系数上看，相互交流的作用大于当好家长和在家学习，我们认为并不是其他类型的作用不大，而是作用没有充分发挥。相互交流不需要过多技巧，但当好家长和在家学习除要花费时间和精力外，还要求家长学习教子技能、掌握辅导方法，某些家长即便对子女学习的参与度很高，但因方法不当，亦无助于子女成长。有研究指出家长教孩子功课、改正错题、检查作业等直接干预孩子学习的行为参与越多，对子女成绩越表现出消极作用，老师也无法从家庭作业中发现儿童的弱项(赵延东，洪岩璧，2013)。

就志愿服务、参与决策和与社区合作而言，直接地与学校和社区工作相关，但我国的家校合作处于起步阶段，中小学幼儿园的家长参与限于家长会、家访、与教师联系(通常是学生犯错误时)等传统活动上(何瑞珠，2002)。学校、社区提供给家长参与的正式渠道有限，需要学校引导并以开放的态度推动家长的参与，也需要跟踪变量的动态变化。志愿服务参与决策和与社区合作等虽然不与儿童成长直接相关，但对儿童成长的间接作用，以及与当好家长、相互交流等变量的交互作用值得我们进一步探讨。

另外，与社区合作期望小于1，是否意味着家庭、学校与社区合作的程度越高，越不利于儿童成长呢？在此，我们借鉴 Sun 的“负向选择”来推测，越是那些学习成绩差、行为习惯差的儿童,越可能更多地在社区,而不是家中,从而使得家长、学校与社区的联系频率增加(Sun Y,1998),并不是与社区合作阻碍了儿童发展,当然,这个推测还需要更多的事实支持。

对推论 1 的检验证实家校合作减弱家庭资本与儿童成长的相关性,对儿童成长有显著的促进作用,我们称之为"家长参与的力量"。它为弱势家庭通过家校合作,弥补家庭条件的不足提供了信心,也增强了我们研究和实践推进家校合作的动力。

六、研究展望

作为"江西省中小学幼儿园家校合作跟踪研究"成果之一,回顾整个研究框架及本文,我们认为本研究存在以下不足,希望能在后续的研究中得到改进。

1. 作为第一轮数据采集,本研究在调查设计上存在缺陷,特别是在学生智力水平测验中,以班级为单位的测试导致很多学生问卷雷同,无效问卷多,家长问卷和学生问卷的配对损失很大。在第二轮数据采集中,我们将努力改进此缺陷,并提升有效性和可靠性。我们的调查范围为江西省,以城市家庭居多,如果有更广泛的数据,将会进一步增强结论的适用性。

2. 结论分析主要根据数据结果,与质性方法结合度不够,归因分析的提炼和准确性还有待提高。

3. 定序因变量回归模型中,家庭资本和家校合作对儿童成长的解释量较低,除改进分析方法外,还需要进一步改进对指标测量的精准度。

4. 本文是从大样本大致描述和验证了"家校合作减弱家庭资本与儿童成长的相关性",是对复杂事物的简化描述,而家长对家校合作的参与是与家长所在阶级优势紧密联系在一起的(Lareau A,2000),家校合作是否能超越、到底能在多大程度上超越阶级优势,对获得教育公平的促进作用有多大,在本文的研究框架中无法得到重视和讨论。但这是一个重要的问题。

同时,我们认为在“家庭资本和家校合作与儿童成长的规律性联系”的整个研究中,还需要进一步探讨的问题主要有:我国中小学幼儿园家校合作中的结构性差异、特征和影响因素,以及教师和家长期望中与现实中的家校合作是否在一个层面,还需要分析;社会资本中的“代际闭合”和“家长参与”,将其作为“家校合作”提升到与家庭资本并列的层次,在理论上还需梳理和提炼;家庭资本与家校合作,以及家校合作本身变量间,对儿童成长的交互作用和中介效应,有待于检验。同时,作为一项跟踪研究,我们希望在制度化推进家校合作的实践中,通过多次数据采集,动态测量和比较家校合作对儿童成长的影响,建立国际比较,概括总结适合中国国情的中小学幼儿园家校合作理论和行动原则,从而为政策和实践提供决策参考,这也是我们开展家校合作的根本目的和动力。

原载《教育学术月刊》2014 年第 3 期,原文约 1.8 万字

参考文献

[1]布尔迪约,帕斯隆.再生产:一种教育系统理论的要点[M].邢克超,译.商务印书馆,2002.

[2]李春玲.社会政治变迁与教育机会不平等——家庭背景及制度因素对教育获得的影响(1940—2001)[J].中国社会科学,2003(03):86-98.

[3]EPSTEIN J L, SHELDON S B. School, Family, and Community Partnerships: Your Handbook for Action[M]. SAGE Publications, 2008.

[4]BECKER H J. The Importance of a Methodology That Maximizes Falsifiability: Its Applicability to Research about Logo[J]. Educational Researcher, 1987,16(5):11-16.

[5]EPSTEIN J L Parents' Reactions to Teacher Practices of Parent Involvement[J]. The Elementary School Journal, 1986,86(3):277-294.

[6]SEWELL W H, SHAH V P. Socioeconomic Status, Intelligence, and the Attainment of Higher Education[J]. Sociology of Education, 1967,40(1):1-23.

[7]吴重涵.从国际视野重新审视家校合作——《学校、家庭和社区合作伙伴:行动手册》中文版序[J].教育学术月刊,2013(01):108-111.

[8]吴重涵，王梅雾，张俊. 家校合作:理论、经验与行动[M]. 南昌：江西教育出版社，2013.

[9]SCHULTZ T W. Investment in human capital: the role of education and of research [M]. Free Press, 1970.

[10]贝克·劳拉 E. 儿童发展[M]. 吴荣先，译. 江苏教育出版社，2002.

[11]BLAU P M, DUNCAN O D, TYREE A. The American occupational structure [M]. Free Press, 1967.

[12]SEWELL W H, ARMER J M. Neighborhood Context and College Plans[J]. American Sociological Review, 1966,31(2):159－168.

[13]SEWELL W H, SHAH V P. Social Class, Parental Encouragement, and Educational Aspirations[J]. American Journal of Sociology, 1968,73(5):559－572.

[14]SEWELL W H, SHAH V P. Parents' Education and Children's Educational Aspirations and Achievements[J]. American Sociological Review, 1968,33(2):191－209.

[15]伍尔夫 B L. 教育的外部收益[M]. 卡诺依 M. 教育经济学国际百科全书. 北京：高等教育出版社，2000:198－202.

[16]PERNA L W, TITUS M A. The relationship between parental involvement as social capital and college enrollment: An examination of racial/ethnic group differences[J]. Journal of Higher Education, 2005:485－518.

[17]岳昌君. 中国高校毕业生就业满意度的影响因素分析[J]. 北京大学教育评论，2013(02):84－96.

[18]马莉萍，丁小浩. 高校毕业生求职中人力资本与社会关系作用感知的研究[J]. 清华大学教育研究，2010(01):84－92.

[19]赖德胜，孟大虎，苏丽锋. 替代还是互补——大学生就业中的人力资本和社会资本联合作用机制研究[J]. 北京大学教育评论，2012(01):13－31.

[20]BROWN D J. Schools with heart: voluntarism and public education[M]. Westview Press, 1998.

[21]何瑞珠. 家长参与子女的教育:文化资本与社会资本的阐释[J]. 教育学报，1999, 26(2):37.

[22]TURNER R H. The social context of ambition: a study of high-school seniors in

Los Angeles[M]. San Francisco: Chandler Pub. Co., 1964.

[23]COLEMAN J S. Families and Schools[J]. Educational Researcher, 1987,16(6): 32－38.

[24]COLEMAN J S, CAMPBELL E Q, HOBSON C F, et al. Equality of Educational Opportunity[M]. Washington, DC: U. S. Dept. of Health, Education, and Welfare, Office of Education, 1966.

[25]赵延东，洪岩壁. 网络资源、社会闭合与宏观环境——教育获得中的社会资本研究及发展趋势[J]. 社会学评论，2013(4):1－25.

[26]洪岩壁，赵延东. 社会资本与教育获得——网络资源与社会闭合的视角[J]. 社会学研究，2012(05):47－69.

[27]爱普斯坦 J L. 学校、家庭和社区合作伙伴:行动手册[M]. 吴重涵，薛惠娟，译. 南昌：江西教育出版社，2013.

[28]吴重涵，张俊，王梅雾. 家庭背景与家长参与关系的实证研究[M]. 南昌：江西教育出版社，2014.

[29]EPSTEIN J L. School, Family, and Community Partnerships: Preparing Educators and Improving Schools[M]. Westview Press, 2010.

[30]SANDERS M G. How Parent Liaisons Can Help Bridge the Home－School Gap[J]. The Journal of Educational Research, 2008,101(5):287－297.

[31]SHELDON S B, EPSTEIN J L. Involvement Counts: Family and Community Partnerships and Mathematics Achievement[J]. The Journal of Educational Research, 2005,98(4):196－206.

[32]STEVEN B S. Testing a Structural Equation Model of Partnership Program Implementation and Parent Involvement[J]. The Elementary School Journal, 2005,106(2):171－187.

[33]SHELDON S B. Parents' Social Networks and Beliefs as Predictors of Parent Involvement[J]. The Elementary School Journal, 2002,102(4):301－316.

[34]DODD A W, KONZAL J L. How Communities Build Stronger Schools: Stories, Strategies, and Promising Practices for Educating Every Child[M]. Palgrave Macmillan, 2002.

[35]BECKER H J. Who's Wired and Who's Not: Children's Access to and Use of Computer Technology[J]. The Future of Children, 2000,10(2):44—75.

[36]SANDERS M G. School—Family—Community Partnerships Focused on School Safety: The Baltimore Example[J]. The Journal of Negro Education, 1996,65(3):369—374.

[37]IVER D J M, EPSTEIN J L. Middle Grades Research: Not Yet Mature, but No Longer a Child[J]. The Elementary School Journal, 1993,93(5):519—533.

[38]厉以宁. 论城乡二元体制改革[J]. 北京大学学报(哲学社会科学版), 2008(02): 5—11.

[39]GUINAGH B J. An Experimental Study of Basic Learning Ability and Intelligence in Low—Socioeconomic—Status Children[J]. Child Development, 1971,42(1):27—36.

[40]IRETON H, THWING E, GRACEM H. Infant Mental Development and Neurological Status, Family Socioeconomic Status, and Intelligence at Age Four[J]. Child Development, 1970,41(4):937—945.

[41]哈里楠. 教育社会学手册[M]. 傅松涛, 译. 华东师范大学出版社, 2004.

[42]FURNHAM A, HOSOE T, TANG T L. Male hubris and female humility? A crosscultural study of ratings of self, parental, and sibling multiple intelligence in America, Britain, and Japan[J]. Intelligence, 2002,30(1):101—115.

[43]科尔曼. 社会理论的基础[M]. 邓方, 译. 社会科学文献出版社, 1999.

[44]何瑞珠. 家庭学校与社区协作:从理念研究到实践[M]. 香港: 中文大学出版社, 2002.

[45]金久仁. 家庭背景与教育获得的代际传递公平性研究[J]. 教育学术月刊, 2009(02):17—20.

[46]SUI—CHU E H, WILLMS J D. Effects of Parental Involvement on Eighth-Grade Achievement[J]. Sociology of Education, 1996,69(2):126—141.

[47]WIlSON A B. Residential Segregation of Social Classes and Aspirations of High School Boys[M]. 1959.

[48]CONANT J B. Slums and Suburbs: A Commentary on Schools in Metropolitan Areas[M]. McGraw—Hill, 1961.

[49]DECKER L E, DECKER V A. Home, School, and Community Partnerships[M]. Scarecrow Press, 2003.

[50]STEIN J L, SHELDON S B. Present and Accounted for: Improving Student Attendance through Family and Community Involvement[J]. The Journal of Educational Research, 2002,95(5):308－318.

[51]COOPER T C, MALOOF V M. Parent Involvement in Teaching Elementary－Level Chinese, Japancese, and Korean[J]. The Journal of Educational Research, 1999,92(3):176－183.

[52]NEWMAN K. class matters[J]. Contexts, 2004,3(1):64－65.

[53]吴重涵，王梅雾，张俊. 国际视野与本土行动:家校合作的经验和行动指南[M]. 南昌：江西教育出版社，2012.

[54]陆学艺. 当代中国社会流动[M]. 社会科学文献出版社，2004.

[55]National PTA. National standards for parent/family involvement programs[M]. National PTA, 1997.

[56]吴重涵，范忠茂，王梅雾，等. 在路上:江西省家校合作试点学校工作案例选编[M]. 南昌：江西教育出版社，2013.

[57]张文彤，董伟. SPSS统计分析高级教程[M]. 北京：高等教育出版社，2004.

[58]平狄克 罗伯特 S，鲁宾费尔德 丹尼尔 L. 计量经济模型与经济预测[M]. 北京：机械工业出版社，1999.

[59]张文宏. 社会资本:理论争辩与经验研究[J]. 社会学研究，2003(04):23－35.

[60]波普诺. 社会学(第11版)[M]. 李强，译. 中国人民大学出版社，2007.

[61]张万录. 基于都市发展阶段论的城市居住隔离研究[D]. 大连理工大学，2013.

[62]朱敏. “学区房热”现象中教育公平问题探析[J]. 现代中小学教育，2011(01):4－6.

[63]林明地. 学校与社区关系[M]. 台北：五南图书出版股份有限公司，2002.

[64]SUN Y. The academic success of East－Asian － American students—An investment model[J]. Social Science Research, 1998,27(4):432－456.

[65]LAREAUA. Home Advantage: Social Class and Parental Intervention in Elementary Education[M]. Rowman & Littlefield Publishers, 2000.

是什么阻碍了家长对子女教育的参与

——阶层差异、学校选择性抑制与家长参与

吴重涵　张俊　王梅雾

教育是个人实现社会流动，促进社会公平的重要途径，但家庭的阶层优势在子代的教育获得中扮演了重要角色，这些与家庭经济、文化、职业地位相关的优势会传递给子女，为子女提供更好的教育机会，获得更优质的教育过程，取得更高水平的教育成就，进而以一种隐秘的方式实现了家长社会地位的复制或再生产(Bourdieu P，1973；Blau P M，Duncan，O D and Tyree A，1967)。从世界范围来看，家长参与子女教育已经成为教育改革和发展的一个重要趋势，许多国家采取制度化措施来促进家庭与学校合作，以减弱家庭出生与教育获得之间的联系(吴重涵，2013）。但是，这种联系几乎跨越国界而普遍存在(李春玲，2003）。

在我国，尽管政策制定者、管理人员和教师逐步意识到了家长参与的重要作用，从《国家中长期教育改革和发展规划纲要(2010－2020 年)》到《国务院关于加强农村留守儿童关爱保护工作的意见》，但凡有关中小学幼儿园教育的政策性文件，几乎都有涉及家庭教育、家长参与的内容。《教育部关于加强家庭教

育工作的指导意见》(教基一〔2015〕10 号)更是从“孩子的终身发展,千家万户的切身利益,国家和民族的未来”的高度,提出明确家长主体责任,发挥学校指导作用,形成社会支持网络等意见,凸显了家庭教育、家庭与学校合作育人的根基性。但从总体上看,我国的家长参与尚处于起步阶段,家长的意愿与实际行为间仍存较大差距(吴重涵,张俊,王梅雾,2014)。家长参与有哪些阻碍因素,如何促进家长参与,这些问题还没有从根本上得到解答,这也是本研究的意义所在。

一、文献综述

对家长参与影响因素的研究,一个基本的结论是:家长参与会带来儿童、学校和社会的多方收益,但也受到多种因素的共同影响,既有家庭所处的社会阶层的影响,也受学校制度、教师行为的影响。同时,儿童的个体特征,如性别、年龄、学习成绩等,也是极为重要的一个因素,“家校合作是以关爱我们共同的孩子为核心”(乔伊丝·L.爱普斯坦,2013),是学校、家庭共同关注的重要问题之一。本文的研究综述也从家庭、学校和儿童三个层面展开。

(一)家庭背景与家长参与的关系

研究者分别从家庭和学校两个视角探讨家庭背景与家长参与的关系。在家庭视角中,研究者主要关注家庭所处社会阶层导致的家长参与的差异,如家庭社会经济地位中的财产和收入、家长学历、职业地位、社会关系等,也包括文化传统、生活方式等方面的差异。具有社会优势地位的家长在参与中往往也带着阶层优势,而处于低社会阶层的家庭由于缺少教育传统,家长不注重教育,加上没有足够动机追求教育成就,因此较少参与子女教育(安妮特·拉鲁,2009)。德里贝指出社会阶层低的家长参与程度低,原因在于他们传统地认为教育孩子是学校而不是家长的责任(Driebe N M,1996)。吴重涵针对江西的调查也发现，家长的参与程度与家庭社会经济地位正相关，如收入、学历、职业地位越高，家长参与程度就越高(吴重涵，张俊，王梅雾，2014)。

研究者还从学校视角考察家庭背景与家长参与的关系，主要集中于家长的行为与学校所倡导的标准是否相符，注重家庭、学校两个系统的制度化衔接问题。爱普斯坦将"家长参与"划分为六种类型，并设计了一套指标，来测量并指导家庭、学校和社区的互动与合作(乔伊丝·L.爱普斯坦，2013)。她的基本假设是，如果家庭、学校和社区的行为都处于同一层面，那么则构成了"学校、家庭和社区的伙伴关系"，否则，家庭和学校就是分离的。格斯特维客界定了三类家长参与的阻碍因素，一是家长动机，如害怕批评学校、害怕失败和比较、缺乏参与技能等；二是与教师交流相关的障碍，如方言、教育背景等；三是外部因素，如时间、距离和交通工具限制(Gestwicki C，1991)。在我国的薄弱学校中，这些因素对家长参与的限制更为强烈(黄河清，吴怡然，彭芸，2011)。

无论是家庭视角的家长能力不足，还是学校视角的与学校标准不符，问题家长或问题家庭被视为阻碍家长参与的核心因素，其根源都指向阶层差异，何瑞珠将这一观点统称为"家庭缺失论"(Family Deficiency Theory)(何瑞珠，2002)。家庭缺失论的局限在于忽略了学校的过错，如学校本就使用一套中产阶层的语言，这使得低学历家长很难理解，更不用说达到学校的期望(何瑞珠，2002)。这个理论更低估了家长对子女教育付出的意愿，中国家庭非常重视子女的教育，无论社经地位如何，家长对子女教育的付出意愿都非常高，农村家庭甚至还略高于城市家庭(吴重涵，张俊，王梅雾，2014)。

(二)学校与家长参与的关系

学校层面的因素包括学校的资源条件、制度、教师意愿和行为等，他们对家长参与的阻碍被统称为"教育机构歧视论"(Institutional Discrimination Theory)(何瑞珠，2002)。学校和教师对来自低下阶层的家长和学生抱有偏见，存在隐晦歧视行为或排斥机制，把条件不利的家长拒之门外(Ho E S and Kwong W,2013)。学校也可能不知不觉间贬低了低下阶层家长的参与潜力，如家委会成员多来自高社会阶层，被忽视的家长多数变为被动参与，最终可能放弃参与(何瑞珠,1999)；教师对所有家长作相同的要求，如要求为孩子朗读，可能会使低学历家长感到有心无力(安妮特·拉鲁,2014)。哈克的研究发现，来自低下阶层的家长与教师交流时缺乏自信，甚至逃避与教师会面的机会，形成家长参与的自我淘汰(Harker R, Nash R and Durie A, et al.,1993)。尽管很多家长愿意到学校提供志愿服务，但如果家长的职业根本无法付出任何参与时间，则会出现“直接排拒”(Lopez V,2007)。教师如果没有表达对家长参与的欢迎态度，或是没有为家长提供必要培训的话，无论家长的社会阶层如何，都会导致很低程度的参与(Greenberg P,1989)。

“江西省家校合作大样本追踪调查”的数据显示，家长的高参与意愿和低参与行动形成鲜明对比；教师对家校合作阻碍因素的选择，与学校相关的因素，如领导重视、经费和资源、教师意愿等均占很高比例(50%以上)，而与家长相关的因素，如家长意愿、家长素质等占比较低(30%左右)(吴重涵，张俊，王梅雾，2014)，这些发现从侧面应证了学校的不足。在当前的形势下，学校所提供的机会和平台非常重要，家长参与子女教育需要学校引导，家长参与的瓶颈在学校。

总之，教育机构歧视论把参与的阻碍归结于学校，但却忽视了有的教师鼓励条件不佳的家长参与教育，或引领其他教师开展家校合作的事实(Becker H J and Epstein J L,1982)。拉鲁指出既然事实是教师对所有阶层的家长要求都一视同仁，因此，她推测学校或教育机构本身并无任何意图歧视低下阶层家长(安妮特·拉鲁,2014)。

(三)儿童特征与家长参与的关系

儿童个体特征导致家长参与的差异。爱普斯坦指出家校合作的一个重要挑战就是参与程度随着子女年龄增加而降低(乔伊丝·L.爱普斯坦,2013);Seea 等人的研究发现,特殊儿童(如自闭、聋哑等)的家长参与程度远远高于一般儿童(Seea B H and Gorarda S,2015)。吴重涵的调查发现家长参与在儿童性别上没有显著差异,但儿童智力水平越高,参与程度越低;学生年级越高,家长的参与程度越低,但在毕业年级或高中阶段,会有上升趋势;在留守儿童家庭,家长参与程度最低(吴重涵,张俊,王梅雾,2014)。

以上综述构成了本研究的理论基础和研究的出发点。同时形成以下认识:

第一,家长参与受到家庭、儿童和学校特征三个层次的综合作用,过分强调某一层次可能导致视角上的谬误。所以,家长参与的影响因素分析必须综合考虑三个层次的影响。

第二,从家庭层面的家庭缺失论,到学校层面的教育机构歧视论,再到儿童层面的个体特征,对家长参与阻碍因素的考察,启示我们要促进家长参与,家长首先要面对自己的不足,与学校积极、坦诚地开展合作;学校也应针对不同背景的家庭开展针对性的家校合作策略,促进家长全员参与。当家长、教师、学生以及其他人能将彼此视为教育合作伙伴时,那么一个围绕儿童的交叠影响域就会形成并发挥作用(乔伊丝·L.爱普斯坦,2013)。

第三,国内有关的经验研究中,存在着样本规模较小,分析方法相对简单,缺乏必要的统计控制等问题。从研究数据来看,教育研究往往采用分层抽样收集数据,存在学校、班级和学生个体等不同层次的数据,这种分层数据的特点决定了家长参与的差异分析需要考虑变量层次的问题。

二、数据、变量与方法

(一)数据来源

本研究所使用的数据来自"江西省家校合作大样本追踪调查"的第一次数

据采集。根据“江西省家校合作的研究与实践推进”的规划，项目拟用7～10年，在引进和本土化改造国际成熟家校合作实践框架的同时，通过大样本调查、跟踪研究和实践指导，探索家长参与与儿童成长的规律性联系，进而推动家校合作政策和实践的持续改进。数据采集于2012年12月至2013年1月，发放校领导、教师、家长和学生等各类问卷近6万份，这些数据形成对应或嵌套关系，如根据某学生问卷，可以查到其对应家庭信息（家长问卷），也可调出班级（教师问卷）和学校信息（校领导问卷）。在这些样本中，抽取了29所学校的5626个3年级以上的家庭样本（包括家长及所对应的学生问卷），132个对应班级的教师问卷和相应的学校领导问卷。29所学校中，有13所农村或城乡结合部学校，16所城市学校。这些数据成为本研究数据分析的基础。

（二）变量描述

本研究涉及的各类变量采用了社会学和教育学调查的常规化操作，但有个别变量需要说明。因变量家长参与（y）被定义为家长以促进儿童成长为目标的行为，是87项具体行为的综合加权值。这些行为参考了爱普斯坦（Joyce L. Epstein）团队建立的研究和实践框架。框架将参与归纳为六种类型，即当好家长（家长提升自我能力以更好地承担家长责任）、相互交流（与子女、教师和其他家长有效交流）、志愿服务（到学校作志愿者支持学校教学）、在家学习（辅导、监督子女的在家学习活动）、参与决策（参与学校和班级事务）、与社区合作（与学校一起为社区服务，或利用社区资源促进子女成长），并构建了指标体系来测量家长参与的程度（乔伊丝·L.爱普斯坦，2013）。这是一套成熟的、国际公认的指标体系，现已成为美国家长参与子女教育的国家标准（National PTA，1997），并在新加坡，中国台湾、香港等国家或地区得到推广（何瑞珠，2002；林明地，2002；Khong Y L and Ng P T，2005）。我们引入并本土化了上述框架，用于指导实践并评估家长参与的程度，具体来说，这些行为既包括家长在家参与，也包括到校和到社区参与，既包括参与子女的家庭教育，也涉及参与学校正规教育，即对子女教育的全方位参与。

需要说明的是，爱普斯坦的指标体系虽然全面包括了在家庭对子女教育的参与和对学校教育的参与，但更侧重于后者。因此，相对家庭视角来说，本指标体系稍偏重于学校视角，这是由指标体系来源所决定的，也是本研究框架的局限性和特点所在。但是数据显示，家长参与的瓶颈在学校（吴重涵，张俊，王梅雾，2014），这在一定程度上说明侧重学校视角的家长参与的测量和研究有现实意义。

对家庭特征的考察，本研究从社会阶层的视角，主要度量家庭的社会经济地位。其中，对家庭收入和财产（X_3）的测量，是通过询问家庭“标志性”资产和收入的方法，并综合加权完成。对家长职业（X_6、X_7）的考察，学界通常采用职业地位或声望模型。拉鲁认为职业对家长参与的影响往往不是地位的高低，而是工作与生活的关联程度。她指出中上阶层的家长工作与生活不相分离，如律师、经理人或教师等，常把与工作有关的活动带回家，形成了家庭也是教育场所的参与氛围（正如家庭也是工作场所一样），工作上的社交提供了对子女教育具有促进作用的支持网络，另外弹性的工作时间也可方便参加学校活动；而劳作阶层的家长，如流水线上的工人，工作与生活界限分明，工作不会发生在家庭，导致了教育不会发生在家庭的认识，而刚性的工作时间也使他们无暇参与学校教育，更不会在社交上得到有关子女教育的信息或专业建议（安妮特・拉鲁，2014）。拉鲁等人的分析视角正好切合本研究主题，因此我们也以工作与生活的关联度为评价标准，将父亲和母亲的职业与生活的关联度划分为由低到高的四个等级。家庭社会关系（X_8）是参考赖德胜等人的研究思路，将其操作化为“联系频率”“网络位置”和“激活程度”三个维度的综合加权值（赵延东，洪岩璧，2013；赖德胜，孟大虎，苏丽锋，2012）。家庭层面的变量还包括家长参与意愿（X_1）、家庭所在地（X_2）、父亲学历（X_4）和母亲学历（X_5）等。

在儿童个体特征方面，本研究的儿童成长(X_9)被操作化为对儿童成长状况的综合测量，包括学习成绩（两个学期）、行为改善和教育抱负三项。儿童智力水平(X_{10})是根据学生“瑞文标准推理测验”的分数结果所得。留守儿童(X_{13})的判别标准是家长双方都在外长期工作（Murray J R，叶敬忠，2005）。儿童层面的变量还包括儿童性别(X_{11})、是否独生子女(X_{12})、就读年级(X_{14})、是否住校(X_{15})等。

学校特征的变量，我们从学校基本情况，家校合作的组织和制度，以及教师意愿和行为 3 个维度来考察。其中学校基本情况包括学校规模(W_1)和农村学生比例(W_2)两个变量。组织和制度包括 4 个变量，即家委会(W_3)、家长会(W_4)、规章制度(W_5)和家长志愿者项目(W_6)。与家长问卷的题目相对应，我们也询问教师对家校合作各种活动的参与程度和参与意愿，综合加权后得到以学校为单位的教师参与意愿(W_7)和行为(W_8)。

综上，我们设计了家庭、学生和学校层面的 23 个变量来考察家长参与的影响因素，家庭层面的数据来自家长问卷，学生数据来自对应的学生问卷，学校规模和农村学生比率、学校家校合作组织和制度的资料来源于学校领导问卷，教师家校合作的意愿和行为的数据来自对应学校的教师问卷。

（三）分析方法

本文所涉及变量有学校和家庭两个层次，家庭、学生层面的个体变量嵌套于学校层面，嵌套关系明显，且因变量为二分类数据，如果直接用传统的线性回归，将个体变量合并于学校层面，会丢失家庭、儿童个体间差异的信息，因此，多层线性模型（Hierarchical Linear Model，简称 HLM）的 logstic 回归是最为适合的分析方法。其表达式如下：

水平 1 模型：$p(y_{ij}=1)=\rho_{ij}$

$$Y_{ij}=\ln[\frac{\rho_{ij}}{(1-\rho_{ij})}]=\beta_{0j}+\beta_{1j}X_{ij}$$

水平 2 模型：$\beta_{0j}=\gamma_{00}+\gamma_{01}W_j+\mu_{0j}$

$\beta_{1j}=\gamma_{10}+\gamma_{11}W_j+\mu_{1j}$

在水平 1 中，$p(y_{ij}=1)=\rho_{ij}$ 表示第 j 个学校第 i 个个体家长参与程度的二分反应是“高”的概率为 ρ_{ij}。$Y_{ij}=\ln[\frac{\rho_{ij}}{(1-\rho_{ij})}]$代表第 j 个学校第 i 个个体家长参与程度高和低的概率比，它由个体自变量 X_{ij} 的直线回归斜率 β_{1j} 和截距 β_{0j} 所决定，X_{ij} 代表第 j 个学校第 i 个个体自变量的观测值。

在水平 2 中，水平 1 方程的回归斜率 β_{1j} 和截距 β_{0j} 又分别成为学校层面自变量 W_j 的因变量。γ_{00} 和 γ_{01} 分别表示截距 β_{0j} 对于学校层面变量 W_j 的回归截距和斜率，μ_{0j} 表示由第 j 个学校变量带来的水平 1 模型在截距上的误差；μ_{10} 和 μ_{11} 分别表示斜率 β_{1j} 对于学校层面变量 W_j 的回归截距和斜率，μ_{1j} 表示由第 j 个学校变量带来的水平 1 模型在斜率上的误差。

两水平线性模型的 logistic 回归遵循分步回归的思想，主要有三个基本步骤，同时也切合了本文关注的研究议题。一是零模型，即不加入任何自变量的回归，主要检验因变量在水平 2 上是否存在显著差异，以此判定是否适合多层线性模型分析，与之相关的议题是家长参与在学校间是否在显著差异。第二步为加入水平 1 变量，不加入任何水平 2 变量，称为随机效应模型，主要用于分析水平 1 变量对因变量的影响，即讨论家庭和儿童特征如何，以及在多大程度上影响家长对子女教育的参与。第三步为同时加入水平 1 和水平 2 变量的完全模型，称为混合效应模型，主要用于分析水平 2 变量对水平 1 变量和因变量间关系的调节作用，即讨论家庭和儿童的个体数据与学校层面的宏观数据在同一框架内，学校如何影响家庭和儿童特征，进而影响家长参与。本研究多层线性模型的分析软件为 HLM6.08。

三、研究结果与分析

(一)零模型的拟和与解释:家长参与在学校间是否存在显著差异

零模型是指在个体水平和学校水平上都没有预测变量的模型,它主要用于考察家长参与的发生率在学校水平上差异是否显著。如果差异显著,此时用传统回归分析是不恰当的,应考虑使用多层模型(张雷,雷雳,郭伯良,2003),有必要在水平 2 中引入学校变量解释其差异。

运行 HLM 软件得到的估计结果是 $\gamma_{00}=0.188694(se=0.121696)$,对随机效用方差成分的卡方检验结果达到显著性水平($p=0.000$),表明不同的学校之间家长参与存在显著差异,需要增加学校层面的解释变量对随机效应进行进一步解释。

(二)随机效应模型的分析与解释:家庭和儿童特征对家长参与的影响

在水平 1 方程中,同时纳入家庭和儿童层面的 15 个自变量,在水平 2 模型中不纳入任何学校变量,各变量作随机化处理,即在不考虑学校间差异的情况下,仅对家庭和儿童的个体数据进行分析,回归结果如表 1 所示。

1. 家庭社会经济地位对家长参与的影响

在家庭层面,家长的参与意愿、母亲学历、父亲职业、母亲职业、社会关系均通过了显著性检验,表明它们对家长参与有显著影响。家庭所在地、家庭财产和收入、父亲学历三个变量对家长参与的影响不显著。根据模型回归结果,将家庭特征与家长参与的关系归纳如下:

(1)家长的受教育程度回归系数都为正值,说明家长的受教育水平越高,家长的参与程度为高的概率越高；但父亲的回归系数并不显著，而母亲的回归系数显著，表明母亲的学历对家长参与的影响显著且大于父亲。对教育外部收益和家长教养方式的研究都发现，父母更高的受教育水平意味着更有学习氛围的家庭环境，对子女更高的教育期望，更科学的子女教养方式等（Schultz T W，1970）。家长学历作用存在差异的结果说明在子女未成年阶段，照顾子女的任务主要由母亲承担，这与张亮、赵延东等人的研究发现形成对应，即母亲主要负责子女的日常生活、学习细节等，父亲则主导子女的择校、升学等重大决策（赵延东，洪岩璧，2013；张亮，徐安琪，2008；洪岩璧，赵延东，2012）。这一结果可能也与本研究的样本特征相关，学生样本中小学生居多，高中生最少，以低龄儿童为主，参与行为显著受到母亲学历水平的影响。

（2）家长的职业回归系数都为正值，统计检验显著，表明家长的职业与生活的关联程度越高，家长参与程度为高的概率越大，且母亲的作用大于父亲。这证实了拉鲁、许殷宏等人的质性研究发现（安妮特·拉鲁，2014；许殷宏，朱俐嬛，2014），说明工作与生活的关联确实能影响家长参与的意识，获得更好的参与能力和机会；而对工作与生活关联度低的家庭来说，工作性质会对他们对子女教育的参与造成阻碍。

（3）家庭所在地、家庭财产和收入这两个代表家庭经济状况的变量对家长参与没有显著影响（p 值分别为 0.254 和 0.655），说明家长参与程度的高低并不依赖于家庭的经济状况。对儿童成长与家庭经济资本关系的研究也发现，儿童成长的状况与家庭财产和收入无关（吴重涵，张俊，王梅雾，2014）。从家长参与的实际情况来看，在义务教育背景下除课外补习、书籍购买等行为外，多数是与金钱无关的，即便相关，多数家长也能满足最低要求。

（4）家庭社会关系回归系数为正值，且通过了显著性检验，表明家庭社会关系越丰富，家长的参与程度越高。家庭的社会关系，包括沟通频率、网络位置和激活程度，形成促进家长参与子女教育的社会资本。研究发现这种社会资本会以家长参与、社会闭合等方式传递给子女，提升儿童的教育获得（洪岩璧，赵延东，2012）。

（5）参与意愿的回归系数为负值，即家长意愿越高，反而导致参与行为越低，且统计检验显著。可能的解释是家长的参与意愿没有充分转化为行动，有意愿的家长没有行动，或实际参与过的家长表现较低的参与意愿。我们推断，意愿转化为行为需要自身的能力条件，具备参与能力的可将意愿转化为行动，在此我们将其称之为“高意愿—高行为”模式；而不具备参与子女学校教育能力的家长，参与意愿也很高，但参与行为处于较低水平，由此形成“高意愿—低行为”模式，而这一状况反过来更会激发其意愿。鉴于本研究家长参与意愿和行为呈负向关系的回归结果，我们有理由相信处于“高意愿—低行为”模式的家长占绝大多数。从学校方面来看，家长参与意愿向行为的转化可能存在学校阻碍，如家长缺乏参与技能，以及学校提供的平台和机会较少或不能达到家长期望。学校主导的参与活动也可能没有充分发挥家长的积极性，或与家长所期望的不一致，造成没有参与到活动中去的家长非常想参与，而实际参与的家长却降低了他们再次参与的意愿。实地调研中我们也发现，有的家长只是迫于学校的压力，而象征性地参与到学校的教育中。这也让我们意识到学校开展家校合作有非常好的基础，因为家长的参与意愿都很高，但家长的积极性需要鼓励和保护。

总之，在有显著作用的家庭变量中，家长职业与生活的关联性、母亲学历和家庭社会关系都对家长参与有正向的促进作用，且母亲的作用大于父亲。由此可以得出，从家庭角度来看，是家长较低的受教育水平，较弱的工作与生活的关系度，较贫乏的社会关系，以及缺乏意愿转化行为的能力和机会，阻碍了家长对子女教育的参与。

2. 儿童特征对家长参与的影响

儿童层面的变量中，学生年级和留守儿童两个变量回归系数都为负，且通过了显著检验，而走读/住校、儿童成长、智力水平、性别和是否独生子女等变量对家长参与的影响不显著。根据模型回归结果，将儿童特征与家长参与的关系归纳如下：

学生年级的回归系数为负，表明学生的年级越高，家长参与程度越低；留守儿童的回归系数为负且显著，表明儿童的留守状况阻碍了家长对子女教育的参与。这两个结论与现实状况相符，家长双方长期在外工作意味着无法到校参与学校活动，亦无条件在家关心子女的学习。家长对儿童成长的作用不可替代，隔代教育问题值得引起社会关注。

同时，研究也在一定程度上证实住校生的家长参与水平低于走读生（回归系数为负），但影响并不显著。在儿童成长状况和智力水平两个变量上，影响不显著，表明无论儿童的成长状况和智力水平如何，家长都会关心子女的教育。儿童性别方面，家长参与对男生和女生的程度都是一样的。对是否独生子女来说，通常的研究发现独生子女家庭的参与水平高于非独生子女家庭，但考虑到中国重视教育的传统，我们也有理由相信家长的参与在独生子女和非独生子女间没有差异。

总的来说，在儿童层面，学生年级和留守儿童状况都对家长参与形成阻碍，但值得欣慰的是，无论儿童住校与否、成长状况和智力水平如何，无论男生或女生，无论是否独生子女等情况，都没有阻碍家长对子女教育的参与。

表 1　随机效应模型的参与估计（固定效应部分）

变量	系数	发生比	p 值
截距	2.3217	10.1929	0.001
参与意愿	−1.3671	0.2549	0.000
家庭所在地	0.0803	1.0836	0.254
家庭财产和收入	0.0370	1.0377	0.655
父亲学历	0.0487	1.0499	0.383
母亲学历	0.1002	1.1054	0.095
父亲职业	0.3268	1.3865	0.036
母亲职业	0.4685	1.5976	0.047

续表

变量	系数	发生比	p值
家庭社会关系	0.5244	1.6895	0.000
学生年级	−0.0693	0.9331	0.052
走读/住校	−0.2011	0.8179	0.228
儿童成长	0.0994	1.1045	0.169
儿童智力水平	−0.0014	0.9986	0.389
儿童性别	0.0170	1.0171	0.826
独生子女	0.0531	1.0545	0.557
留守儿童	−0.1303	0.8778	0.004

注：发生比＝exp(系数)，后同

对水平2上各变量的随机效应方差成分进行卡方检验(表略)，发现截距(p＝0.021)，以及参与意愿(p＝0.057)、家庭所在地(p＝0.033)、家庭财产和收入(p＝0.071)、父亲学历(p＝0.044)、走读/住校(p＝0.018)、儿童智力(p＝0.036)、儿童性别(p＝0.068)、留守儿童(p＝0.044)共8个变量差异显著，表明这些变量在不同学校间对家长参与的作用是不同的，存在随机效应或其他变量的预测效应，需要在这些变量中纳入学校层面的变量进行解释，这构成下一步混合效应模型分析的依据。

(三)混合效应模型的拟和与解释：学校的调节作用

在随机效应模型估计结果的基础上，我们将学校层面的8个变量纳入水平2方程，以分析学校变量对家长参与的影响。混合模型表达式如下：

水平1：$p(y=1)=\rho_{ij}$

$$Y_{ij}=\ln[\frac{\rho_{ij}}{1-\rho_{ij}}]=\beta_{0j}+\sum_{k=1,k\in z}^{15}\beta_{(k)j}X_{(k)jj}$$

水平2：$\begin{cases}\beta_{nj}=\gamma_{n0}+\mu_{nj}\\ \beta_{lj}=\gamma_{l0}+\Sigma\gamma_{(m)lj}W_{(m)j}+\mu_{lj}\end{cases}$

水平1模型与之前的随机效应模型一致，是对家庭和儿童层面的变量进行概率回归。水平 2 有两个方程，方程 1 不纳入学校层次的解释变量，即是假设水平 1 变量对家长参与的影响在所有学校中是一致的，方程 2 则反。其中 m 为代表 8 个学校层面的变量；n 为随机效应模型中卡方检验为不显著的变量代码，不需要纳入学校层面的变量作分析，包括母亲教育、父亲职业、母亲职业、社会关系等；l 为随机效应模型中卡方检验为显著的变量代码，需要纳入学校层面的变量作进一步分析，包括截距，以及参与意愿、家庭所在地等 8 个变量。

模型的回归结果见表 2。因家庭和学生层面的影响因素上一部分已作分析，在此主要讨论学校层面变量对家长参与的调节作用。

所有纳入学校层面的水平 1 变量都达到了显著水平，表明这些变量在不同学校间对家长参与的影响是有显著差异的。根据回归结果，以下分别探讨学校对家庭特征、儿童特征与家长参与关系的调节作用。

1. 学校对家庭特征与家长参与关系的调节

（1）学校规模越大，家长参与子女教育的程度越低。如表 2 所示，截距的水平 2 变量学校规模是影响家长参与的显著变量（P＝0.066），回归系数为负，表明学校规模越大，家长参与程度越低。这在一定程度上说明在我国城市化和学校布局调整过程中，迅速增加的学校规模并没有给学校带来规模效应，反而增加了学校管理和教学活动的难度，对学校的家校合作形成阻碍，也表明学校没有在众多的家长中去发掘家长资源。这种情况在美国也同样存在，在一些大型学区，学校和家长的力量处于极不对称状态，导致家长根本无法通过自己的力量去影响或改变学校（安妮特·拉鲁，2014）。所以，控制学校规模，对促进家长参与是有利的。

（2）学校的家长会和教师行为能够加强家长意愿与现实参与间的关系，而教师意愿会减弱家长意愿与现实参与间的关系。在上文的随机效应模型中，我们的数据发现家长参与意愿与现实参与呈相反方向。在本模型中，家长会和教师行为的回归系数为负，与水平 1 中参与意愿的方向一致，表明学校的家长会和教师行为会加强家长意愿与行动间的关系；教师意愿回归系数为正，与参与意愿在水平1回归中的方向相反，即减弱其关系。这三个变量的回归结果表明学校的家长会或教师行为越多，会增加家长参与的意愿而减少家长的现实参与程度，再次证明学校活动没有达到效果并伤害了家长积极性；而在教师意愿方面，如果教师表达欢迎家长参与的态度的话，会减弱家长意愿与现实参与间的相关性，也就是说教师的意愿促进家长意愿转化为现实参与，对家长参与有提高作用。

(3)学校志愿者项目促进家庭经济资本丰富的家长参与，而教师行为促进经济地位低下的家庭参与子女教育。在家庭财产和收入与家长参与关系的影响方面，学校层面的志愿者和教师的p值达到显著水平，其中志愿者的回归系数为正，且与家庭财产与收入在水平1的回归方向一致，表明志愿者项目会促进家庭财产和收入丰裕的人参与到子女的教育中去；而教师行为的回归系数为负，且和家庭财产与收入在水平1的回归方向相反，可解释为教师对家校合作的行为会减弱家庭经济状况与家长参与的相关性，在一定程度上意味着促进经济地位低下的家长参与子女的教育。

(4)教师意愿促进学历水平高的父亲参与子女教育。在学校对父亲学历与家长参与关系的影响方面，所有的学校变量中只有教师意愿达到显著性水平。分析发现教师意愿的回归系数方向与父亲学历在水平1模型中的系数方向一致(都为正)，表明教师意愿会促进父亲受教育水平与家长参与间的关系，可理解为促进高学历父亲参与子女教育。

另外，研究也发现，学校层面的8个变量不能有效解释家庭所在地与家长参与间的关系，也就是说家庭所在地与家长参与间的关系具有独立性，与本研究所考察的学校因素无关。

2.学校对儿童特征与家长参与关系的调节

(1)教师的意愿促进住校生家长的参与；学校的制度潜在地排斥住校生家

长的参与。在学校对学生走读/住校状况与家长参与关系的影响方面，农村学生比率、学校家校合作制度和教师意愿都通过了显著性检验。对比随机效应模型中的数据结果，教师意愿和农村学生比率这两个变量与走读/住校的回归系数方向相反，表明他们会减弱学生走读/住校状况与家长参与间关系，即教师意愿会鼓励家长克服家校距离等方面的不足，促进住校生家长参与子女教育；在农村生源多的学校，可能学生住校比走读更有利于家长参与。学校的家校合作制度与走读/住校的回归系数方向相同，即增强学生走读/住校状况与家长参与间的关系，而这种关系是住校生家长参与程度为高的概率低。我们推测是制度排斥因素在起作用。学校制度潜在地假设家长可以方便地参与到子女的教育中(何瑞珠，2002)，而对住校生来说，由于没有参与学校教育的条件，反而被制度排斥在外。

(2)学校志愿者项目不利于留守儿童家庭的家长参与；教师意愿和行为促进留守儿童家庭的家长参与。在随机效应模型的分析中，我们的结论是留守儿童家庭的参与程度为高的概率低于非留守儿童家庭。从学校对其关系的影响来看，志愿者项目、教师意愿和行为达到显著性水平。其中与留守儿童在随机效应模型中回归系数方向一致的变量为学校志愿者项目(都为负)，即增强留守儿童与家长参与间的关系，这种关系可解释为阻碍留守儿童家长参与子女教育；方向相反的是教师意愿和行为(都为正)，即减弱留守儿童与家长参与间的关系，可解释为增进留守儿童家长对子女教育的参与，亦即教师对家长参与欢迎的态度和行为会促进留守儿童家庭参与子女教育。

同时，我们也分析了学校对儿童成长、智力水平与家长参与关系的影响。学校层面的所有变量对他们关系的影响均不显著，表明在所考察的学校变量中，无法通过儿童成长和智力状况来作用于家长参与。现实的可促进渠道，可能存在于其他变量中，还需要进一步探讨。

总之，在学校层面的变量中，阻碍家长参与的因素包括学校规模、家校合作制度和学校的家长会，且研究发现了学校制度对住校生家庭的排斥作用。教师意愿在以下情况都对家长参与有促进作用：家长参与行为与意愿存在差距、父亲学历较高、学生住校和留守儿童家庭。教师的行为则对经济地位低下家庭和留守儿童家庭有显著促进作用。学校的志愿者项目有双重作用，它促进富裕家庭参与，但却不利于留守儿童家庭。

表 2　混合效应模型的回归结果

水平1变量	水平2变量	系数	发生比	P值
截距				0.000
	学校规模	−1.8048	0.1645	0.066
参与意愿				0.005
	家长会	−0.8771	0.4160	0.067
	教师意愿	0.2393	1.2704	0.047
	教师行为	−0.3899	0.6771	0.068
家庭所在地	(无显著变量)			0.000
家庭财产和收入				0.041
	志愿者项目	0.0139	1.0140	0.043
	教师行为	−1.4345	0.2382	0.078
父亲学历				0.026
	教师意愿	0.5763	1.7795	0.038
走读/住校				0.069
	农村学生比率	0.8777	2.4054	0.026
	家校合作制度	−1.8390	0.1590	0.064
	教师意愿	0.2654	1.3040	0.045
儿童智力水平	(无显著变量)			0.003
儿童性别	(无显著变量)			0.001
留守儿童				0.032
	志愿者项目	−0.7469	0.4738	0.037
	教师意愿	0.8378	2.3113	0.053
	教师行为	1.5819	4.8642	0.062

注：水平2的变量包括学校规模、农村学生比率、家委会、家长会、家校合作制度、志愿者项目、教师意愿、行为共8个变量，基于分析目的，表中只列出统计检验显著的变量

四、结论与建议

家长参与会促进儿童成长和学校教育教学，家长的集体参与，更在宏观上有利于改善教育改革的生态环境，甚至促进社会公平。基于上述事实，我们将家长参与从以往的附属社会资本变量提升为独立变量来考察。在探讨家长参与作用的基础上，探索家长参与的阻碍因素，并加以克服以促进家长参与，就显得意义重大。基于本研究的数据样本发现，家长意愿、家长学历等家庭因素，学生年级、是否留守等儿童因素，均对家长参与存在显著影响，学校的系列变量在不同程度上均对家庭、儿童特征与家长参与的关系有调节作用，会促进或阻碍家长参与。

（一）家长参与存在阶层差异

在所考察的家庭社会经济地位变量中，研究表明家长职业与工作的关联程度越高、母亲的受教育水平越高和家庭社会关系越丰富，家长参与子女教育的程度越高。也就是说，处于一定社会阶层地位的家长，在家长参与中会呈现阶层差异，有阶层优势的家长在参与中具有优势，而弱势地位的家长则处于“雪上加霜”的不利地位。

（二）家长参与存在学校的选择性抑制

1. 对意愿转化为行动的抑制

家长参与意愿和家长实际参与的程度之差通常解释为家长的参与能力的差异。但我们却发现学校的组织和行为也会造成家长失望而实际参与低，所以学校对家长参与的影响不可忽视。在家长较高参与意愿的现状下，学校是家长参与的“瓶颈”，改进的空间包括教师向家长表达欢迎家长参与的态度，营造良好氛围，更重要的是学校应考虑家长对活动（如家长会）的可接受程度，提高活动的针对性，提高组织能力，改善某些教师的不当行为，以此将家长的意愿转化为实际参与。

2.对家庭社会资本激活的抑制

家长参与作为文化资本激活的过程，拉鲁认为激活需求主要来自学生方面，如学生学习成绩出现较大波动(安妮特·拉鲁，2014)，但本研究发现学生成长状况(包括成绩、行为和抱负等)、性别、是否独生子女等关键特征对家长参与的激活并不显著。本研究的一个重要发现是家长参与的激活更多地与学校的行为相关，这在理论上扩展了拉鲁的文化资本激活理论。学校会选择性地抑制家长参与，只鼓励受教育水平高、社会关系丰富、符合学校价值观的家长参与，却忽视阶层地位低下家长的需求，潜在地排斥住校生家长。学校教师的不当行为，会阻碍和抑制这些家长参与，扩大家长参与意愿与参与行为间的差距，而改善这些行为，则会激活家长参与。

(三)学校的行为改进与教育公平

学校对家长参与的促进或阻碍，宏观意义上可能影响教育公平。阻碍的方面表现在学校不具有针对性的家校合作活动，对所有家长一视同仁的制度，或留守儿童住校项目;促进的方面显著地表现在老师的意愿和行为上。对低下阶层和留守儿童家庭来说，促进这些家庭的家长参与，进而用“家长参与的力量”来弥补在家庭环境方面的不足，可促进儿童的教育获得，更在宏观层面上促进教育公平。

总之，对家长参与阻碍因素的研究是我们改进实践的学理基础。当然，本文所进行的仅仅是探索性的研究，这些结果仍然需要进一步的分析来加以验证，尤其是在学校层面变量的选取上，还有值得商榷的地方。另外，本研究“家长参与”的87项指标，多是测量家长对子女学校教育的在校、在家参与行为，相当于家长参与的学校视角，而社会文化资本研究者常在质性研究中描述的，那些微妙的，融入家庭生活方式、思维方式和语言方式的与子女互动行为，如美国中上阶层家长与子女民主辩论，工人家长对子女严厉管教，以及教育期望对子女的影响等(吴重涵，2015)，本研究没有涉及。

作为“江西省中小学幼儿园家校合作跟踪研究”成果之一，回顾整个研究框架及本文，“家长参与的阻碍”与“家长参与的特征”(吴重涵，张俊，王梅雾，2014)和“家长参与的力量”(吴重涵，张俊，王梅雾，2014)形成逻辑联接。在这个逻辑中，需要进一步关注的是，在学校主导下的形式化活动和教师的不当行为，如果没有达到家长的期望，会阻碍家长对另一些可能有实质意义的活动的持续参与，形成对家长参与的“选择性抑制”。这种阻碍是如何产生的，在多大程度上能够克服，对家长参与的研究和实践推进都有重大意义。同时，由于缺乏对儿童成长的纵向数据，本研究没有发现儿童个体特征对家长参与的激活，但这并不表明它不重要，按照拉鲁家庭文化资本激活的理论，可以推论它恰恰十分重要，我们希望在完成第二轮数据采集后，能有更多新的发现。

原载《教育研究》2017 年第 1 期，原文约 1.8 万字

参考文献

[1]BOURDIEU P. Cultural reproduction and social reproduction[J]. R Brown Knowledge Education & Cultural Change Papers in the Sociology of Education, 1973.

[2]BLAU P M, DUNCAN O D, TYREE A. The American occupational structure[M]. NY: Free Press, 1967.

[3]吴重涵. 从国际视野重新审视家校合作——《学校、家庭和社区合作伙伴：行动手册》中文版序[J]. 教育学术月刊，2013(01)：108－111.

[4]李春玲. 社会政治变迁与教育机会不平等——家庭背景及制度因素对教育获得的影响(1940—2001)[J]. 中国社会科学，2003(03)：86－98.

[5]吴重涵，张俊，王梅雾. 家庭背景与家长参与关系的实证研究[M]. 南昌：江西教育出版社，2014.

[6]爱普斯坦 乔伊丝・L. 学校、家庭和社区合作伙伴：行动手册[M]. 吴重涵，薛惠娟，

译. 南昌：江西教育出版社，2013.

[7]安妮特·拉鲁. 不平等的童年：阶层，种族和家庭生活[M]. 张旭，译. 北京：北京大学出版社，2009.

[8]DRIEBE N M. Barriers to Parent Involvement in Head Start Programs[J]. Cultural Influences，1996.

[9]GESTWICKI C. Home，school，and community relations ：a guide to working with parents[M]. Delmar Publishers，1991.

[10]黄河清，吴怡然，彭芸. 家校合作中的家长教育方式[J]. 教育学术月刊，2011(11)：65－67.

[11]何瑞珠. 家庭学校与社区协作：从理念研究到实践[M]. 香港：中文大学出版社，2002.

[12]HO E S，KWONG W. Parental Involvement on Children's Education：What Works in Hong Kong：Parental Involvement on Children's Education[M]. Springer，2013.

[13]何瑞珠. 家长参与子女的教育：文化资本与社会资本的阐释[J]. 教育学报，1999，26(2)：37.

[14]安妮特·拉鲁. 家庭优势：社会阶层与家长参与[M]. 吴重涵，熊苏春，张俊，译. 南昌：江西教育出版社，2014.

[15]HARKER R，NASH R，DURIE A，et al. Succeeding generations：Family resources and access education in New Zealand[M]. New York：Oxford University Press，1993.

[16]LOPEZ V. An Exploratory Study of Mexican－Origin Fathers' Involvement in Their Child's Education：The Role of Linguistic Acculturation. [J]. School Community Journal，2007，17：61－76.

[17]GREENBERG P. Ideas that Work With Young Children：Parents as Partners in Young Children's Development and Education：A New American Fad? Why Does It Matter? [J]. Young Children，1989，44：61－75.

[18]BECKER H J，Joyce L. EP STEIN. Parent Involvement：A Survey of Teacher Practices[J]. The Elementary School Journal，1982，83(2)：85－102.

[19]SEEA B H，GORARDA S. The role of parents in young people's education—a criti-

cal review of the causal evidence[J]. Oxford Review of Education, 2015,41(3):346－366.

[20]National PTA. National standards for parent/family involvement programs[M]. National PTA, 1997.

[21]林明地. 学校与社区关系[M]. 台北：五南图书出版股份有限公司，2002.

[22]KHONG Y L, NG P T. School - Parent Partnerships in Singapore[J]. Educational Research for Policy and Practice, 2005,4(1):1－11.

[23]赵延东，洪岩璧. 网络资源、社会闭合与宏观环境——教育获得中的社会资本研究及发展趋势[J]. 社会学评论，2013(4):1－25.

[24]赖德胜，孟大虎，苏丽锋. 替代还是互补——大学生就业中的人力资本和社会资本联合作用机制研究[J]. 北京大学教育评论，2012(01):13－31.

[25]MURRAY J. R.，叶敬忠. 关注留守儿童：中国中西部农村地区劳动力外出务工对留守儿童的影响[M]. 社会科学文献出版社，2005.

[26]张雷，雷雳，郭伯良. 多层线性模型应用[M]. 北京：教育科学出版社，2003.

[27]SCHULTZ T W. Investment in human capital: the role of education and of research[M]. Free Press, 1970.

[28]张亮，徐安琪. 父亲参与研究:态度、贡献与效用[M]. 上海：上海社会科学院出版社，2008.

[29]洪岩璧，赵延东. 社会资本与教育获得——网络资源与社会闭合的视角[J]. 社会学研究，2012(05):47－69.

[30]许殷宏，朱俐嫘. 社会阶级与家庭教养之探究——以两个家庭个案为例[J]. 教育学术月刊，2014(3):3－14.

[31]吴重涵，张俊，王梅雾. 家长参与的力量——家庭资本、家园校合作与儿童成长[J]. 教育学术月刊，2014(3):15－27.

[32]吴重涵. 家校合作的家庭视角——《家庭优势:社会阶层与家长参与》中译本序[J]. 教育学术月刊，2015(4):102－106.

学校和家长能否想到一块去

——“家校合作大样本跟踪调查”的几个发现

吴重涵 张俊 王梅雾

当前，我国的家校合作呈现出集体性活动多、家长志愿者活动多、学校空间活动多的“三多”趋同性走势，对学校系统改善社会环境，具有战略性意义。然而，数据理智地告诉我们：在家校合作的学校诉求和家庭诉求中，要更关注家庭诉求；在优势家庭和弱势家庭中，要更关注弱势家庭；在宏观的集体性活动和微观的个性化活动中，要更关注微观的个性化活动。

儿童成长既不只取决于学校，也不只取决于家庭，而是取决于家庭与学校之间持续的、高质量的互动与合作。当前全国的家校合作工作，呈现出集体性活动、家长志愿者活动、学校空间活动“三多”的趋同性走势。但学界与社会对这种热走势并非没有争议。学校和家庭是不是能想到一块去？学校开展家校合作的意义何在？家长的个性化需求体现在哪里？请看我们的几个研究发现。

本报告是根据“江西省家校合作跟踪调查”2012 和 2015 年两轮大样本调查数据整理而来，样本量共计约 23.8 万。调查项目得到国家社科基金项目资助(BHA140091)。

表 1　两轮家校合作大样本调查的基本情况

调查时间	参与学校	样本量
2012.12	59 所	7.6 万
2015.12	107 所＋2 个县	16.2 万
合计		23.8 万

一、弱者的武器:家校合作对弱势家庭意义更大

1. 家校合作对儿童成长有直接促进作用

为了探讨家校合作对儿童成长的直接作用,我们将家庭样本按家校合作的参与程度(87 项参与行为的综合测量)划分为低、中、高三组;将儿童成长状况(学习成绩、行为、教育抱负等指标的综合测量)划分为好、中、差三组。在此对比家校合作程度为低、高两组家庭中,儿童成长状况好的比例,结果如下图所示。

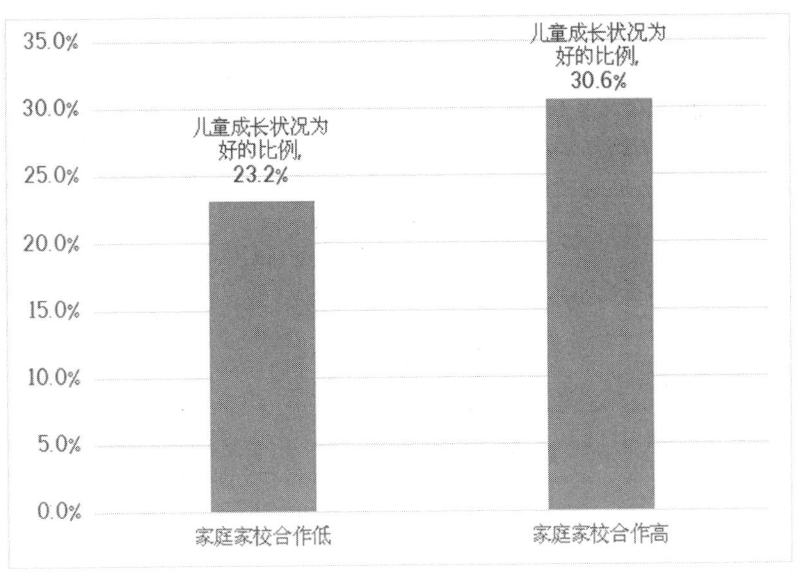

图 1　不同家校合作程度家庭中儿童成长状况为好的比例

数据解读:家长对子女的教育参与得越多,子女的成长状况就可能越好。

政策意义:学校推进教学改革,如果把视野拓宽到学生的家庭,家校合作可以助一臂之力。

2.家校合作对弱势家庭意义重大

进一步地,我们将样本家庭按社会经济地位(学历、收入、职业地位、社会关系的综合测量)划分为弱势家庭、中等家庭和优势家庭三个等级,结合家长参与家校合作的程度和儿童成长状况分组,交叉对比家庭社会经济地位、家校合作与儿童成长间的关系,结果如下表所示。

表2 家庭社会经济地位、家校合作与儿童成长状况的关系

		儿童成长状况		
		差	中	好
弱势家庭	家长参与:低	28.2%	53.3%	18.5%
	家长参与:高	21.4%	48.7%	29.9%
优势家庭	家长参与:低	20.6%	52.1%	27.3%
	家长参与:高	16.4%	46.9%	36.7%

注:弱势家庭是指学历、收入、职业地位低,社会关系贫乏的家庭

数据解读:在弱势家庭的家长参与家校合作的程度由低到高,儿童成长状况为好的比例由18.5%上升到29.9%,增加率约为62%;在优势家庭中,增加率为34%。说明家长参与家校合作会减弱“家庭背景对儿童成长的影响”,弱势家庭的儿童成长状况提高的比例大于优势家庭。

政策意义:弱势家庭可加强与学校的合作,弥补家庭条件的不足,促进儿童成长,其对促进教育公平亦有重大意义。

对学校来说,教师和优势家庭有着更接近的文化和价值认同,所以教师更愿意与他们合作,设计活动更有利于他们参与,导致弱势家庭容易边缘化,成为被忽略的群体。但“家校合作对弱势家庭儿童意义更大”的结论告诉我们,开展家校合作,不能只着眼于部分优势家庭、精英家长,不能只以家委会(往往由精英家长组成)为平台,而应面向所有家庭,特别是弱势家庭。

同时,教育均衡和公平的政策不能只注重于学校资源、师资配置等学校因

素，还要看到家庭背景、家长参与的不均衡。教育不公平的根源首先在家庭，其次才是学校。因此，我们的教育政策应向促进“全体家长参与家校合作”倾斜。

二、家长参与的阻碍：也可能来自学校

将样本家庭参与家校合作的行为和意愿划分为低、中和高三个等级，结合家庭社会经济地位的分组，可得出不同社会经济地位家庭的参与行为和意愿。下图显示了优势家庭和弱势家庭中，家长参与家校合作的行为和意愿分别为高的比例。

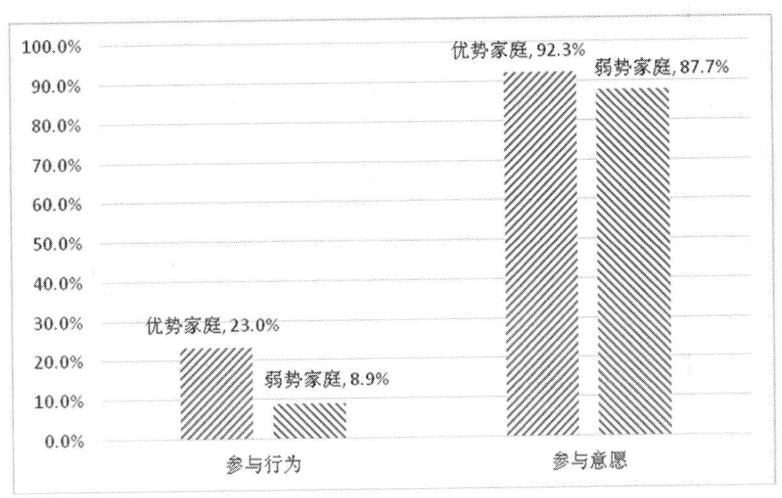

图 2　优势家庭与弱势家庭实际参与和参与意愿的对比

数据解读：在优势家庭中，家长参与家校合作程度为高的比例是 23.0%，而弱势家庭仅为 8.9%；而优势家庭和弱势家庭对家校合作的参与意愿几乎没有差异(92.3%对比 87.7%)。这说明弱势家庭和优势家庭都非常希望参与子女的教育，即意愿基本没有差异，但意愿与行为之间有巨大差异，行为与行为之间有明显差异。

政策意义：家校合作不是一种“热闹”，“不是为活动而活动”。如何缩小这两大差异，是家校合作面临的主要挑战。

表 3　学校对家长参与家校合作的阻碍

学校因素	阻碍系数
学校制度性歧视（语言体系、文化系统）	15.9%＊＊＊
形式化活动	27.0%＊＊＊
教师不当行为	38.9%＊＊

注：阻碍系数是指降低家长参与的可能性

数据解读：众所周知，家长参与的阻碍可能来自于家庭本身，如家长的文化素质、参与能力、时间冲突等。然而，表 3 数据显示，这种阻碍也可能来自学校。

（1）学校制度性歧视。指学校对来自低下阶层的家长和学生抱有阶层偏见，不知不觉间贬低了低阶层家长的参与潜力；存在隐晦歧视行为或排斥机制，主要表现为话语系统歧视。再如家委会成员多来自优势家庭，或尽管很多家长愿意到学校提供志愿服务，但如果家长的职业根本不允许他们付出任何参与时间（比如工厂工人，需要固定时间上班，学校不考虑家长参与的时间方便性），则会出现“直接排斥”。被忽视的家长多数变为被动参与，最终可能放弃参与。

（2）学校的形式化活动，如内容空洞的家长会、单方面地向家长灌输抽象的理论的培训会、缺乏组织的集体活动等。优势家庭在反复参与中不堪重负，而弱势家庭也不愿意充当群众演员的角色，表现为参与过的家长再次参加学校活动的意愿和行为大大降低。

（3）教师的不当行为。教师对所有家长作相同的要求，如要求为孩子朗读，可能会使低学历家长感到有心无力。教师与家长交流时居高临下，用专业权威压制家长，会使低阶层的家长缺乏自信，甚至逃避与教师会面的机会，形成家长参与的自我淘汰。

政策意义：学校对弱势家庭的制度性歧视，是一个被忽略的事实，家校合作开展不起来，并非只是家长素质低、观念落后造成的。上述学校阻碍因素的分解思路，也可以作为改进的行动框架。任何家庭都有参与的潜力，学校需要创造机会和挖掘潜力。

三、家校合作:学校和家庭呈现“剪刀差”

1. 学校和家长对家校合作的参与呈现剪刀差:合作中存在分离

根据爱普斯坦家校合作“六种类型”理论模型,首先将家长参与家校合作六种类型的程度由高向低排列,得到从在家学习到志愿服务的趋势走向(横坐标);然后绘制对应的教师参与数据(纵坐标);最后采用OLS回归模型分别得到家长和教师参与家校合作的趋势线。结果如图3所示。

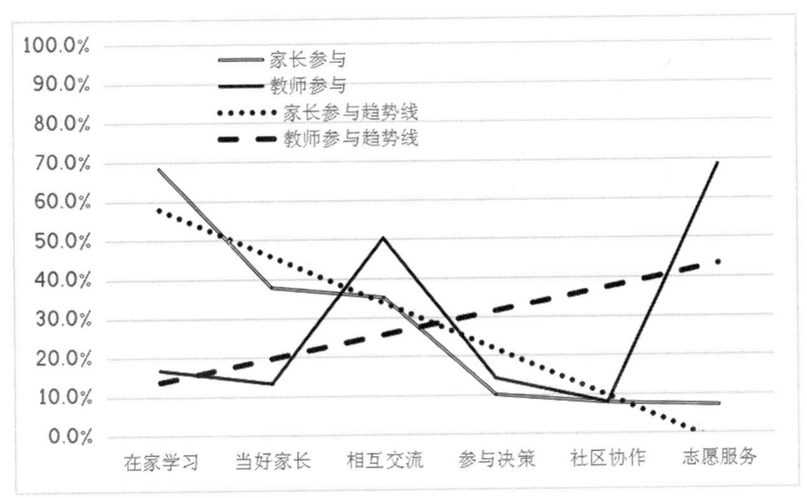

图3　家长、教师参与各类型活动的程度对比(2012年)

数据解读:从上图可以发现,家长参与趋势线和教师参与趋势线相交,形成一个剪刀的形状,趋势相反,即家长参与较高的,教师参与较低;教师参与较高的,家长参与较低,比如改进学习,家长是老师的4倍(68.2%与16.7%),而到校志愿服务,教师是家长的10倍(68.5%和7.1%)。

这表明家长关注在家,老师关注在校。家长参与较高的活动往往是在家发生、与子女直接相关、过程由家长主导的,比如在家辅导孩子作业(在家学习),提高当家长的能力和技能(当好家长)等。教师参与较高的是活动发生在学校,过程由学校主导,面向所有学生,而不是某个学生,如请家长代表出席学校活动

(参与决策),招募家长中的志愿者到校提供志愿服务等。

政策意义:剪刀差的存在,是一个基本的事实,是一切家校合作工作的行动起点。剪刀差的背后,是家庭和学校存在较为明显的立场和行为差异。家长的标准是"对我自己的孩子有好处",如在我家里做、我的孩子受益、我有主导权。学校和教师的标准是"让我的工作有好处",比如少一点工作量,家长来帮忙的志愿服务,群发的通知相互交流;或者少一点麻烦,让家长参与到学校的决策事务中等。

正确的家校合作的努力方向,是形成不断扩大的共识和加强一致行动。家校合作的目的,既要提高家长的校内参与程度,也要倡导学校指导家长如何当好家长、如何辅导子女的在家学习,从而使家庭与学校的各项参与都在一个层面,促进两者的相互合作,让两条趋势线同水平甚至重合,而不是相交。

2. 推进制度化家校合作带来的变化:家长参与程度翻番

作为一项跟踪调查,我们对比了 2012 年和 2015 年两轮调查的情况,前者代表了推进家校合作前的初始状态,后者代表省域推进制度化家校合作 3 年后的改进。下图显示了 2012 年和 2015 年家长参与家校合作分别为低、中和高的比例。

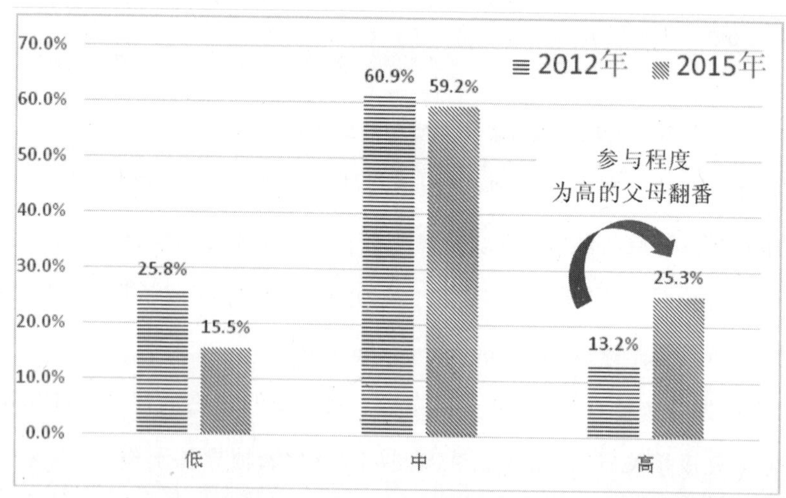

图 4 江西省 3 年持续推进制度化家校合作试验后家长参与的变化

数据解读:从上图可以看出,试点单位在规范推进家校合作工作后,参与程度为高的家长比例由13.2%增长到25.3%，增长几乎翻番。

政策意义：实践和数据证明开展家校合作工作，确实可以营造有助于吸引更多家长参与的氛围。

3. 推进制度化家校合作带来的变化：剪刀差呈消失趋势

在2012年的调查中，家长和教师参与家校合作的趋势形成“剪刀差”，即家长参与高的方面，教师参与低；教师参与高的方面，家长参与低。采用同样的方式，绘制2015调查数据的家长和教师参与家校合作六种类型的分布图，这代表江西持续推进制度化家校合作3年后所带来的变化。结果如下图所示。

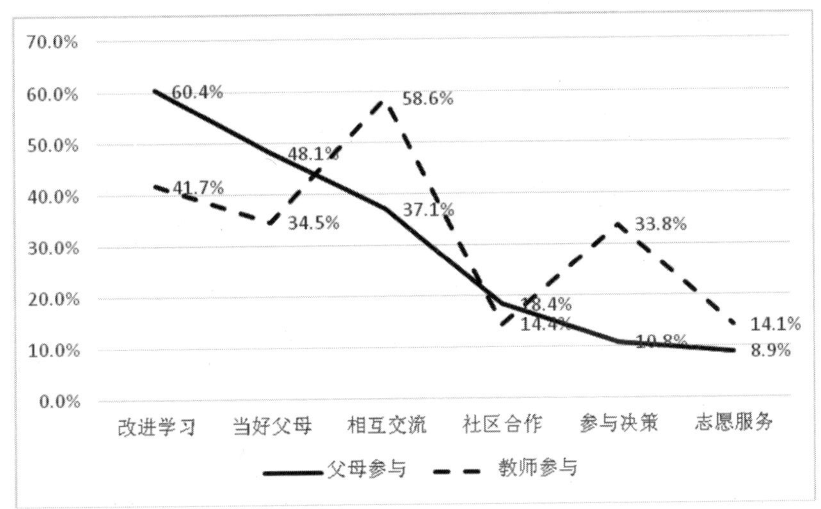

图5　江西省3年持续推进制度化家校合作试验后家长和教师参与的对比（2015年）

数据解读：从上图可以看出，“剪刀差”呈消失趋势。如果我们把“剪刀差”的存在作为家校合作工作的基本起点，进行持续、规范的实践推进，“剪刀差”的分离状况可以有所减弱，家庭和学校的立场和行动共识交集得到扩大。尽管家长仍然相对注重在家参与，表明家长关注个体儿童的立场没有也不可能发生根本改变，但家长对参与学校集体活动的热情和行动，会有所提高。

政策意义：过于强调学校立场的家校合作是不均衡的家校合作。教师的立场和行动开始向家长靠拢，家长也向学校靠拢，这才是好现象！

4. 学校对部分家长资源的利用可能存在透支

家长“志愿服务”是家校合作的一种重要活动类型。但作为很多试点学校重点开展的项目，2013 年家长参与志愿服务程度高的比例是 7.1％，经过 3 年的制度化推进，2015 年为 8.9％，增长并不明显，为什么？

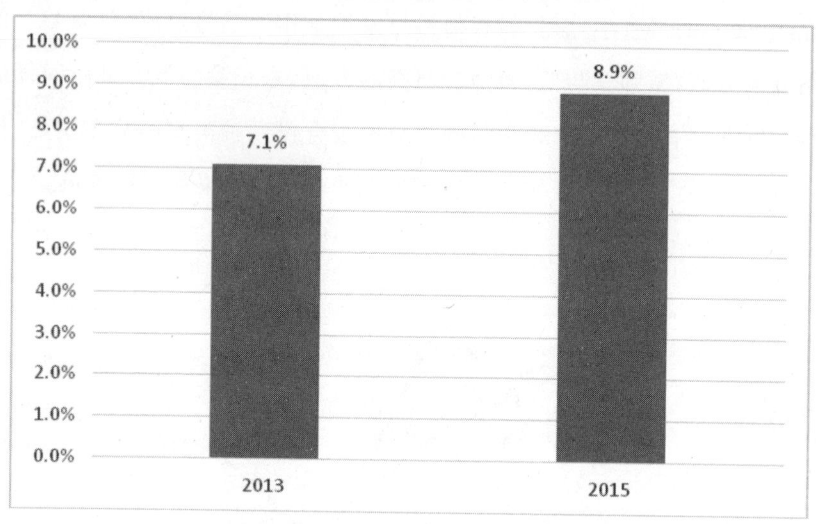

图 6　2012 年和 2015 年家长参与志愿服务的比例

数据解读：将这一数据结合质性研究进行综合分析，我们认为学校对部分家长资源的利用可能存在透支。那些需要家长到校参与或过程由学校主导的活动，以及与全体学生相关，而与自己子女不直接相关的活动，家长参与度的增长并不高，如让家长参与决策或志愿服务等活动。尽管不少学校成立了家长义工队、家委会，每周甚至每天都有家长志愿者到校服务，但积极参与的家长在整个家长群体中比例仍然很小，参与人员相对固定，积极参与的家长难免为其所累。

政策意义：如果学校继续热衷于大型的、形式化的活动，会让已经参与到志愿服务中的家长不堪重负，甚至找借口逃避。在此类活动中，学校一定意义上是把家长当劳动力使用，家长参与其中感觉不到收获和行动意义，也没有参与感和主导权。

四、合作走向制度化:还需要进一步形成共识

制度化是指活动的认知和行为发生不易改变的定型。让家校合作在教师和家长心目中成为不需要论证的、理所当然的“份内事”是我们的目标,即形成制度化的家校合作。通过对家校合作试点学校的质性研究,项目组参照国外相关研究的分析模型,提炼了“家校合作制度化过程特征框架”,把制度化的过程特征分为初级、中级和高级三个阶段,而阶段升级主要是由“文化合法性”和“理所当然”两大因素推动的。

表 4 家校合作制度化过程及特征示意框架

文化合法性	公共标准的语言特性
	适当性规则(价值适当性和实效性)
	行动边界
理所当然	行动
	角色(岗位)适当性规则
	行动范畴
制度化其他特性	组织结构(管理层面)
	行动路径
	行动复制(可重复性)
	自增强(内动力)

上表解读:用这个框架来衡量学校家校合作制度化的程度,我们发现,即使在表现较为突出的江西省,目前家校合作也仅处于制度化中级阶段,容易发生局部性中止。

政策解读:家校合作尚没有定型。制度化中止常由 4 大原因导致:

一是外部环境的变化,如上级领导不支持;

二是教师间及教师和家长间的行动、认识存在差异;

三是关键人物和声誉卓著的人物支持或反对,这也是中止的直接诱因;

四是制度化特性不平衡导致中止。或者“理所当然”明显滞后于“文化合法性”(比如家访,大家都认识到这样做是对的、应该的,但教师并不一定认为家访

是教师“理所当然”的责任，就容易形成运动式家访，有的学校就搞一次停三年）；或者“文化合法性”明显滞后于“理所当然”，如补课和购买教辅资料。

五、结语

回到开头，当前家校合作工作呈现出集体性活动多、家长志愿者活动多、学校空间活动多的“三多”趋同性走势，虽然这对于学校系统改善社会环境，具有战略性意义，然而，数据理智地告诉我们：在学校诉求和家庭诉求中，我们要更关注家庭诉求；在优势家庭和弱势家庭中，我们要更关注弱势家庭；在宏观的集体性活动和微观的个性化活动中，我们要更关注微观的个性化活动。这就是科学、朴素、有效的家校合作。

原载《光明日报》2017 年 1 月 21 日第 7 版

家长志愿服务　冷热不均待加温

吴重涵　张俊　王梅雾

一说到家校合作，少不了家长义工、家长志愿者，特制的马甲、红色的袖章，家长志愿服务已然成了家校合作的标志性活动，很多学校搞得如火如荼。但有的学校刚启动了志愿者项目，就被家长举报了……一方面我们感受到的是“热闹非凡、好得很”；另一方面，又感受到“质疑”“糟得很”。为什么？其中一个原因，是我们对于家长志愿者活动的规律和特点，还缺乏认识。为此，我们利用2012年和2015年江西省家校合作的数据平台，就当前家长志愿者行动的一些特点进行讨论。

本研究使用的“江西省家校合作跟踪调查”数据，受国家社科基金“制度化家校合作与儿童成长的相关性研究”项目(BHA140091)资助，2012年和2015年两轮样本量共计23.8万，基本涵盖了从幼儿园到高中，从优质学校到薄弱学校，从城市到农村、从公办到民办各类学校。

一、志愿服务现状：学校“热”起来了，家长还没有

图1分别呈现了两轮调查中，志愿服务的学校开展比例、家长参与比例和家长参与意愿。图2中折线代表学校开展家校合作六种类型的程度，灰色柱状

图代表家长参与六种类型的程度，竖线柱状图代表家长参与的意愿。

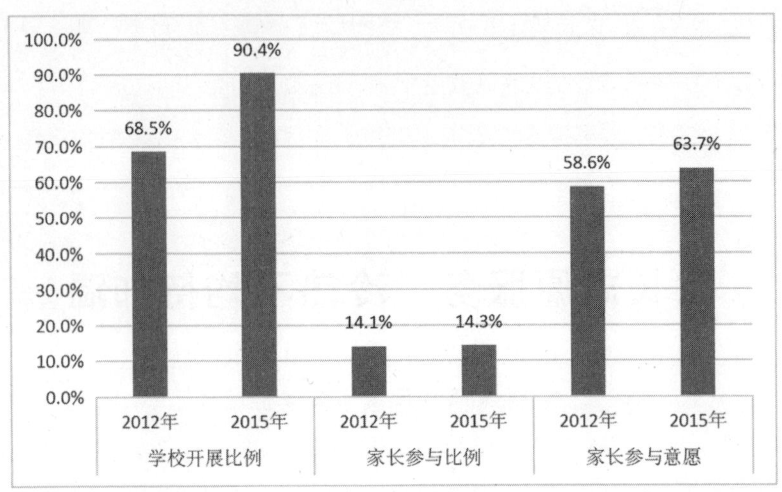

图 1　学校和家长参与志愿服务比例（2012、2015 年）：学校普及，家长基本不变

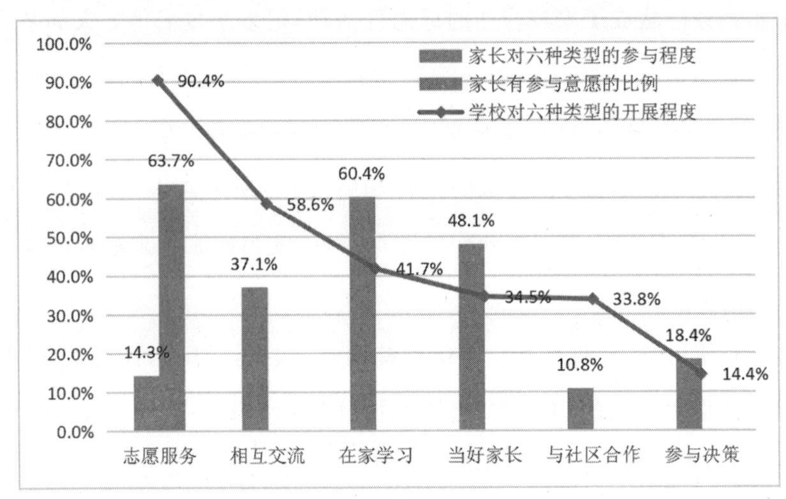

图 2　家校合作中志愿服务的总体情况：标志性活动类型、家校差异、意愿和行动差异

数据解读：

（1）学校、家庭差异大。在 2012 年的调查中，有志愿服务项目的学校比例为 68.5%（最高），经过三年的制度化推进，这一比例上升到了 90.4%（判定标准：正式招募家长志愿者，启动仪式或家长志愿者培训，提供志愿者统一标识等）。所以，我们看到几乎所有开展家校合作工作的学校都在轰轰烈烈地开展志愿者活动。然而，家长参与率并不高并且稳定在14％（判定标准：至少参与了一项志愿者活动）。由此形成学校和家长在志愿者行动上的显著差异。

（2）家长参与意愿和实际参与差异大。家长的意愿不低（63.7％），而且在两轮调查中一直维持在较高比例，实际参与的家长一直维持在较低比例，两者形成鲜明对比。

这个差异为什么会形成，是否可以消除，在多大程度上可以消除？我们通过驻校辅助观察发现，让有参与意愿的家长都实际参与志愿者行动，并非易事。原因是，那些有意愿而没有实际参与的家长，他们的期望是多样性甚至个性化的。当前志愿者活动内容和形式，没有满足这种多样化参与意愿。如果强制让家长参与，非但家校不能“合作”，而且会成为引发家校矛盾和冲突的导火索。

某省政协会议提案（摘编）

案由：不应让“家校互动”变成“越俎代庖”

内容：近期，朋友向我倾诉：读初二和小学四年级的两个孩子的作业已经成为他的最大苦恼，他每天除了必须监督孩子做作业之外，还要检查其作业的对与错，孩子改正了错题的作业再由他签名。由于他们夫妇的文化程度较低，基本没有能力指导、检查、批改孩子的作业，无奈之下现在只得另花钱将孩子交给老师托管。为此，我特意在公司对有孩子就读中小学的员工进行了专门调查。结果表明：目前在“家校互动”的口号下，学生的家长们确实承担了太多的教育负担，已经充当了“编外老师”的角色。比如：家长要参与孩子的默写、听写作业；要指导、检查和批改孩子各科作业并签名；家长要指导孩子预习新课；还有些作业如资料查找、制作小报、做PPT之类更是变成了家长作业。

现在普遍的现象是：在所谓的“家校合作”的名义下，老师把自身很大一部分教学任务都转移给了家长，使家长充当了陪读兼教师的角色。在此，殷切期望尽早革除这样的流弊，少折腾无辜的家长，还学生一个良好的教育环境。

图3　某省政协会议提案：强制家长编外教师，引发家长反感

实践启示：

(1)让尽可能多的家长参与家长志愿者活动，是下一步家长志愿者活动的一个较大行动目标。

(2)提高家长志愿者参与的比率，不仅要考虑学校的需要，也要从满足多样化、个性化的家长意愿入手。

(3)拓展家长志愿者行动范畴。受爱普斯坦启发，家长来学校做运动会和晚会的观众，在校外维护学校的声誉，都应视为家长志愿者，也存在积极意义(乔伊丝·L 爱普斯坦，2013)。按此定义的标准来衡量，2015 年江西省家长参与率快速提升到 48%左右。

二、群体特征：阶层差异大，激活潜力高

接下来，我们对比家长的社会阶层与参与家校合作程度间的关系。家长的社会阶层，调查选取了家长学历、职业地位、地域、收入水平和社会关系五个层面。柱状图代表实际参与的家长比例，折线图代表有意愿但未实际参与的家长比例。

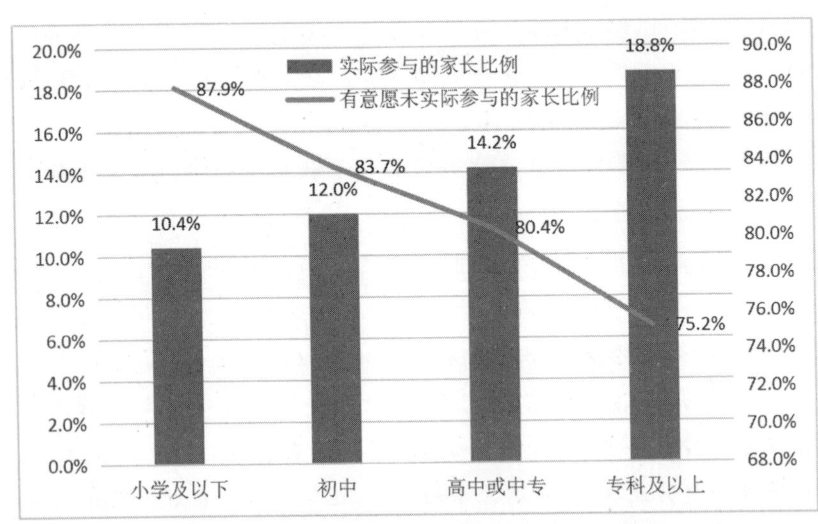

图 4　不同学历家长参与志愿服务的比例

以家长学历为例，小学及以下学历的家长，参与志愿服务的比例是 10.4%，

而具有专科及以上学历的家长，其比例为18.8%，几乎是前者的两倍。这说明在实际参与志愿服务的家长中，学历越高，参与志愿服务的机会越高。

有参与意愿但未实际参与的家长，对学校来说，他们是潜在的参与者，是被关在校门外的群体。从折线可以看出，尽管社会阶层越高，被关在校门外的比例要小一些(小学学历的83.4%对比大学学历的78.7%)，但无论从哪个角度看，参与意愿没有被激活的家长都在80%左右。

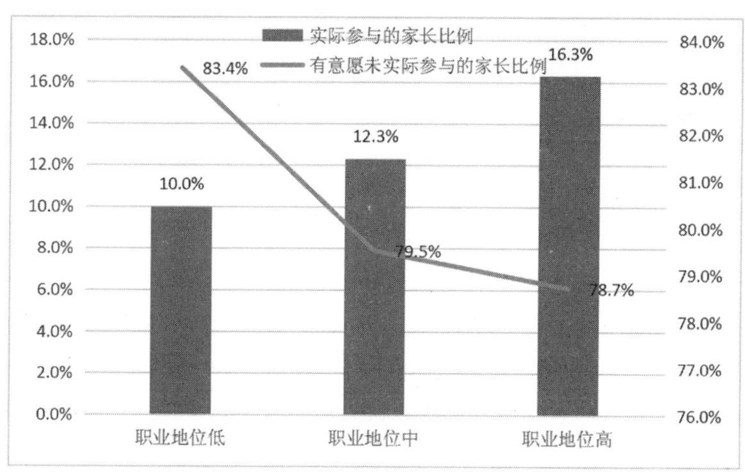

图5　不同职业地位家长参与志愿服务的比例

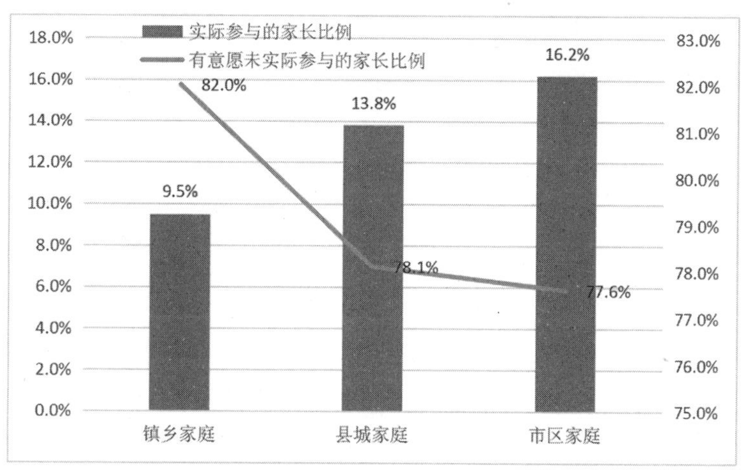

图6　不同地域家长参与志愿服务的比例

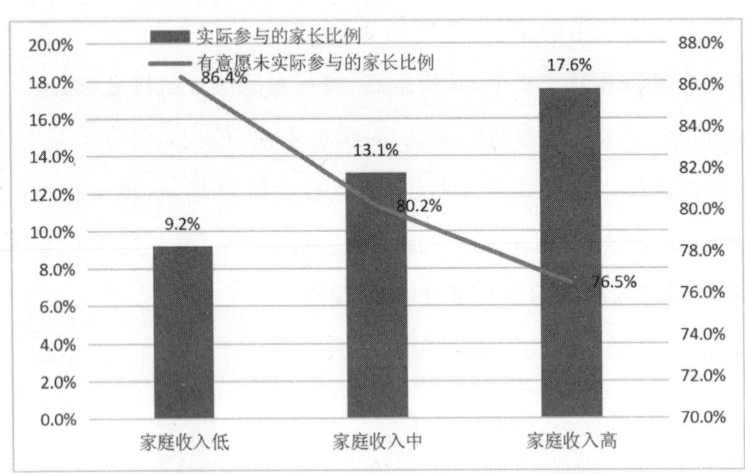

图 7　不同收入家庭参与志愿服务的比例

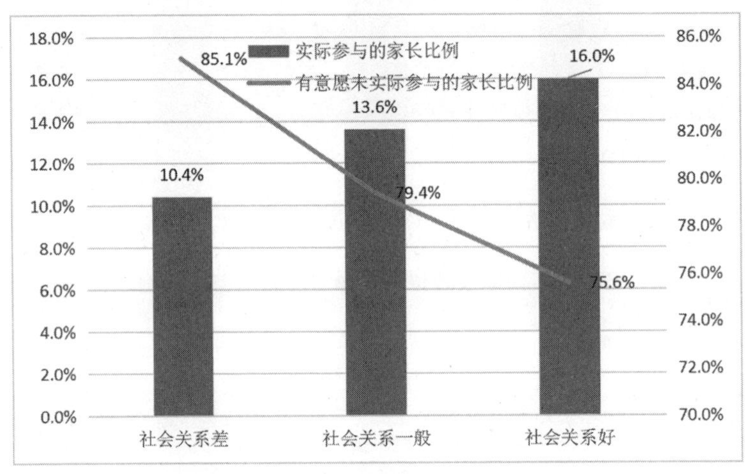

图 8　不同社会关系家庭参与志愿服务的比例

数据解读：

(1)从家庭社会阶层来看，无论是学历、职业、地域、收入还是社会关系方面，等级越高，家长参与志愿服务的比例越高，家长到校参与志愿服务的机会在社会阶层上的差异很大，存在明显的阶层性特征。

(2)教育是促进社会公平的重要工具，它给低下社会阶层以向上流动的渠道和机会。《科尔曼报告》发现，造成儿童教育获得差异的主要原因不是学校的硬件和师资的差异，而是不平等的家庭背景及所构建的社会闭合，即教育不平等的根源首先在家庭及家长对促进教育公平的参与，其次才是学校（Coleman，1966）。我们的调查也有同样的发现，促进弱势家庭对子女教育的参与，对促进教育乃至社会公平有重要现实意义。但现实数据告诉我们，当前的志愿服务，作为学校最积极推动的家校合作项目，学校偏好的家长，多数是高学历、高收入、职业地位高、社会关系好的。而那些低学历、低收入、职业地位低、社会关系差的家长，更有可能被学校排斥在外。家长进学校，存在学校的阶层选择性抑制，可能造成弱势家庭"雪上加霜"的效果，成为助长社会不公的因素。

（3）家长参与的多样化需求，多是由社会阶层造成的。如何激活、在多大程度上能够激活不同阶层家长的意愿，这是一个问题。

实践启示：满足家长多样化、个性化的参与意愿，一个重要的改进思路，就是设计适合不同阶层家长意愿的志愿者活动，包括方便低下阶层参与的时间和地点、技能特长的独特性，以及个性化的需求满足等。

三、志愿服务的效用：显著提高学校声誉，家庭需求有待重视

家长参与志愿服务会带来什么收益呢？根据我们的调查，启动了志愿服务的项目的学校，相较于没有启动的学校，对学校的正面评价存在显著差异。

现实意义：家长进学校参与志愿服务，除了给予学校直接的资源和劳动力支持外，还让家长了解了学校和教师的工作，增进相互理解，一般情况下，显著提升了家长对学校的正面评价，改善了学校的办学环境，形成了良好的教育改革和发展的生态。

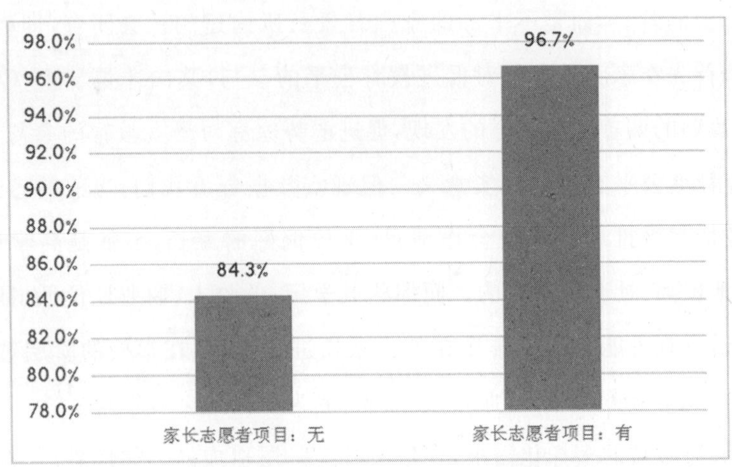

图 9 有/无家长志愿者项目，家长对学校正面评价显著增加

然而，在调查中我们发现，家长志愿者虽然很重要，但也有功能的局限性。家校合作 6 种实践类型的显著功能，分布如表 1 所示。

表 1 家校合作 6 种类型所对应的显著功能

	服务家庭	服务学校	服务学生全体	服务儿童个体
当好家长	√			√
相互交流	√	√	√	√
志愿服务		√	√	
在家学习	√			√
参与决策		√	√	
与社区合作	√	√	√	

实践启示：

作为主导方的学校，要兼顾家校合作的为学校和为家庭服务的功能均衡，不能过度热衷于志愿服务。家长志愿者服务的最大受益方是学校。因此，作为儿童、学校和家庭多方共赢的家校合作，学校应均衡家校合作六种类型活动，特别是面向家庭、儿童的个性化支持和服务。

原载《中国教育报》2017 年 11 月 2 日第 10 版

教育跨界行动的制度化特征

——对家校合作的经验分析

吴重涵 王梅雾 张俊

当前的教育领域，改革繁多，但积淀持续下来的不多。怎么识别能够积淀持续下来的改革行动？这些行动有什么过程性特征？这是一个有意义的问题。

就本研究的剖析家校合作案例工作来看，当前家庭教育和家校合作工作在一些地区和学校呈现出热点特征，涌现出观念创新、活动创新甚至体制机制创新的势头，不但社会反映良好，而且契合了政府的关注点。可以说，家庭教育和家校合作处于历史上最好的制度环境中，整体发展态势令人乐观和鼓舞。但是，在家庭教育、家校合作热度升温的时候，我们或许要关心的一个问题是各地各学校家校合作创新的观念、活动是否能够长期持续下去，是否能够成为现代教育制度的组成部分。如果不能持续，如果在一个地区、一所学校随着领导者的更换，家校合作活动不幸成为“一阵风”，那我们今天做的事情，意义在哪里？(在更一般的意义上，当前各地各学校层出不穷的教学改革举措，都存在能否持续的问题)。

本研究基于对学校教育行动持续性的关切，通过探讨制度化与文化持续性关系，讨论教育行动制度化程度对于行动持续性的重要性；通过讨论家校合作行动制度化不同阶段的特征，试图给出一个适于各地各学校判定教育行动制度化程度的模型。

一、行动制度化与持续性的关系

我们期待行动能持久、持续地开展下去，自然想到要将行动制度化。这里暗含了一个假设：制度化的行动，能够长久、持续地开展下去。这个假设是得到证明的。

制度化(institutionalization)，是新的组织结构、规定和行动被赋予没有异议的意义和价值的过程。制度化是行动者（利益相关者）、行动、意义和价值相互作用的产物(Zilber T B，2002)。由此可见，本研究的制度化，是文化理解意义上的“制度化”（可以称为“文化制度化”），与刚性规章制度相关但不等同。文化持续性(cultural persistence)，是指组织的结构和行动的文化影响力和持续性。文化持续性的媒介不是规定的强制性，而是行动者对行动观念的共享程度，其包括：具有对行动的共同理解、具有这种共识的持续维持，具有以共识抵制对改变行动的尝试等三个方面(Zucker L G，1977)。

制度化与文化持续性存在显著的正相关关系，这由著名的社会学家 Zucker 等人所做的一个巧妙的常人方法学(ethnomethodological approach)实验得到证实。该实验在 Sherif(1935)黑暗效应(autokinetic effect)实验，以及 Jacob (1961)相关的代际传递实验基础上，于 1977 年进行了改进实验。实验证实，制度文化与文化持续性明显呈正相关（见图 1）。即制度化越强，文化持续性越强。具体是：制度化程度越高（从人际影响到组织影响，再到职务影响），则对行动的程度也越高，共识的维持也越持久，对改变行动的抵抗力也越大，最终表现为行动（判断）的改变（接近真值）需要更长的时间（经历更多的代际传递）才能递减下来。

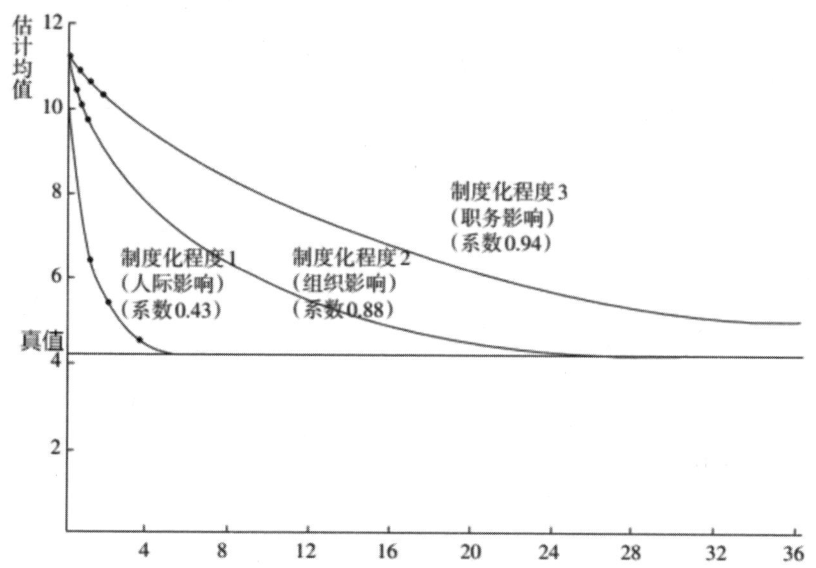

图1　基于3组3代代际传递系数外推法的文化持续性估值曲线(Zucker, L G,1977)

可见,在制度化的人际影响阶段(早期),甚至到了组织影响阶段(中期),文化持续性都是比较弱的。这意味着制度化一旦失去了权力和规范规定的强制性支撑,文化支撑可能不足以弥补强制力(如领导者更换、规章制度约束)的丧失。

二、对制度化过程及其特征的文献梳理

制度化首先是与制度环境相关的概念。大量的制度研究聚焦于组织行动和结构的外部影响,把引起制度变化的解释重点放在外部因素上,认为外部影响是制度变化的关键动力(Colyvas J A and Powell W W,2006)。这种制度变化的外部影响因素,包括规则(rule,regulation)、规范(norm)和文化认知(culture cognition)等环境因素(吴重涵,汪玉珍,2008),具体表现为:对行动进行确认的立法(规章)、意识形态影响(如倾向公平还是效率)、利益和权力的冲突、迫于舆论的模仿、西方文化的传播等,这些因素都可能引发组织和行为的制度变化(Colyvas J A and Powell W W,2006;吴重涵,汪玉珍,2008;Schofer E,

2003)。制度化的外部视角,特别适用于解释不同的组织在适应同一制度环境时表现出相同或相近的行为(结构),讨论组织种群和组织场域层面的同型制度化问题。在制度环境因素的合法性机制作用下,组织会采取一些"理所当然"(take—for—grantedness)的做法,改变已有的制度,建立新的制度,并逐步实现制度化。

但是,为什么在制度环境不变或相同的情况下,一些组织的制度会持续和自我增强(self—reinforcing),另一些却因为逐渐失去了制度化的动力而止步不前或者消亡?是什么因素产生制度化的持续动力,或使之失去动力?这显然不能继续从分析外部环境得到完整答案,而需要借助于研究制度的内部形成机制与过程来解释〔1〕。

较早期比较系统研究制度化形成问题的是彼得·伯格和托马斯·卢克曼(Berger P L and Luckmann T,1966)。他们在合著的学术名著《现实的社会建构》中,从人类有机体易受非生物性活动(社会环境)影响,具有非常高的自我发展可塑性出发,用制度化概念来揭示社会秩序出现、维持与转型的原因,指出:制度化缘于人类活动的习惯化(habitualization)和典型化(定型化)倾向,因活动外在化和客观性增强而物化为近似自然的现象,为人们普遍接受并内化。强调了制度化过程中合法性(legitimation)、(共享)认知和语言、行动者类型(角色)、制度化范围和亚意义共同体等因素的作用(彼得·伯格,托马斯·卢克曼,2009)。

就具体组织和行动的制度化研究而言,Zilber 所做的制度化过程研究,聚焦于组织行动制度化的内在变化逻辑。他指出,制度化是彼此相关但又彼此独立的三个因素——行动者、行动、意义和价值相互作用的产物,强调文化因素在行动者和行动之间的关键联结作用(Zilber T B,2002)。Tolbert & Zucker 的研

---

〔1〕 本研究主要关注制度化的内生变量。但从理论上讲,制度化是内生变量和外生变量共同作用的结果,所以制度化研究涉及上述两类变量。因为制度化的行动者在共同建构行动和观念过程中,其偏好不仅受内部"行动者主体间影响"(Zuker,1977:728),也间接受外部制度背景(环境)的制约(吴重涵,2008:18)。所以制度环境是制度化不可缺少的方面,但不是本研究的聚焦点。

究同样强调文化理解对行动者的决定作用(Berger P L and Luckmann T,1966),并依循 Berger & Luckmann(1967)的制度化定义,将习惯化(habitualization,采用解决重复发生问题的方法和程序,减少即时决策)、客观化(objectification,与其他行动者达成行动共识,其他行动者也不改变含义地重复行动)和沉积(sidimentation,由外在特性 exteriority 所决定,指行动由主体间定义而被视为行动者外部现实世界的组成部分,导致行动的持续性尤其是导致行动者代际之间传递)作为制度化的三个阶段或水平(Zucker L G,1977; Tolbert P S and Zucker L G,1996)。这个制度化阶段模型假定习惯化、客观化和沉积(外在性)是按次序发生的过程(sequential processes)(Tolbert P S and Zucker L G,1996),但这与直观上三个过程可以叠加发生(covary)、交替循环发展的判断(Zucker L G,1977)似有矛盾。那么,习惯化、客观化和沉积(外在性)究竟是制度化的三个发展阶段,还是在制度化全过程都起作用的三个内生变量呢?

Colyvas & Powell 依循了 Tolbert & Zucker 等人强调文化理解和行动的制度定义,通过对斯坦福大学技术转移制度化的案例研究,进一步为我们提供了制度化过程及其内部特性的富有启发的完整分析框架(Colyvas J A and Powell WW,2006),见表 1。斯坦福大学科学发现和技术发明向企业转移(商业化)的制度化过程,发生于 1970 年代到 2000 年代的 30 年跨度之间,大学与企业之间的互动,经历了一个漫长的磨合和稳定过程。Colyvas & Powell 利用文献档案,描述了这一漫长过程中组织行动的变化、相应的概念范畴的变化(行动内涵和边界重新定义),提出了测量制度变化低、中、高发展过程的一套描述性指标。他们指出:制度化的驱动,是通过行动者提升行动及其概念的合法性和理所当然的程度,来自我增强(self-reinforcing)制度化的动力。合法性和理所当然的结构扩张和更深嵌入,是实现行动制度化的动力。因此,特别富有启发的是,Colyvas & Powell 对大学技术转移制度化的分析,是借助于合法性和理所当然两个制度理论的核心概念来完成的,指出了合法性和理所当然作为制度化动力的互补性和不可或缺性，并将这两个概念进一步精确细化为制度化不同阶段的更详细的描述性指标。其中，理所当然关注解释组织常规(organizational routines)、行动角色(roles)和范畴(categories)；合法性在更广泛的意义上，援引了公共标准(public standards)、适当性准则(norms of appropriateness)和领域边界(boundary of a field)，作为描述制度化程度和形式的指标。

表1　制度化过程及其特征的一般描述模型

(Colyvas, J A and Powell, W W, 2006)

	低级	中级	高级
制度化			
组织机构	组织顶层决策	出现职业(岗位)阶梯，设立代表机构	底层工作人员被赋予解决问题的裁量权
实践行动	为实现新的目标尝试多种手段	围绕目标发展的一致性，手段更加集约	最终采用的手段非常好理解
复制	从做中学	个别指导，培训计划，强力的进行社会化活动	不断向外扩展、广泛传播复制，更加专业，形成新的个性
自增强	容易丧失	形成固定的内动力	内动力富有弹性
合法性			
标准	外部援引词汇和符号寻求行动支持	产生制度化的词汇	形成丰富的本地语言开始被广泛地接受，并被借鉴、模仿
适当性规则	采纳高度清晰的提示引起普遍的忧虑	价值显露并逐渐清晰，但不时会遭到反对的声音	规范，客观，价值受到尊崇
边界	现有的边界清晰，跨界行动需要得到组织高层批准	现有的边界趋于模糊，跨界行动被更多的接受	边界被重新划定，整合成拥有共同利益的共同体
理所当然			
行动	异质性，逐次行动	得到巩固，合并发生	常规化、模式化，不需要说明
角色	角色分工模糊不清	提出不用的惯例，引发争执	给出角色明确分工定义，拥有共同价值期望
范畴	不明确，有分歧	范畴被定义、分类	形成固定范畴且被赋予价值

Colyvas & Powell 的这一研究，首次将制度、制度化、合法性和理所当然等几个制度理论中最核心的概念构成一个概念体系，来描述制度化的内生过程。指出所谓制度化，就是同时发生的提高合法性和理所当然程度的产物（Colyvas J A and Powell WW，2006）。这无疑具有开创性意义[1]。

实际上，制度理论的著名学者对于制度化的研究，尤其是对制度化阶段与过程特征的描述，是多视角的，并没有形成公认的研究框架和测量、描述指标。用指标来描述制度化过程和阶段，仍然是一件充满争议和挑战的工作（Tolbert P S and Zucker L G，1996）。这给本研究在 Zilber、Tolbert & Zucker、Colyvas & Powell 等人案例研究的基础上，提出教育跨界行动制度化过程的分析框架，预示了改进方向和空间。

三、对家校合作行动的经验分析

在国家社科基金课题“制度化家校合作与儿童成长相关性研究”项目组的研究中，我们运用 Colyvas & Powell“制度化过程及其特征的一般描述模型”框架以及 Tolbert & Zucker、Zilber 等的制度化研究成果，以合法性、理所当然和制度化三个基本变量之间的内在关系为分析工具，对江西省持续 7 年、横跨两个实验期的 29 所家校合作试点学校和一个试点县的制度化过程进行了跟踪观察。

（一）有关概念界定

1. 制度化（institutionalization）

---

〔1〕 作者实际上是做跨界行动的制度化研究，研究公共科学和私立科学的边界形成过程，并同时认为这一结论适用于一般制度化过程。但实际上，这一分析框架并不太适用于组织内部的制度化描述，如制度与效率结构紧密联结、工作或管理要求改变等制度化行动，至少一些指标的阶段性特征是不适切、不敏感的；如果制度化特征只是在跨界行动这个更具体的层面上抽象，而不是在所有行动最一般意义上概括，一些有价值的识别特征就不至于被“抽象”掉。

制度化是彼此相关但又彼此独立的三个因素——行动者、行动、意义和价值相互作用的产物，是由各类行动者通过互动对习惯性行为进行重新定义和概念分类的过程。制度化一经实现，新的组织结构和行动就会被赋予没有异议的行动意义和价值。但制度化的实现不是以领导者或少数人倡导为标志，而是全体参与行动者达成共识并在共识基础上形成新的常规性行动。

2. 合法性(legitimacy)

社会建构的文化过程。对组织和跨组织层面的行动进行自利算计和社会价值判定，认为是所希望的、适当的、恰如其分的。表现在语言上，形成得到广泛应用的系统通用"行话"；在行动上，参与者会重新界定行动范围(实效与规范合法性)。

3. 理所当然(taken－for－grantedness)

对已经存在的事实和思维模式，认为是所希望的、适当的、恰如其分的。对已经存在的项目和活动感到理所当然，对项目和活动与角色分工的匹配感到理所当然，角色对项目和活动的意义和价值感到理所当然。由此，项目和活动实现常规化、标准化、"外在化"、"客观化"(认知合法性，尤其是微观层面)。理所当然的形成过程，就是为思想和行动寻找预先存在的模板，减少不确定性风险，为社会秩序再造提供认知因素。

4. 教育跨界行动(boundary－spanning action)

教育跨界行动的共同内在特征，是"行动者、行动和组织结构、意义和价值"都已经超出了原有教育(非教育)的传统立场和行动边界，行动者干着不是"分内的事"(Colyvas J A and Powell W W, 2006)。新的家校合作行动属于典型的跨界行动，学校和教师都有不同程度的"走出学校"和"走进校园"的跨界认知和行为。

(二)对弋阳县家校合作制度化过程的个案分析

江西省弋阳县是江西东北部地区一个经历了家校合作制度化完整过程的

较为难得的案例。该县经济和社会发展程度偏低。2013 年前，基础教育的排名于所在上饶市各县市中位置靠后，社会口碑不好，中学优秀生源外流严重。该县家校合作启动于 2012 年暑假，2013 年该县教体局局长方华上任后，明确提出“把家校合作作为全县教育工作的战略突破口”，作为省家校合作试点县建立起与江西省教科所家校合作项目组的长期紧密联系，以家校合作成功带动了教育生态环境的改善、城乡义务教育均衡发展、升学率乃至县域社会治理等各项重大工作，引发了近 2 年县委县政府对教育的大投入。现在弋阳县的家校合作经验，不仅受到省内外很多地区和学校、专业研究人员的关注，参观学习人员不断，而且受到教育部有关司局领导的关注和肯定，受到新华社等中央媒体的多次关注和报道，并于 2017 年 6 月接受了中央 15 家媒体的联合采访。

1. 家校合作制度化的低级阶段

上层的高位推动，裹挟着外来观念和词汇，对传统认识和行为产生扰动。

(1)引入外来词汇和资源，寻求外部动力。来自环境的变革压力。2013 年 5 月，方华从城管局调到教体局任局长，上任不到 20 天，学生猝死、溺亡 5 人，家长情绪激动，到学校和政府有关部门“闹事”。教体局面临巨大压力。他决心要增进家长对学校和教育的理解，提出“家长是整个学校、整个教育不可或缺的资源”。

借用教育系统外部的故事和词汇寻求校长和教师对家校合作工作的支持，鼓励家长参与学校教育、了解学校教育。在初始阶段，方华在多种场合反复讲了一个他在城管局修大桥的例子，来论证家长参与学校教育的重要价值：

在县城大桥拓宽工程期间，由于桥头封闭施工，老百姓出行不便，很多人抱怨说这是政府搞的形象工程，上马工程就是为了捞钱，质量肯定很差。一些参与了建桥的民工，听到这样的议论，反驳说“你们不要打乱话(当地土话，乱讲的意思)，我们是在这上面做过的，他们领导白天晚上都在工地监督，材料和做工都是很过得硬的”。他们说的话很有说服力，起了很好的解释作用。这个事情告诉我们，让参与我们做事的人来解释，比我们自己去解释，更有说服力得多。

这里，引入了“家长参与”一词。之后，很多学校开始把家长请进学校，体验教师工作、维持秩序和监考。家长对学校和教师的理解确实得到较大改善，家校冲突事件大幅减少。

请“外来和尚念经”，寻求专业组织的帮助和宣讲。2013 年 12 月，派出 15 名教育局干部和校长参加省家校合作省培项目培训；2014 年度江西省家校合作省培项目在弋阳县教体局的邀请下，搬到弋阳县实施。全县校长和骨干教师 200 余人全程旁听了培训。2015 年项目组又为弋阳专门培训校长和骨干教师。实际上，早在 2012 年暑假，弋阳县教育局就请省家校合作项目组到该县“暑期校长培训班”就家校合作的理论、实践类型和组织计划进行了系统培训。但当时培训后，工作并没有展开。通过多次培训，省家校合作项目组介绍的世界上先进的家校合作理论、实践框架和组织计划，开始为校长们所了解，其中“6 种实践类型”、“交叠影响域”、“伙伴关系”、“ATP”（家校合作联合行动小组）、“PTA”（家长教师协会）（乔伊丝·L. 爱普斯坦，2013）、“专业工作组”、“不在一起的共同生活”等外来概念，更为校长们所熟悉，并开始在实践中应用。

(2)反对和质疑。对方华推动家校合作，起初在各学校校长中反对和质疑的声音不小。对家校合作的态度主要有 4 类（对 C 的访谈记录）：

第一类人抵触。这部分人大约占 10%。认为新官上任三把火，又是要搞什么名堂。这种人态度有问题，没有事业心，无论你做什么他都不愿去做。

第二类人持观望态度，人数最多，约占一半。怀疑红军（旗）到底能打多久，认为做家校合作很麻烦，增加工作量，还不一定有效果。家长没什么文化，那些留守儿童的家长更是讲不通道理，改变他们很难。有那个时间，不如在学生头上多花点功夫，还更有效。

第三类人持试试看态度。这部分人大约占 20%。知道方华以前在二中、一中做领导的时候，搞过家校合作，也还搞得不错，所以，你说要做那就跟着做，边打边像(边走边瞧)。

第四类人才是支持派。这部分人约占20%左右。就是知道家校合作肯定有作用,现在局长要求做,那正好就一起做。

在2014年家校合作省培项目进行期间,方华在发言中讲到弋阳县的做法时,有个从外地来参训的校长对身边参训的弋阳某校长说:“你们县家校合作真做得好,有这么个好局长。”那位弋阳的校长一脸不屑地说:“你听他吹牛皮,这个(家校合作)做得了的?”(对C的访谈记录)

(3)既有的家校行动边界依然清晰,顶层推动,活动偶发。校长、教师和家长对于学校应该做什么、家庭应该做什么,都有清晰的固有认识。新的、零星开展的家校合作活动,如家长到学校参与监考、值日等,都被当作稀罕事传播。家校合作要做什么,怎么做,如何分工,大家的认识都比较模糊,做法也不统一。活动的开展,主要是靠教体局的高层行政强制推动(县成立了领导小组性质的家校合作协会),方华经常自己做讲座、推动工作。

2.家校合作制度化的中级阶段

这一阶段是将外来的观念、思想和词汇“本土地域化”,并被广大校长、教师、家长乃至社会认同和固化阶段。在这一过程中,既有的对学校和家庭职能分工的认识被打破和重建,家庭和学校的行动边界趋于模糊和再造。

(1)词汇“本土地域化”。对于“家庭和学校的合作伙伴关系”,用“终身持股人”、“CEO(首席执行官)”和“合伙人”的概念来替代。方华在多个场合反复强调:

在针对孩子教育方面,家长是董事长、终身持股人,学校(教师)是CEO,两者是合伙人的关系。

这三个词现在成为本地耳熟能详、没有异议,并且高频使用的热门词。通过这三个词汇,也极大地改变了人们对学校在家校关系中起支配作用的传统认识。

对于"家校合作帮助家庭和社区的功能",用"以良好的校风影响家风,改变民风"来表达。这一种表达,通过"朱坑中心小学评选最美育人家庭,将一些学生家庭麻将桌改成书桌的案例"的广泛宣传,极大程度上统一了校长和教师的思想,为学校功能向家庭延展,提供了生动的注释。

还有"6 种实践类型"、"小手牵大手"、"不在一起的共同生活"、专业工作组等概念,都在弋阳教育系统为大家所熟知、消化和认同。

(2)家校行动边界重建。在词汇本土化所带来的思想和认识的变化中,对家校关系原有的传统认识,由清晰到模糊,再到重建确立新的清晰认识。与此相一致,家校行动的边界,也由清晰到模糊,再到重建新的行动边界。家长走进了学校、教师走出了校门。学校和家庭的平等民主关系也开始生长。例如,圭峰中学将留守儿童的家长会跨省开到了浙江的义乌和浦江,感动了在外务工的家长,促进了留守儿童家庭亲子关系的改善和家长教育责任的增强,也加强了学校和外地家长的联系。还有更多的学校受此启发,把家长会移到校外,开到村里。在这样的活动中,教师和家长的行动边界发生了明显(但不是不可逆的)改变。

(3)建立常态化、重心下移的协调机构。随着家校合作活动的增多和复杂,弋阳县家校合作协会不再是一个上层推动的领导机构,而是按照区域布局逐步向下分化出 9 个家校合作联合体,每个联合体协调 5 所中心学校。联合体下的各学校,设置家校合作工作委员会,并由按照 6 种类型活动区分的专业工作组支撑。这样,家校合作的决策和日常工作重心出现了明显的下移,主动参与这项工作的人员覆盖面明显增大,家校合作不再是少数领导发号施令强推的事情。这是文化制度化取得进展的一个明显特征。

弋阳家校合作的中级制度化过程比较顺利,还与其对家校合作方向性决策的价值选择有着重要关系。其不同于其他地区的一个特点,是更多地呈现学校向家庭和社会服务功能延伸的走向,与家长作为教育资源直接为学校教学服务的功能较为均衡。这一不同寻常的“家庭本位”走向，是弋阳的家校合作从一开始就不把家校合作仅仅作为一种办学的技术，而看作是一种战略的结果。弋阳县教育工作的战略突破口，正是选在家校合作工作上；并在操作层面，十分注重紧跟当今先进的家校合作理论和经验，做到大视野和高起点的引进和吸收。这一方向性的战略选择，使弋阳的教育在近几年发生了全面深刻的变化，让全体弋阳教育人尝到了实实在在的甜头。如果校长和教师没有感受到家校合作的“真实收益”，对家校合作的认识和行动就不可能统一，也就不会顺利完成制度化的中级过程。

3. 家校合作制度化的高级阶段

家校合作从思想到行动，形成常规化和系列化，被学校、家庭和社会作为“客观事实”广为接受，学校、家庭和社区趋向于形成一个新的利益共同体。一线教师家校合作工作日常惯例化，拥有自由行动权。新的家校互动呈现微观经常化状态。弋阳的家校合作出现了若干制度化高级阶段的特征。

正是基于高度的行动共识，2017 年弋阳家校合作的参与率，“校长 100%，副校长和中层骨干 80%～90%，普通教师 60%～70%，家长可以说是 100%。社会上没有听说过家校合作的人极少。但城区相对差一些，因为校长是科级，老资格，有阻力。城区教师有补课的利益，家校合作工作可能会带来利益冲击”（对 F 的访谈记录）。

(1)观念和行动体系化、普及化。从 2016 年开始，特别是进入 2017 年以来，弋阳对家校合作的定位、实践框架、组织机构健全和完善、活动在基层的普遍创新等各个方面，都有较为完整的认识、实施方案和成果，形成了不同以往的、新的、成系统的常规行动，而且认同感大为增强。例如，由陶湾学校创新，家长自愿管理、乡村政府支持、学校教师协助的学生校外互助小组，2016 年成立，不到一年，就在全县迅速铺展到 1100 多个。

(2)形成对否定声音的激烈抵抗。外来者对于 6 种实践类型、合伙人等本土行话的质疑和否定，引起了弋阳教育人普遍激烈的反对和抵制。这是制度化高级阶段的典型特征。

(3)得到广泛传播和认同。弋阳的家校合作工作，得到了从教育部到各级政府和教育行政部门的高度肯定，得到了多个学术界权威人士的高度肯定，引起了中央到地方各级媒体的关注。仅新华社近年来就编发了 5 次弋阳教育的新闻稿。2017 年新闻媒体的关注还在进一步加强。外来到弋阳学习取经的地区和学校数量不断增加。弋阳教育，特别是弋阳的家校合作，遂成为弋阳县的一张名片。县政府一改不舍得投入教育的情况，“从过去教体局要 50 万都很困难，到现在县委县政府投入教育达到 4.5 个亿”(对 F 的访谈记录)。大家都尝到了家校合作的甜头。

弋阳的家校合作，已经不太可能回到过去的状态。

(三)研究结论：更为详细具体的家校合作行动制度化过程描述模型

根据以上对弋阳县家校合作的跟踪观察，我们依循 Colyvas & Powell“制度化过程一般描述模型”，侧重从跨界的角度，建构出一个比 Colyvas & Powell 模型更为详细具体的“家校合作行动制度化过程描述模型”(见表 2)。从家校彼此将具体的家校合作行动从“分外之事”变成“分内之事”这样一个跨界行动制度化过程视角，描述语言、认识和行动的边界改变，逐步在整个组织行动中获得合法性并被视为“理所当然”等细节上，给出了跨界行动制度化在低、中、高三种状态的，更为详细的特征描述。

在表 2 中，我们可以考察家校合作跨界制度化的多级过程。自上而下，是制度化低(特异、前制度化)、中(标准化、半制度化)、高(完全制度化)三个阶段的状态区分；自左至右，是影响并反映教育跨界制度化过程的内生变量，包括文化合法性和理所当然这两个制度理论的关键概念，以及其他特征。这些随时间而改变的制度化过程构成因素，是制度化过程的“指示器”和“测量器”，包括较为宏观的“文化合法性”指标：公共标准语言特性、价值适当性和行动边界；较为微观的“理所当然”特性：行动、角色适当性和行动范畴；以及组织结构、行动路径、行动复制和内动力特征等。这样一个框架，使得我们更具体地描述跨界行动制度化过程的状态性特征成为可能。

表 2　家校合作制度化过程的特征模型

	合法性			理所当然			制度化其他特性			
	公共标准的语言特性	适当性规则（价值适当性和实效性）	行动边界	行动	角色（岗位）适当性规则	行动范畴	组织结构（管理层面）	行动路径	行动复制（可重复性）	自增强（内动力）
低级（特异、前制度化）	少数人感受到环境压力或机遇，从行动和组织领域外部援引词汇和符号寻求行动支持	行动引起普遍的忧虑、质疑和不满	原行动边界清晰，跨界行动偶发且需要得到组织高层批准	行动具有异质性，逐次行动	行动者角色分工模糊，具有应景性，看法多元化。	行动者基于原组织立场，跨界行动范畴具有脆弱性和易变性，分歧	成立领导小组高层推动，组织顶层决策	为达成目的尝试多种手段，或手段本身成为目的	模仿和做中学	易丧失，内部遭遇强大阻力，外部寻找动力

续表

中级（标准化、半制度化）	产生明确表达行动意义和价值的本土词汇，描述具体的、个案的行动细节，词汇选择趋于固化和标准化	行动价值显露并逐渐清晰，但不时会遇到反对的声音	原来的行动边界趋于模糊，跨界行动逐渐习以为常	行动得到加强和巩固，频次加密	在领导小组之下出现专业分工协调机构。组织功能下移，组织与个人角色分工出现不协调和重建。改革行动惯例的行动方案被参与组织或个人提出，但会引发争议	行动者对跨界行动范畴进行定义和分类（如家校合作6类活动）	设立重心更低的跨界组织协调机构	围绕更清晰的目标采取更加集约的手段	个别指导、培训班培训，组织文化中熏陶学习	在具体行动建构中获得内动力

续表

高级（完全制度化）	形成系统的行动语言，并被利益相关者广泛接受，被外界借鉴和模仿	行动的价值和实效性受到普遍尊崇	新的行动边界被划定，原分割的参与者整合为有共同利益的共同体。	行动常规化、模式化、非运动化，不需要说明	行动重心进一步下沉到行动者个人，行动者形成共享新价值观的共同体成员，按照新的行动边界个体化互动。对行动预期目的高度共识，新的角色分工"外在化""客观化"	行动范畴被行动者赋予价值共识，并"外在化、客观化"（不讨论）	一线教师和家长按照新的认知发生普遍的个体层面互动（常态化）	对如何达成目标达成高度共识	行动不改变含义地重复进行，并可实现行动者代际传递。对外介绍和广泛传播复制	产生强大的抵制新变革的力量

（四）进一步的讨论

我们将上述归纳的描述模型，用来分析江西省其他家校合作试点学校的制度化过程，获得以下一些发现。

1. 供讨论的样本

选择了30个样本单位（如表3）作为家校合作工作制度化进程的讨论样本。这30个样本是从江西省教育厅发文确定的江西省2011—2014年61所家校合作试点学校、2015－2017 年 109 个家校合作试点单位(包括 107 所试点学校和 2 个试点县)中，特别是从 20 个核心试点单位中，分层抽取的。这 170 个试点单位，其中 29 所学校参加了第一和第二期试点全过程，其余学校只参加了其中的一期实验。试点单位涵盖了从农村到城镇、从薄弱学校到省名优重点学校、从幼儿园到高中各个层级；既有以学校为单位，也有以县为单位；学校规模有大有小，遍及江西省各个设区市。我们在选择 30 个制度化样本单位时，同样考虑了样本单位的城乡、重点与薄弱、办学规模、学校和县两级等参数的代表性。在参加实验时，试点单位每年都需派人参加全省统一组织的家校合作工作理论和实务操作初级或高级培训，并相互交流经验。

表 3　29 所样本学校分类表

学校分类		学校数(所)
学校所在区域	城镇	25
	农村	4
学校属性	重点(名优)	18
	一般	7
	薄弱	4
办学层次	幼儿园	7
	小学	13
	中学	9
学校规模	小	2
	中	17
	大	10

注:7 所幼儿园都是省级示范幼儿园，其规模都有严格要求，所以归入小规模学校；中小学学生数在千人以下的为小规模学校，三千人以上的为大学校

2. 讨论发现

(1)一般发现。通过分析 30 个样本(29 所试点学校和 1 个试点县)的经验

数据，结合对教师、学生和家长的大样本调查，和驻校实地观察，可以得出这样的结论：试点学校的家校合作工作的主要指标处于制度化中期阶段，部分样本的部分特征达到了制度化高级阶段，也有部分样本的部分特征仍停留制度化初级阶段，有个别样本单位出现了实施计划的制度化中止。

这类家校合作跨界行动从制度化程度看，呈现以下三方面特点：

第一，中度文化合法性。具体表现是，样本单位的家校合作初步形成了以爱普斯坦教授的6种类型行动框架的规范词语表达，"家校合作""家长志愿者""6种类型""家委会""联合行动委员会""专业工作组""年度行动计划""校风影响家风"和"家风影响民风"等成为高频宣传词汇，词汇选择趋于固化。但没有接受省级家校合作培训的人员，与接受培训的人员相比，呈现词语规范性的较大差异性。没有接受培训者，用词呈现较大随意性和不稳定性。学校和家长对于家校合作工作的价值判断比较清晰，公开场合对行动价值和时效性普遍尊崇，但私下里仍不时可以听到质疑和反对声。原来的学校和家庭的分工变得模糊起来，教师和家长被要求做传统上不属于自己本份的工作，但这种跨界行动到底"跨"到什么程度，仍存在争论。最重要的是，家长和教师、家庭和学校仍然存在较大的利益分歧，围绕儿童成长的"利益交集"还比较小。家长和教师参与跨界行动仍然是基于各自的利益立场，关注的是各自的利益。家长参与家校合作还是关注自己的孩子，至于教师需要实现的其他利益，则超出了家长的本份。而教师参与家校合作也是出于更好地完成自己的本职工作，至于家长的利益则超出了教师的本份。

第二，中度理所当然。具体表现是，试点单位家校合作行动的频次较密，呈现了某些模式化的特征，但在具体实施某项家校合作行动时，教师和家长对行动的"异质感"没有完全消除；活动具有运动化的特征，没有达到习以为常的程度。通过家长委员会使个体家长得到有效组织，而且在家长委员会的基础上，成立了学校和家长"联合行动小组"来统筹计划、协调和组织家校合作活动，但协调小组的工作开展的并不顺利，行动小组内成员的角色分工和任务分工不够清晰，没有形成常态化的任务分工体系，大多数情况下仍然是“一把手”说了算。相当多的家长和教师虽然承担了家校合作行动的有关工作，但在儿童成长责任区分的认识和行动上，仍然是一个传统教师或传统家长。在样本单位开展的调查显示，6 种行动类型家校合作仍然具有不平衡性和不稳定性，行动范畴仍然存在争议，没有形成共识。

第三，其他制度化特性。组织结构处于“初级”和“中级”之间，行动依赖于学校顶层权力的支配，成立了跨界“联合行动小组”但没有开展有效工作，家长和教师在微观层面上没有定义跨界行动的决策权和裁量权。行动路径上，开展家校合作对于儿童成长的目的不够清晰，达成这一目的采用什么方式没有很好形成共识，家校合作具有行动本身即为目的的倾向、为活动而活动的现象较为普遍。行动内容由试点单位接受系统的家校合作组织培训，和根据自身办学特点和优势选择活动内容相结合，但活动的“代际传递”（如校长离任）大多数尚没有发生，已经发生“代际传递”的单位，有的学校原来活动开展得非常好，但更换校长后出现了行动的中止。

总之，作为处在第二个试验期尾声的江西省家校合作试点工作，目前家校合作制度化尚处于中级阶段。整体看，试点较好的单位达到了中、高级阶段之间，试点不理想的单位，则处于初、中级之间，但都没有达到完成制度化的阶段。这应当代表的是中国大陆地区家校合作制度化程度相对较高的地域和单位的典型情况。其中，城镇学校和乡村学校、重点学校和薄弱学校、规模不同的学校，制度化状态会呈现出相应的差异。农村学校和薄弱学校家校合作处于低级阶段，这主要源于在这些学校和家庭难以形成共识。而城镇学校和重点学校比前者更进一步，不仅得益于家校双方的共识更容易形成，还在于这些学校本身具有较强的主导性。

（2）对制度化中止的讨论。这里需要着重讨论家校合作工作处于制度化中级阶段的中止和不平衡问题。在低级(特异,前制度化)阶段(如在某些非试点的学校),制度化一般没有自增强的动力,家校合作行动偶然发生后消失的现象屡见不鲜;在中级(标准化,半制度化)阶段,制度化过程附属于具体行动之中,富有很大的双向变化弹性(Colyvas J A and Powell W W,2006)。所以制度化终止在中级阶段也是常见的,为制度化的"高原期"(终止现象在试点学校中有典型性发生)。中止的4个可能原因:

一是外部环境(政策,意识形态,组织、行业和职业竞争)(Colyvas J A and Powell W W,2006)因素终止。在制度化的中级阶段,行动的自增强动力不足,因而外部制度环境(政策和上级部门支持)仍然是十分重要的。一旦外部强制取消,行动可能迅速中止。

二是在同一概念之下,各地各个教育组织开展的行动,是本地、本组织行动者主体间建构的意义和价值,行动内容和方式方法也有差异(这就是经验交流的意义)。行动的目的、内容、方式不同,达成共识实现制度化的可能性就不一样。有的地区和学校的家校合作行动,从根本上家长和学校的共识交集比较大,很可能会完成制度化。而另一些行动者达成根本共识的可能性不大,也就难以完成制度化,中止是早晚的事。在一些城市新区学校,学生基本属于失地农民和附近工业园区进城务工人员子弟,由于这些家庭认为把孩子送到学校就是学校负责,而他们因忙于生计无暇顾及学校要求参与的家校合作活动。这些学校的教师普遍感觉难以获得来自学生家庭的支持,工作难以常态化、惯例化。

三是关键和声誉卓著的人物发生变化,是导致制度化终止的直接诱因,如校长或局长离任。样本试点单位9所学校因为换校长(其中1所因学校合并而换校长)而导致家校合作试点工作终止。某教育局领导也不无担忧地认为:

现在大家都说我们家校合作搞得很好,但说得不好听,是因为有我这样一尊菩萨在这里,如果我这个菩萨没有,换了一个神仙过来,可能他们(学校)就不是这样了。(对F的访谈记录)

四是制度化特性不平衡导致中止。如“理所当然”明显滞后于“合法性”的制度化进程，就是大家认识到这样做是对的，但并不认为需要为此去做某件具体事（如家访）是理所当然的。反之亦然，虽然认为做某件事是理所当然的，但并不认为大方向是所希望的、适当的、恰如其分的（如购买教辅材料、补课）。在更微观的二级指标层面也不平衡，有的在“中级”阶段，有的在“初级”阶段。家校合作的规则合法性和实效合法性之间、规则合法性和道德合法性之间的评价，可能都不相同。这种不平衡也可能导致家校合作制度化过程中止。

工作常态化、惯例化，固然是制度化内在进程的重要因素，但最根本的决定因素，是学校和家庭、教师和家长、学校和社会，甚至学校和教师之间，作为利益相关者的价值认同和成果共享的程度。这种共识虽然从根本上是基于儿童成长，但利益相关者看得到家校合作会带来实实在在的收益，也是形成统一认识和行动的重要因素（吴重涵，张俊，王梅雾，2014）。

四、结语

跨界行动在教育领域日益增多，已经成为常见而突出的教育创新现象。如学校的企业化运作、中小学家校合作、中小学生人身伤害的社会保护、大学专利技术产业化与校企合作、社会科学对教育学领域的跨界研究和应用等，都是典型的跨界行动，涵盖了从幼儿园到大学的各级各类学校和教育组织。

广义上所有的教育改革和创新行动都具有跨界的性质。这些超越传统认知和行动边界的“分外”行动，有的逐渐被行动者视为“理所当然”，而对行动观念和程序予以接受，达成行动中的共识，完成制度化；有的则因一直存在观念和行动边界的争议而举步不前甚至衰亡，导致制度化中止。但从应然性上，学校作为典型的强制度组织，发生在学校的这些跨界行动，都有对行动持续发生而制度化的期望。

所以，我们讨论家校合作制度化的过程特征模型，不仅是观察和分析家校合作制度化和持续性的需要，更是希望在一个更广泛的程度上，提供一个分析所有教育改革和创新行动制度化过程和持续性的框架。这样一个分析框架告诉我们，制度化的完成和持续，必须具备一定的条件，是同时发生的提高行动合法性和深化理所当然的产物，是认识和行动边界通过共享而不断重构的过程，是一个组织行动重心不断降低和微观化的过程。

原载《教育研究》2017 年第 11 期

参考文献

[1]ZILBER T B. Institutionalization as an Interplay between Actions, Meanings, and Actors: The Case of a Rape Crisis Center in Israel[J]. Academy of Management Journal, 2002,45(1):234－254.

[2]ZUCKER L G. The Role of Institutionalization in Cultural Persistence[J]. American Sociological Review, 1977,42(5):726－743.

[3]COLYCAS J A, POWELL W W. Roads to Institutionalization: The Remaking of Boundaries between Public and Private Science[J]. Research in Organizational Behavior, 2006,27(06):305－353.

[4]吴重涵，汪玉珍. 制度主义理论的新进展及其在教育中的应用[J]. 教育学术月刊，2008(2):3－9.

[5]SCHOFER E. The Global Institutionalization of Geological Science, 1800 to 1990 [J]. American Sociological Review, 2003,68(5):730－759.

[6]BERGER P L, LUCKMANN T. The social construction of reality :a treatise in the sociologyof knowledge[J]. Sociological Analysis, 1966,131(2):400－403.

[7]彼得・伯格，托马斯・卢克曼. 现实的社会构建[M]. 汪涌，译. 北京大学出版社，2009.

[8]TOLBERT P S, ZUCKER L G. The Institutionalization of Institutional Theory[J]. Handbook of Organization Studies, 1996.

[9]乔伊丝・L.爱普斯坦. 学校、家庭和社区合作伙伴:行动手册[M]. 吴重涵，薛惠娟，译. 南昌：江西教育出版社，2013.

[10]吴重涵，张俊，王梅雾. 家长参与的力量——家庭资本、家园校合作与儿童成长[J]. 教育学术月刊，2014(3):15－27.

第二章 省级统筹

江西:搭建家校社合作育人之“桥”

近年来,江西省中小学幼儿园充分运用学校教育资源,开展家长教育,深化家校合作,既树立良好师风、校风,又积极引导健康家风、醇正社会民风,构建制度化、长效化平台,搭建起家、校、社合作育人之“桥”。

一、着眼长效机制,加强家校合作的顶层设计与谋划

会同省妇联、省文明办等8单位联合制定《关于指导推进江西省家庭教育的五年规划(2016—2020年)》。建立健全家庭教育公共服务网络,依托城乡社区公共服务设施,普遍建立家长学校、家庭教育指导服务中心等站点,城市社区、农村社区(村)分别达到90%、80%的普及率,并在50%的站点引入专业社会工作者。巩固发展学校家庭教育指导服务阵地,在中小学、幼儿园、中等职业学校建立家长学校,城市、农村学校建校率分别达到90%、80%。

二、开展家长教育,共建“人生的第一个课堂”

着眼更新家长观念、提高家长素质和“家教”能力,引导家长重言传、重身教,教知识、育品德,帮助孩子扣好人生第一粒扣子,迈好人生第一个台阶。

一是构建“省一市一县一校”四级家长教育培训网络。依托江西省教育科学研究所的科研开发力量，设立省家长函授学校为总校，11 个设区市设立分校，各县设函授站，中小学幼儿园设教学点，实现全覆盖。

二是创新家长教育形式，利用多种形式和媒介，向广大家长开展中国优秀传统文化、现代文明生活方式和清正廉洁教育，助力构建风清气正、积极向上、文明和谐的家庭教育环境。打造一支涵盖教育学、心理学、医学等学科的家庭教育讲师队伍，通过全省巡讲、市县交流宣讲、学校定期讲座等方式，确保各学段初始年级学生家长都接受面授培训。

三是重视扶持弱势困难家庭，开展系列帮扶活动和跟踪指导。多部门联合印发实施意见，加强对无人监护、残疾、患病、辍学等农村留守儿童帮扶。编写《留守儿童家庭教育指导手册》，向全省留守儿童家长免费发放，累计发放 10 万余册。

四是自下而上开展优秀家长评选和表彰活动，树立和宣扬优秀家长典型。2016 年“第二届优秀家长”评选活动中，逐级选拔评选出 210 名省级优秀家长。

五是倡导全民阅读和亲子阅读，在全省开展“书香家庭”评选。2016 年评选出“江西省十大书香家庭”和 117 个“江西省书香家庭”，有力推动了家庭阅读文化建设。许多家庭将麻将桌换成了书桌，酒柜改成了书架，设立“家庭阅读之夜”，逐步树立起“家庭是孩子最好的学校，好家风方有孩子好人生”这一理念。

三、强化队伍建设，引导教师开展家校合作育人

一是隆重举行“首届感动江西十大教育年度人物”评选，在全社会营造尊师重教的浓厚氛围。支月英老师，不仅荣获全国教书育人楷模称号，还荣获 2016 年度“感动中国十大年度人物”称号。二是将家校合作作为教师专业能力培养内容纳入“省培计划”，引导教师开展家校合作工作。5 年来累计培训中小学幼儿园校（园）长和骨干教师 4500 余人。三是在全省中小学校开展以“访家庭、正

教风、立师德”为主题的“万师访万家”活动，构建线上线下交流互动合作平台。2016 年，13 万教师深入 220 万户家庭开展家访，征集意见 83 万多条，家长满意度达 90 分以上。

四、构建互动平台，建立健全家校合作组织

一是推进家长委员会建设。自 2012 年以来，全省中小学幼儿园普遍建立了校级和班级家长委员会，多数规模较大的学校还建立了年级家长委员会，有些甚至在学生家长相对集中的外出务工地建立了校外家长委员会。二是建设家校合作联合行动小组和专业工作组等家校合作的专业组织。建立由校（园）方、家长委员会和社区（村）三方共同组成的家校合作联合行动小组作为全校家校合作的协调机构。根据家长的专长和资源优势，按活动类型、目标类型等分别设置专业工作组，具体负责各项家校合作活动。

五、科学理论指导，试点创新家校合作育人方式

运用“交叠影响域”家校合作科学理论，构建全新的家校合作组织运行模式，在学校和家庭的利益交集上，寻找家校有效互动的方式方法。采取科研引领、行政推进、学校实践创新的行动路径，在全省开展试点工作。自 2012 年以来，先后遴选了两批具有针对性、代表性的试点单位，涵盖了从农村到城市、从幼儿园到高中、从薄弱学校到优质学校、从城市新区学校到历史悠久的老校，首批 61 所试点学校，第二批扩展到 107 所试点学校和 2 个试点县，开展学校如何指导家庭、家校如何互动育人试点工作，积累了丰富的本土经验和校本经验。

六、加强宣传交流，营造家校合作共育氛围

一是坚持基础研究先导，传播家校合作的科学理论。出版了全国首套“家校合作丛书”，“家长参与的力量”研究成果获第五届全国教育科学研究优秀成

果二等奖。二是强化媒体交流平台。借助江西教育电视台、江西教育网等平台开展家庭教育指导服务、亲子家庭教育实践、“最美家庭”先进事迹等宣传。江西教育电视台打造全省唯一一档家风建设类电视栏目——《家风家校》，围绕家校育人，传播文明家庭、身边好家风、优秀家长教育等报道510期。江西省委常委、省委组织部部长赵爱明做客栏目，亲切寄语：“弘扬优秀家庭文化，搭建家校共育平台，争做新时代接班人。”三是“小手拉大手”，走进社区宣传。推进社会主义核心价值观进校园、进课堂、进学生头脑，以文明校风促优良家风、共建良好社会风气，协同育人。如，弋阳县成立“家校合作协会”，开展“课外访千家”“百名教师包百村”“千名家长看学校”等活动，该地“校风影响家风、改变民风”好经验在全国推广。如，上高县蒙山镇抗头村利用节假日，组织学生开展“假日课堂”活动，聘请老教师、老党员针对性地讲解“家风、家规、家训”知识和家风故事，积极传播尊老爱幼、诚信友善、勤俭节约等中华传统美德，等等。

《江西省教育体制改革简报》2017年第3期

以研究为基础的家校合作之路更宽广

——江西省制度化推进家校合作的实践案例

吴重涵 王梅雾 张俊

美国《初等和中等教育法案》反复、特别强调，家庭教育和家长参与的“指令和方针”，“要以研究为基础”(based on the most current research)。在中国，各地的经验也都强调家庭教育的“科学化”，强调发挥“专家的力量”开发工作手册以指导实践。但“研究为基础”在经验中很大程度上被口号化、虚化了，看不到研究指导家庭教育实践的实质性内容和过程。江西省的案例给出了一个“以研究为基础”的较为系统的版本。江西省教科所对家庭教育政策的深度介入，从借鉴国外经验起步，以系统分期的试点试验为基础，以规范的实证研究破解实践难题、探索创新之路，努力使出台的家庭教育政策呈现逻辑之美，闪烁创新的光芒，成为政策中的亮点，也体现了研究人员和研究成果的真正价值所在。

一、教科所:深度介入家庭教育政策制定

2016 年 1 月 4 日上午，元旦节后上班的第一天，江西省教科所的会议室里，江西省教育厅基教处和教科所的同志在研读《教育部关于加强家庭教育工作的

指导意见》。大家讨论的第一个问题，是像有些省市那样转发一下，还是起草一个结合江西实际、有实质内容的贯彻实施意见？“总体上说，(教育部的)文件内容比较强调原则，我们在研究和试验中已经搞得比较清楚的做法，文件没有说透。简单转发教育部这样一个文件，对我省家庭教育工作会有推动作用，但实质影响可能不会很大。”省教科所所长吴重涵博士说。一番讨论后，决定实施大胆的尝试，由教科所先拿出一个动作比较大的实施意见稿，再由基教处最后把关。1个月后，一份包含教科所5年多家校合作系统研究成果和20多年举办家长学校经验的《关于贯彻落实〈教育部关于加强家庭教育工作指导意见〉的实施意见》(赣教基字〔2016〕号)出台，并发到了江西省11个设区市，100个县(区)教育局长的案头。

教科所像这样对家庭教育政策的深度介入，已经有多次。近6年来，教科所联合或独立起草了关于家校合作、家长委员会、家庭教育等主题的40多个省级文件，形成了较为系统的省域家庭教育政策制度规范。“家校合作”和“家庭教育”亦纳入了2014年江西省委省政府发布的《关于深化教育领域综合改革若干问题的意见》，并成为其中的一个亮点。可以说，江西省只要遇到制定家庭教育相关政策和文件，已经形成了“以研究为基础”的路径依赖。

我们进一步截取放大教科所家庭教育工作中的家校合作工作过程，看看研究及其与政策和实践关系的过程性展开。

二、从借鉴起步：消化吸收NNPS家校合作模式

2011年，江西省教科所和教育厅基教处共同受领了江西省政府教育体制改革首批重点项目“创新中小学家校合作教育机制”。万事开头难，创新从模仿始。要超越经验的藩篱搞创新，项目组决定从开阔视野提升理论境界入手，从搜集世界上相关的先进理论和经验做起。在国家图书馆，项目组找到了霍普金斯大学爱普斯坦教授凝聚近30年心血结晶的成果《学校、家庭和社区合作伙伴：行动手册》(以下简称《手册》)(第三版)，发现这本手册是基于“全美家校合

作伙伴学校联盟”(NNPS)多所学校的实践、作者本人所带领研究团队近30年的实证研究和实践总结的理论和实务工作大全,具有很强的科学权威性。项目组如获至宝。

项目组仔细研究了《手册》中的细节,发现《手册》对家校合作工作从学校到学区到各州各级教育组织的责任,从建立跨界组织到专业培训到制定工作计划全过程,从家校合作的生动案例到6种实践类型的提炼概括,从组织到计划再到专业工作组的种种工作技巧都有。这些都给项目组超越经验提供了一个基本的实践框架支撑。项目组还对《手册》中涉及的ATP(合作伙伴行动小组)与家长组织(家长委员会)的关系、制度化的交叠影响域理论等展开了讨论研究,厘清了一些重要概念。同时,项目组将该《手册》翻译出版。

以《手册》为蓝本,并实地考察了台湾省和山东省的经验,参考了国外家校合作其他研究成果,一套带有模仿痕迹的江西省家校合作工作方案草案制定了出来。

三、以试验嫁接:系统分期开展家校合作试点

在争议声中展开试验。从江西省的情况看,这个行动方案是否会产生本土适应性,项目组最初是没有底的。时常可以听到对项目组大方向的各种质疑和争论,如对台湾地区以教育民主参与为特征的家校合作模式、山东省以家长委员会为平台的家校合作模式、香港对爱普斯坦模式的吸收改造、直接从本省开展比较好的学校提炼总结家校合作模式等的选择借鉴。项目组在经过仔细分析利弊和可靠性后,决定还是采用爱普斯坦的家校合作实践框架,并展开全省性试验。按照社会学的规范,项目组制定了一个全省范围的10年试验计划,决定分2012—2014(实际69所学校参加)、2015—2017(实际107所学校和2个县参加)、2018—2021三个实验期展开家校合作行动方案的试验和跟踪研究工作,以总结出适应国情和省情的家校合作行动模式。

试验从对试点学校的培训入手。家校合作试点培训纳入到省培计划,每年

分 2 批，按照初级培训和高级培训两种培训方案展开对试点学校校长、教师的培训；利用江西省家长学校对家长展开培训。培训以组织计划和事务操作为目标，突出互动作业环节，不断增添鲜活的试点学校工作案例（第一期工作案例已经出版），交流、讨论和总结经验教训。很多参加培训的校长和老师反映，培训的收获“大大超出了我们的预计”。目前，以《家校合作省培项目培训方案》为基础的《家校合作理论、经验与行动》已经以专著形式出版发行，并做了再版修订。

以项目组驻校调研为基本手段。囿于项目组的力量，对分布全省的上百所实验学校和两个试点县都进行实地指导，有些力不从心。于是，项目组又在试点学校中确定了 29 个核心试点校，主要对核心试点校开展实地指导。每到一个试点校，项目组都会按照 12 个标准程序，开展调研和指导工作。例如，有一次，项目组刚进某试点学校驻点调研和指导，校长不无顾虑地表示：“老师的教学负担本来就很重，又要搞家校合作活动，确实很累。”听到校长的担忧，项目组老师并不急着安抚和解释，而是按照住校指导工作程序调阅学校发展规划、年度工作要点和家校合作活动记录，访谈校领导、教师和家长，观摩家校合作活动，再和学校领导和相关口子上的同志座谈，了解家校合作的工作计划，追问为什么要开展这样的家校合作活动，该活动服务于学校发展规划的什么目标。这位校长在陪同和观察项目组调研工作后，在项目组即将离开之际，改变了认识：“原来家校合作不是另起炉灶的一项工作，而应当是在学校发展规划和年度工作要点框架下，结合儿童成长目标，来考虑通过提高家长能力，动员家长参与，更广泛地调动和利用育人资源，提高育人工作效率，改善学校工作质量，优化整体工作环境。工作还是今年我们原本计划的那 3 项或者 5 项工作，家校合作是在这 3 项或者 5 项工作中，看看哪件工作或者哪件工作的哪个环节上，可以共同开展家校合作。你们启发了我，不要原本只做 3 项工作，由于要搞家校合作，去搞 3＋1 项。这是不对的。”

以家校合作工作模式的本土化为基本试点目的。怎么组织，如何确定家校合作的工作计划和工作内容，通过什么途径形成儿童成长的合力，原来的工作方案中难免有疏漏甚至水土不服的内容。因此，项目组特别注重发现和总结各试点校的经验，例如九江市双峰小学在新城区校区家长成分跨度巨大的情况下利用家长资源和培训家长的做法；弋阳县在学校和社会舆论紧张对立的环境下，开展“校风影响家风带动民风”的实践。这些鲜活的本土家校合作经验，已经逐步融入进全省家校合作工作模式中，对工作模式的具体化和本土化起到了很好的作用。

四、以实证为手段：破难题，求创新

对美国NNPS行动模式的借鉴，项目组面对疑问：是否适合江西省家校合作的实际情况，能否解决现实问题？如何实现本土化改造和实践创新？怎样才能开展好家校合作，使学校、家长和学生真正受益呢？要解答上述问题，尤其是要在借鉴的基础上进行家校合作模式的创新，除了进行试点试验，还要进行扎实的科学研究，探讨和揭示实践中种种表象下的深层原因。

2012年和2015年，项目组分别展开了两轮家校合作大样本跟踪调查，样本共包含了试点学校的24万余个老师、学生和家长，形成了省级层面的科研数据库，实现对家校合作的动态跟踪。根据大样本数据撰写的实证专著《家庭背景与家长参与关系的实证研究》厘清了家长参与的现状、特征和对儿童成长的作用，并从根本上明确了江西省家校合作的行动起点，为学校实践指明了重点改进的方向；论文《家长参与的力量》则揭示了弱势家庭可通过加强与学校的合作来弥补家庭的阶层劣势，从而促进子女成长，这种“家长参与的力量”在实践中外显为特别鼓励弱势家庭参与子女教育，促进家长全员参与，强调学校不能只吸收社会阶层高的家长；论文《是什么阻碍了家长对子女教育的参与》指出，除家庭本身的劣势外，学校隐晦的制度性排斥、形式化活动、教师的不当行为等，都会打击家长参与学校教育的积极性；“不在一起的共同生活”的社会学田野观察，揭示出家校合作定义的留守儿童家长，不是在儿童身边的爷爷奶奶，而是远在异地他乡的父母；论文《家校合作的制度化过程及特征》描述了学校家校合作从零散活动逐步加密再到文化制度化的路径和阶段性特性，为省域、学校推进制度化的实践提供了理论预期和努力方向。

在“参与的特征”“参与的阻碍”“参与的力量”和“制度化的参与”这个逻辑链条上，对家校合作的研究始终以探索实践问题的本质为出发点，项目组力求在认清规律的基础上，对已有的实践模型进行改进和创新。当前实验学校的共识包括“家校合作不以活动为目的”“家长委员会只是家校合作的手段”“家校合作不是另起炉灶，而要结合学校发展和儿童成长的目标”等一系列基本判断，无一不是建立在大量的规范实证研究基础上。

项目组的科研成果在国内外学术会议和交流活动中得到专家的赞同，同行的认可。《家长参与的力量》同时被《人大报刊复印资料 教育学》和《新华文摘》全文转载，《制度化家校合作与儿童成长的相关性研究》亦于 2014 年获得国家社科基金教育学类国家级课题立项。

规范的科学研究不但明确了制度化家校合作的学理，而且还为行政和实践改进提供了科学指导，项目组也高兴地感受到来自试点学校创造性工作的力量，为科学研究提供了不竭动力，而具有本土化特征的家校合作创新实践也在科研、行政和实践三者互动过程中生根萌芽。

五、以分工为基础，与政策部门互补合作

江西省教科所对家庭教育政策和试点学校实践推进的深度介入，并不是天然如此的。2011 年，虽然教科所和基教处联合受领了省政府教育体制改革重点项目“创新中小学家校合作机制”的任务，但按照以往的惯例，这样的工作与教科所的研究并没有多少必然的实质关系。教育行政机关对教育研究为基础的政策制定和体制改革工作，甚至对科研人员的研究能力和实践指导能力，都持有刻板印象。(其实，全国的教科院所都有类似的问题。)

该所所长吴重涵的博士研究方向是教育政策，一直在思考科学研究对教育政策产生作用的机理。在整个家庭教育政策制定过程中，项目组始终做到研究

人员专家的身份不丢，研究的本分不丢。规范的研究成果应用在政策制定中，往往闪烁着逻辑的美和创新的光芒，成为政策中的亮点，反过来也体现了研究人员和研究成果的真正价值所在。在谈到以家庭教育介入政策制定时，吴重涵说："其实教科所从事家庭教育研究和政策推动，是一个整体性工作，本身也是一个试验，看看教育研究与政策推动、教育研究与实践推进之间，究竟是一个什么样的互动模式比较理想……现在看来，研究人员要坚持自己的专业和专家身份，才能形成和教育行政人员的身份和知识结构的互补，在政策的制定和执行过程中发挥不可取代的作用。"

现实中不乏各种对政策制定和实践过程中，如何发挥科学研究作用的理解和做法。最常见的，就是把研究人员简单地当作写作劳动力，去"写"工作材料；或者让研究人员在他们没有专长的领域，去发表"专业"见解或者以专家的身份去从事非本专业的大众宣传教育工作。其实这些做法都犯了一个大忌：专家的"非专业"利用。江西省的做法，或许在研究和政策的关系上，会给人们带来了一些启示。

教育研究要为政策制定和教育实践服务，这是一个共同的追求。然而现实中，由于政策的复杂性，各类教育政策直接以研究为基础制定出来，却是很少发生的。政策制定部门在绝大多数情况下，实际上还是以价值理念和经验，而不是以系统的研究为基础来制定教育政策。这在行内，甚至在世界范围内，已经不是什么秘密。这或许正是我们关注江西省家庭教育政策"以研究为基础"的重要原因之一。

原载《中国教育报》2016 年 10 月 13 日第 9 版

家校合作中形成大教育格局

吴重涵　王梅雾　张俊

现代学校制度是以学生发展为核心、协调校内和校外关系的制度安排，是一个大的教育格局。其中最基本的校内和校外关系，就是家校关系。这不仅是因为家庭对子女成长具有终身基础性影响，还因为家庭是社会的基本细胞，家庭、家教和家风的建设，与弘扬中国传统文化、党风廉政建设、社会治理和精神文明建设、社会风气建设等，都具有治国理政的重要基础性作用。所以，形现代学校制度就要形成大教育格局，就要走家、校合作之路，走家、校、社合作之路。

家校合作是一个时代课题。家校合作的重要性，家庭对学校教育的重要性和互补性，已经上升到了一个新的历史高度。古代时，国家直接委托家庭教育儿童。到了近代，国家建立现代学校系统，通过学校这条主线教育儿童，家庭退居附属地位。这是一种教育主体责任的转移。当代以来，教育责任的变化和区分又发生了重大改变，当代家庭对儿童成长的重视，超出了人们的一般想象。

著名的《科尔曼报告》发表于20世纪60年代，其总体结论为世界公认，即学校在孩子学业成功方面的作用并没有通常认为的那么大，而家庭及同伴的影响才是决定孩子学业成就的关键因素。这是一个令学校教育感到尴尬的结论。

同时，塞维尔、哈瑟等教育社会学家的研究也发现，父母参与和期望是儿童成长的重要中介变量。现实和研究让人们重新思考家庭与学校教育的关系问题，重新考量家庭在教育中的作用。作为学校系统的一个现实战略问题，家校合作被提到议事日程，被赋予了大量时代内涵。

探索现代家校合作的性质、结构、功能与实践框架，意义重大，需求迫切，但既没有被充分认识，实践上也明显滞后。在这种背景下，江西省弋阳县的家校合作探索经验，初步回答了以下几个问题。

家校合作是技术还是战略？很多学校把家校合作视为一种办学技术，做成一个个活动。而弋阳县则首先把家校合作看作一种战略。把全县教育工作的战略突破口放在家校合作上，操作层面上十分注重汲取当今先进的家校合作理论和经验，做到大视野、高起点。家校合作战略，使得弋阳县的学校从一度被社会指责，变为全社会理解和支持的对象，学校的事成为老百姓自己的事，教育发生了全面深刻的变化。有了这样的战略定位，教师家访不仅是帮助家长、帮助孩子的“利他”行为，更是学校自我反思、自我改变的路径，家长、教师和学校都从中受益，“万师访万家”活动才做得别有新意。

家校合作的限度是有界还是无界？家校合作是一种典型的跨界行动，教师“走出”学校，父母“迈进”学校，都是去做“分外”的事。跨界行动一般具有共享性（交叠期望域、交叠行动域和交叠效果域）、差异性（职责、利益诉求和立场的异质性）、非对称性（学校作为权力关系的控制方）和有界性（学校和家庭彼此走进对方存在边界限度）的特点。弋阳校外互助学习小组的经验证明，家校其实可以深度走进对方的世界，延伸自己的教育职责，并以此影响家庭生态，改变邻里关系，是影响家风和民风的“大公德”。家校合作虽然从理论上存在跨界的限度，但这种限度不是“绝对值”，而具有一定的弹性空间，会随着家校合作整体“语境”的不同而存在很大差异。

家校合作会引发家校冲突还是可以和谐互惠？今年某地的一位政协委员

提案，反映学校增加家长在家监督学生学习、批改家庭作业的责任。这样的家校紧张关系，是由家庭和学校不同的教育职责、利益诉求和立场引发的，具有相当的普遍性。弋阳的经验告诉我们，冲突和紧张的家校关系，一定程度上是家校为对方着想不够造成的，并非不可解决的难题。家校合作不仅是一门科学，也是一门爱的艺术。爱是教育的底色，必然也是家校合作的底色。学校率先怀着一颗尽自己所能的主动担当之心，可能会给教育带来意想不到的效果，会创造和谐互惠的合作语境。

弋阳县家校合作做得有声有色，背后还有一个重要原因，就是建立了超越单个学校行政的县级家校合作协会。这个具有权威约束力的机构，超越学校的利益和立场牵绊，站在一个更广阔的视野，围绕学生发展这个中心，协调学校、家庭和社区的教育资源，平衡相互的利益关系。全国还有不少类似的成功案例都证实了，家校合作需要政府、教育行政部门发挥决定性作用，各种社会组织包括研究机构发挥辅助作用，超越单个学校的机构发挥组织作用。

家校合作是一种教育生态和合作语境。家校合作是战略，是土壤培育，土壤肥沃了，气候适宜了，种什么庄稼，都会有好收成。

原载《中国教育报》2017 年 7 月 6 日第 7 版

附录1：

江西省中小学幼儿园家长委员会设置与管理办法（试行）

第一章 总则

第一条 为贯彻落实《国家中长期教育改革和发展规划纲要（2010－2020年）》和《江西省中长期教育改革和发展规划纲要（2010－2020年）》，推进现代中小学幼儿园（以下简称为学校）制度建设，完善学校管理制度，构建学校、家庭、社会密切配合的育人体系，根据相关政策与法律法规，结合我省实际，特制定本办法。

第二条 学校家长委员会是由本校学生家长代表组成，代表全体家长参与学校民主管理，支持和监督学校做好教育工作的群众性自治组织，是学校联系广大学生家长的桥梁和纽带。

第三条 本省辖区内有条件的学校均应设置学校家长委员会，名称定为“XXXX学校（幼儿园）家长委员会”，会址与学校地址相同。

第四条 学校家长委员会应制订自己的组织章程，章程应当包括以下内容：

（一）名称；

（二）宗旨；

（三）家长的权利与义务；

（四）家长委员会的权利与义务，选举与任期；

（五）会议制度；

（六）其他需要规定的内容。

第五条　家长委员会应于每届家长代表大会开会后三十日内，将选举办法、组织章程、会议记录及参会人员名册报教育行政主管部门备案。

第二章　班级家长委员会

第六条　班级家长委员会由会长和委员组成。各班级召开全体家长会，在班主任组织和指导下推选班级家长委员会会长1名和委员4～8名，建立班级家长委员会。视学校规模每班推选1～3名学校家长代表大会家长代表，可兼任班级家长委员会委员。

第七条　班级家长委员会每学年至少召开两次全体会议，由会长在班主任的指导下召集并主持。会长、家长委员会委员、家长代表任期到期或辞职时，由班主任指导家长推选或改选。

第八条　班级家长委员会的职责：

（一）协助班级开展教育教学活动，并提供改进建议。

（二）协助班级开展家长教育指导，沟通班级与家庭。

（三）协助班级处理重大偶发事件。

（四）代表本班家长向学校家长委员会就学校管理工作和教学工作提出意见和建议，并执行家长代表大会及学校家长委员会的决议。

（五）收集家长信息和资源，引导家长加入家长委员会的专业工作组和参加各项活动。

（六）其他有关班级家长委员会的事项。

第三章　学校家长委员会

第九条　学校家长委员会的委员由家长代表大会推选。

第十条　家长代表大会每学年至少召开一次，在学校组织和指导下，在秋季学期开学后四周内召开。

第十一条　学校家长代表大会代表由各班推选的家长代表参加，校长及教师代表得列席。

第十二条　家长代表大会的职责：

(一)审议家长会组织章程。

(二)听取学校工作报告，就学校工作提出意见和建议；听取学校家长委员会工作报告，研究确定学校家长委员会重大工作。

(三)选举及罢免学校家长委员会委员、副会长、会长。

第十三条　家长委员会设会长1名、副会长若干名。

第十四条　家长代表、家长委员会委员应具有正确教育观念，掌握科学的教育方法，热心学校教育工作，富有奉献精神，有一定的组织管理和协调能力，善于听取意见、办事公道、责任心强，能赢得广大家长的信赖。

第十五条　家长代表、家长委员会委员任期一般为三年，每学年可以适当改选，可连选连任。因毕业、转学等离校的学生家长，其家长代表、委员会委员身份自动丧失；会长子女在其任期内离校时，需提前两周提出辞呈，由家长委员会推选一名副会长代任，主持常务工作。

第十六条　学校家长委员会每学期至少召开1次全体会议，新任会长当选的第一次会议应于当选后三十日内召开，校长及教师代表得列席。

第十七条　学校家长委员会会议由家长委员会会长召集并负责，会长因故不能召集或不召集时，其他家长委员会委员可以三分之一以上联名召开。

第十八条　学校家长委员会每学期结束前要对本学期开展的工作和效果进行总结。配合学校开展评选优秀家长的表彰活动。

第十九条　学校家长委员会的职责：

(一)参与学校管理。听取学校关于发展规划、教育教学工作安排等方面的情况介绍，就学校发展中的重要问题进行沟通，为学校的发展献计献策。

（二）与学校共同做好德育工作。经常向家长了解学生在家庭的表现和对学校、教师的看法，与学校和教师一起肯定和表扬学生的进步，解决和化解学生遇到的困难和烦恼，做好思想工作。

（三）协助学校开展教育教学活动。发挥家长的专业优势，为学校教育教学活动提供支持。选派家长委员列席学校校务、教务等会议，与学校一起组织家长听课、家长接待日，参与对学生和教师的评价，帮助学校改进和完善教育教学工作。

（四）协助学校开展安全和健康教育。引导家长履行监护人责任，配合学校提高学生安全意识和自护能力，支持学校开展体育运动和社会实践活动。对学校的安全工作进行监督，与学校共同做好保障学生安全工作，避免发生伤害事故。

（五）支持和推动减轻学生课业负担。防止和纠正幼儿园教育“小学化”。引导家长积极支持教育部门和学校采取的减轻中小学生课业负担的各项措施，监督学校的课业负担情况，及时向学校提出意见和改进的建议，与学校共同推进素质教育。

（六）引导家长树立正确的教育理念。协助学校开展家长教育指导，积极学习教育知识，增进家长对学校工作的理解和支持，促进家庭教育与学校教育协调一致。发挥家长自我教育的优势，交流宣传正确的教育理念和科学的教育方法。

（七）沟通学校与家庭。建立家长委员会和学校定期沟通协调的议事机制，就学生家长、学生、社会等反映的有关问题及时与学校进行沟通协商。建立班主任、任课教师与家长，家长与家长间的沟通、互动机制。

（八）执行家长代表大会的决议。

（九）家长委员会开展活动应当遵守法律法规和相关政策规定。严禁利用家长委员会聚众闹事、违规收费以及要求学校开展违背法律法规、政策和教育教学规律的活动。

第四章 专业工作组

第二十条 学校与学校家长委员会根据实际确定专业工作组的类别和数量，本着自愿原则，根据家长的专长和资源优势，组成各专业工作组（可按活动类型设课程指导、安全防卫、社会实践、家庭教育、咨询宣传等工作组，也可按目标类型设学术目标工作组、学生行为改善工作组和学校、家庭合作氛围改善工作组等）。专业工作组组长由家长委员会委员兼任，必要时可招募临时志愿者。

第二十一条 专业工作组在学校的指导下由组长负责召集，每学年至少举办一次主题活动。

第二十二条 专业工作组根据工作组职责和定位，在学校的配合下，开展主题活动。

第二十三条 家长可同时在学校、班级家长委员会和专业工作组中担任职务。

第五章 保障

第二十四条 学校应为家长委员会的设置和工作开展提供必要的办公场所和办公条件。

第二十五条 学校、班级家长委员会成员和各专业组组长的聘书，由学校颁发。

第二十六条 学校要充分利用省家长学校等现有渠道，开展家长教育指导，提升家长参与教育、参与管理和沟通学校的能力。

第二十七条 各级教育行政部门将家长委员会的建设与管理专项培训列入本级教育行政干部和校（园）长的培训内容，将家校合作列入学校管理和教师专业发展计划。

第二十八条　各级教育行政部门对家长委员会应加强指导和管理。家长委员会违反教育法律法规和政策时，各级教育行政部门要视其情节轻重，责令纠正。

第二十九条　各级教育行政部门要对推动和实施家长委员会工作成绩显著的组织和个人，予以奖励。

第三十条　学校和教师要将家长委员会的工作纳入本职工作范畴，为家长委员会开展工作提供必要的条件，不断探索家校合作和家长委员会工作的特点和规律，有效行使主导、组织和指导的职能，保障家长委员会参与学校民主管理。

第六章　附则

第三十一条　本办法自公布之日起施行。

第三十二条　本办法由江西省教育厅负责解释。

附录 2：

关于贯彻落实《教育部关于加强家庭教育工作的指导意见》的实施意见

赣教基字〔2016〕3 号

各设区市、省直管县（市）教育局：

为贯彻落实《教育部关于加强家庭教育工作的指导意见》（教基一〔2015〕10 号）和省委省政府《关于深化教育领域综合改革若干问题的意见》（赣发〔2014〕15 号）要求，结合我省实际，现就加强全省中小学幼儿园家庭教育和家校合作工作，提出如下实施意见。

一、充分认识加强家庭教育和家校合作工作的重要意义

1. 家庭教育事关个人、家庭与社会发展大计。家庭是社会的基本细胞。注重家庭、注重家教、注重家风，对于国家发展、民族进步、社会和谐具有十分重要的意义。家庭是孩子的第一所学校，父母是孩子的第一任老师。家庭教育工作关系到孩子的终身发展，关系到千家万户的切身利益，关系到国家和民族的未来，必须予以高度重视。

2. 加强家庭教育和家校合作是建设现代教育制度的需要。制度化的家校合作是现代学校制度的应有之义。加强家庭教育，促进制度化家校合作，有利于系统优化育人环境，有利于建立依法办学、自主管理、民主监督、社会参与的现代学校制度，有利于获得社会对学校改革发展的理解与支持，意义重大。

3. 加强家庭教育和家校合作是我省全面建成小康社会的需要。提升家长素质，提高育人水平，促进家庭和谐，推动我省全面建成小康社会，家庭教育和家校合作工作承担着重要的责任和使命。各地要从落实中央“四个全面”战略布局的高度、从服务于我省“绿色崛起”战略发展需要出发，不断加强家庭教育工作，进一步明确家长在家庭教育中的主体责任，充分发挥学校在家庭教育中的重要作用，加快形成家庭教育社会支持网络，推动家庭、学校、社会密切配合，共同培养德智体美劳全面发展的社会主义建设者和接班人。

二、进一步落实家长在家庭教育中的主体责任

1.引导家长依法履行家庭教育职责。孩子成长是家庭、学校交叠影响的结果。做好教育工作，不仅是学校的责任，更是父母或者其他监护人的法定职责。各地教育行政部门和中小学幼儿园要指导家长发挥家庭的教育功能，注重家庭生活环境、语言环境和行为方式对孩子成长的潜移默化影响，并与学校保持有效沟通，避免缺教少护、教而不当，切实增强家庭教育的有效性，形成孩子健康成长的良好家庭环境。

2.指导家长遵循孩子成长规律。各地教育行政部门和中小学幼儿园要指导家长提高家庭教育的针对性和有效性。学龄前儿童家长着重要为孩子提供健康、丰富的生活和活动环境，培养孩子健康体魄、良好生活习惯和品德行为。小学生家长要着重督促孩子坚持体育锻炼，增长自我保护知识和基本自救技能，鼓励参与劳动，养成良好生活自理习惯和学习习惯，引导孩子学会感恩父母、诚实为人、诚实做事。中学生家长要着重对孩子开展性别教育、媒介素养教育，培养孩子积极学业态度，与学校配合减轻孩子过重学业负担，指导孩子学会自主选择。切实消除学校减负、家长增负，不问兴趣、盲目报班(等现象)，不做“虎妈”“狼爸”。

3.帮助家长提升家庭教育水平。各地教育行政部门和中小学幼儿园要帮助家长全面学习家庭教育知识，系统掌握家庭教育科学理念和方法，增强家庭教育本领，用正确思想、正确方法、正确行动教育引导孩子；不断更新家庭教育观念，坚持立德树人导向，以端正的育儿观、成才观、成人观引导孩子逐渐形成正确的世界观、人生观、价值观；不断提高自身素质，重视以身作则和言传身教，

要时时处处给孩子做榜样，以自身健康的思想、良好的品行影响和帮助孩子养成好思想、好品格、好习惯；努力拓展家庭教育空间，主动参与学校教育活动，不断创造家庭教育机会，积极主动与学校沟通孩子情况，支持孩子参加适合的社会实践，推动家庭教育和学校教育、社会教育有机融合。

三、建立完善家庭教育和家校合作组织

1.完善学校内部家庭教育和家校合作工作机制。各中小学幼儿园要建立家庭教育和家校合作工作小组，以校(园)长、政教主任、年级组长、班主任、德育课老师为主体，做好家长教育、校家合作交流等组织协调相关工作；要确定一名分管德育的校(园)长负责家庭教育和家校合作工作，并至少配备一名兼职家庭教育和家校合作指导教师，接受相关业务培训，负责具体指导服务工作。

2.推进家长委员会建设。各地教育行政部门和中小学幼儿园要按照《关于进一步加强全省中小学幼儿园家长委员会建设的通知》(赣教基字〔2012〕52 号)要求，加快推进中小学幼儿园普遍建立家长委员会。中小学幼儿园要引导家长科学民主制定家长委员会章程，发挥家长委员会参与学校工作、沟通家校信息、实行办学民主监督的作用。家长委员会要邀请有关专家、学校校长和相关教师、优秀父母组成家庭教育讲师团，面向广大家长定期宣传党的教育方针、相关法律法规和政策，传播科学的家庭教育理念、知识和方法，组织开展形式多样的家庭教育指导服务和实践活动。

3.建立健全家校合作机制。各中小学幼儿园要牵头建立由校(园)方、家长委员会和社区(村)三方共同组成的家校合作联席会议，建立相关工作制度。家校合作联席会议每学期至少召开一次会议，三方代表围绕学校中心工作任务、家长志愿服务、家长教育、社区(村)资源利用、校园周边环境整治等问题进行研究，达成一致后分别按各自职责予以落实。中小学幼儿园认真组织好家长会、家访、家长开放日、家长接待日、家长志愿服务等活动，有效加强家校沟通。要加强家校沟通，每学期学校教师须对本班每名学生至少进行 1 次家访，重点关注留守儿童、单亲家庭，及时了解、沟通和反馈学生思想状况和行为表现，营造良好家校合作氛围。

四、充分发挥教育部门在家庭教育和家校合作中的重要作用

1. 加强对家庭教育工作的指导。各地教育行政部门要积极配合妇联，加强与宣传、民政、卫生、团委、关工委等部门的合作，形成合力，推动形成政府主导、部门协作、家长参与、学校组织、社会支持的家庭教育工作格局。要加强对辖内中小学幼儿园家庭教育工作的指导，将家庭教育和家校合作纳入教育行政干部、中小学校长和教师专业培训内容，开发和完善相关的培训课程体系。将学校安排的家庭教育和家校合作指导服务计入工作量。

2. 支持办好家长学校。各地教育行政部门和中小学幼儿园要在队伍、场所、教学计划、活动开展等方面给予协助，支持相关组织共同办好家长学校。中小学幼儿园要把家长学校纳入学校工作的总体部署，帮助和支持家长学校组织专家团队，聘请专业人士和志愿者，设计较为具体的家庭教育纲目和课程，开发家庭教育教材和活动指导手册。在继续做好传统家长面授培训的同时，应用网络教育和远程教育等现代教学手段，创新家长教育工作方式。中小学家长学校每学期至少组织 1 次家庭教育指导和 1 次家庭教育实践活动。幼儿园家长学校每学期至少组织 1 次家庭教育指导和 2 次亲子实践活动。

3. 引导争创“文明、书香、健康”家庭。各地教育行政部门和中小学幼儿园要积极引导家长关注家庭建设，为孩子营造良好的家庭氛围。鼓励家长带头践行社会主义核心价值观，引导孩子养成良好的文明习惯，培养积极向上的品质，争创“文明家庭”；鼓励家长身体力行，引导孩子阅读与其成长阶段相适应的经典作品，养成爱读书的好习惯，争创“书香家庭”；鼓励家长与孩子共同参加体育活动，锻炼身体，磨练意志，争创“健康家庭”。

4. 共同推进学生素质教育。各地教育行政部门和中小学幼儿园要坚持立德树人，将社会主义核心价值观融入家庭教育工作实践，将中华民族优秀传统家庭美德发扬光大。通过举办家长培训讲座和咨询服务，开展先进教育理念和科学育人知识指导。通过举办经验交流会，让优秀家长现身说法、案例教学发挥优秀家庭示范带动作用。积极引导家长参加家校合作志愿组织，在教育教学活动和学校管理工作中承担力所能及的工作。组织社会实践活动，定期开展家长和学生共同参与的参观体验、专题调查、研学旅行、红色旅游、志愿服务和社会公益等活动。以重大纪念日、民族传统节日为契机，通过丰富多彩、生动活泼的文艺、体育等活动增进亲子沟通和交流。

5.共同做好学生安全管理工作。各中小学幼儿园要积极吸收家长委员会、家长代表提出的合理建议，不断改进工作，切实加强管理，共同做好学生安全管理工作。要通过各种渠道，发布安全管理政策文件和安全教育知识，落实家长或监护人的监护职责。按照《江西省学校学生人身伤害事故预防与处理条例》要求，落实教育部门、学校、家长的预防职责，从源头上积极预防学生人身伤害事故发生；在学生人身伤害事故发生后，要及时和家长沟通联系，依法依规进行处置。要切实加强预防学生溺水教育，将《致中小学生家长的一封信》发给学生家长并回收回执，明确家长职责，落实好家长的监护责任；认真贯彻落实《校车安全管理条例》和《江西省校车安全管理规定》，督促家长不让学生乘坐非法运营车辆，加强学生上学下学交通安全工作；要引导家长关注子女人身安全，加强防性侵工作，保护学生健康成长。

五、加快形成家庭教育和家校合作工作的社会支持网络

1.构建家庭教育社区支持体系。各地教育行政部门和中小学幼儿园要与相关部门密切配合，推动建立街道、社区(村)家庭教育指导机构，利用节假日和业余时间开展工作，每年至少组织 2 次家庭教育指导和 2 次家庭教育实践活动，将街道、社区(村)家庭教育指导服务纳入社区教育体系。有条件的中小学幼儿园可以派教师到街道、社区(村)挂职，为家长提供公益性家庭教育指导服务。

2.统筹协调各类社会资源单位。各地教育行政部门和中小学幼儿园要积极引导多元社会主体参与家庭教育指导服务,利用各类社会资源单位开展家庭教育指导和实践活动,扩大活动覆盖面,推动有条件的地方由政府购买公益岗位。依托青少年校外活动中心、乡村学校少年宫、儿童活动中心等公共服务阵地,为城乡不同年龄段孩子及其家庭提供家庭教育指导服务。鼓励和支持有条件的机关、社会团体、企事业单位为家长提供及时便利的公益性家庭教育指导服务。

3.给予困境儿童更多关爱帮扶。各地教育行政部门和中小学幼儿园要指导、支持、监督家庭切实履行家庭教育职责。要特别关心流动儿童、留守儿童、残疾儿童和贫困儿童,鼓励和支持各类社会组织发挥自身优势,以城乡儿童活动场所为载体,广泛开展适合困境儿童特点和需求的家庭教育指导服务和关爱帮扶。中小学校要积极开展心理健康教育示范学校创建,并按照《中小学心理辅导室建设指南》要求,建好心理辅导室,配齐心理辅导教师,帮助困境儿童健康成长。建立学生家庭档案,对困境儿童特别是留守儿童实行动态管理,积极开展结对帮扶。鼓励留守儿童在外父母中的一方回到当地务工,逐步减少留守儿童数量。倡导机关、社会团体和企事业单位履行社会责任,支持员工参加学校组织的家校合作活动,支持志愿者开展家庭教育指导服务,引导社会各界共同参与,逐步培育形成家庭教育和家校合作的社会支持体系。

六、完善家庭教育和家校合作工作的保障措施

1.合力推动。各地教育行政部门和中小学幼儿园要在当地党委、政府的统一领导下,把家庭教育和家校合作工作列入重要议事日程,制定家庭教育和家校合作工作计划,按计划、规范地开展工作。要积极争取政府统筹安排相关经费,中小学幼儿园要为家庭教育工作提供必要的经费保障。省政府教育督导部门将把家庭教育工作列入对各地政府督导评估内容。各地要把家庭教育工作作为中小学幼儿园综合督导评估的重要内容,开展督导工作。中小学幼儿园要结合实际制定推进家庭教育工作的具体方案，做到责任到人，措施到生。要协调妇联、关工委等相关组织，在家庭教育讲师团队伍建设、家长教育教学计划、家校合作、主题活动等方面整合资源，形成合力，共同推动家庭教育和家校合作工作。

2. 科研引领。依托有相关基础的高等学校或其他机构推动成立家庭教育研究基地，发挥各级教育学会家庭教育专业委员会和家庭教育学会（研究会）等社会组织、学术团体的作用，重视家庭教育理论研究，形成一批国际有声音、国内领先的家庭教育研究成果，延伸家庭教育服务平台，开展家庭教育应用研究、骨干培训、指导服务，满足家庭教育工作发展需求。各地教育行政部门和中小学幼儿园要加强对家庭教育和家校合作的研究，并以科研成果推动工作的规范化、科学化。各地教育科研管理单位要重视家庭教育和家校合作的课题研究，在项目评选和成果奖励上给予适当倾斜。

3. 实践创新。发挥和扩大我省家庭教育和家校合作研究和试点实践的系统优势，在第一批（2011—2014 年）试点单位实验的基础上，省教科所继续做好家校合作试点单位的研究、试验和推广工作。省教育厅将开展创建家庭教育示范区、示范校活动，并遴选、推荐若干家教先进单位，争取进入全国家庭教育实验区、全国家庭教育示范校之列。各地教育行政部门要开展家庭教育工作实验区和示范校创建工作，充分培育、挖掘和提炼先进典型经验，以点带面，整体推进。

4. 营造氛围。各地教育行政部门和中小学幼儿园要树立家庭教育和家校合作先进典型，适时开展先进评选，推广一批优秀案例，引导全社会重视和支持家庭教育和家校合作，营造良好的社会氛围，充分获得家长和社会对学校工作的理解支持，优化学校改革发展的外部环境，推进教育事业加快发展。

江西省教育厅

2016 年 2 月 2 日

附录3：

关于开展制度化家校合作示范县(校)创建工作的指导意见(试行)

家校合作是学校、家庭和社区共同承担儿童成长责任的互动过程。自2011年以来,我省推进制度化家校合作工作,并逐步扩大试点范围,创造了家校合作的“江西模式”。为更好发挥家校合作作为现代教育管理重要环节的作用,落实立德树人的根本任务,建立校内校外相结合的现代学校制度,经研究决定,从2018年到2020年,在全省开展家校合作示范县(校)创建活动。

一、指导思想

以十九大精神为引领,以中办国办《关于深化教育体制机制改革的意见》和《江西省教育事业发展“十三五”规划》为指导,支持和鼓励一批家校合作工作基础较好的县(市、区)和各级各类学校,开展家校合作示范县和示范校创建工作,引领和带动全省的家校合作工作规范化、制度化。围绕学生成长,着眼于现代学校制度建设,系统改善育人、办学和家庭三大环境。动员全体家庭积极参与子女教育;使学校办学得到家长和社会的理解、参与和支持;使家庭的家教更加科学,家风得到改善,进而促进民风和社区风气的改变,形成学校、家庭和社区的良性互动。

二、家校合作的基本原则

1. 目标一致原则。动员、组织和协调家庭和社区,与学校一道,共同承担儿童成长的教育职责。

2. 地位平等原则。学校、家庭和社区是地位平等的合作伙伴,不是命令和服从的关系,要充分发挥学校、家庭和社区的各自优势和独特作用,尊重彼此的

利益和诉求。

3.尊重学生原则。以有利于学生成长为工作出发点,尊重学生的成长规律和诉求,保障所有学生及其家庭获得成长和平等参与的机会。

4.弹性渗透原则。破除“铁路警察,各管一段”的家校分工传统观念,家校合作的各方通过相互开放、相互服务和相互参与,为对方承担教育职责提供支持和帮助,形成教育合力。

5.活动多元原则。均衡开展“当好家长、在家学习、相互交流、志愿服务、参与决策、与社区合作”等六种实践类型的活动,既要有服务于学校的活动,更要有服务家庭的活动。结合本地家校社会环境特点和本单位教育教学工作实际,创新家校合作活动的具体组织形式。

6.持续稳定原则。通过持续的行动,构建家校合作工作常态化的运作机制,共同推动家校合作走向制度化。

三、目标任务

通过推进家校合作示范县(校)建设,推动全省建立学校、家庭和社区之间的新型关系和共同育人的教育大格局。经过3～4年的努力,在我省形成一批理念先进、特色鲜明、持续规范、具有新型家校社会关系、在全国有影响力的家校合作示范县(校)。到2020年,形成5～10个省级家校合作示范县,100所左右家校合作示范校(园)。各设区市根据本地实际确定市级家校合作示范县(校)。以示范县(校)带动引领全省家校合作工作的制度化。

第一阶段(2018年12月),全面启动家校合作创建工作。开展业务指导和专业培训,促进各地家校合作示范创建工作的有效开展。各设区市教育局要部署所辖县(市、区),按照省教育厅家校合作示范县(校)创建标准,选择一批基础较好的县(校),做出三年的分期创建达标规划并报省教育厅备案,同时指导家校合作工作的全方位开展。

第二阶段(2019年1月—2019年12月),省教育厅组织力量对设区市上报的第一批示范县(校)进行评估认定。通过示范县(校)的带动和引领,不断发现创建工作中出现的新情况、新问题，探索新途径和新方法，努力促进学校教育、家庭教育、社会教育的有机结合，构建各级党政机关、社会团体、街道和企事业单位、社区、镇村、家庭共同育人的格局，家庭和社会支持学校的舆论环境和格局初步形成。开展制度化家校合作工作的学校不少于本地学校总数的50%。

第三阶段(2020年1月—2020年12月)，省教育厅组织对设区市上报的第二批示范县(校)进行评估认定。各设区市相应对市级家校合作示范县(校)进行评估认定。总结和推广家校合作示范创建工作的经验，形成家校合作的有效工作机制，并向全区域推广。家校社会合作的教育格局和新型现代学校制度基本形成，促进学校教育质量的提升。

四、示范创建的基本要求

1.行政统筹协调。政府和教育行政要以更高的视野，协调学校和家庭的关系。要将家校合作工作纳入教育局(校)总体工作部署，结合县(校)教育发展目标和学生成长目标，有组织、有计划地开展家校合作行动，将家校合作工作渗透到教育教学管理环节中，促进教育整体工作的有效开展。在教育工作全局上充分发挥家校合作凝聚民心、整合资源的战略作用，在事关百姓民生的教育改革问题上，以家校合作工作为手段和资源，形成有利的社会舆论环境。政府要协调学校、家庭的利益和诉求，支持学校超越自身局部利益，努力营造家校社会合力育人的校风、家风和民风。各教育局要明确分管家校合作工作的领导和责任单位，加强各学校家校合作的组织建设，注重在家校良好合作伙伴关系的基础上，建立家长委员会、家校联合会、专门行动组等组织和制度。

2.学校主动均衡。学校在家校合作中应当发挥主导作用。要把家校合作作为学校管理和改革的重要战略资源，努力实现家校的相互理解和支持。为此，学校要围绕学生成长，面向学校和家庭诉求，按照专业要求建立家校合作的组织架构，既要重视组织家长志愿者、家长会等在校活动，又要主动打开校门，积极走出校门，主动联系沟通家长，帮助家长提高教育子女的意识和能力；要支持家长科学开展家庭教育，以校风影响家风建设，为困境家庭和儿童提供个性化的指导和支持。

3.家校互动共育。学校要通过家访、校访、家长会、开放日、亲师恳谈会等面对面交流形式,并充分应用家校联系册、公众号、微信、QQ、网络技术等现代媒介,在校、年级、班级等层面,建立家长与教师,教师与学生,家长与学生,以及家长与家长间的有效沟通网络。要努力办好家长学校,有明确的教育教学工作计划,举办家庭教育专题讲座每学年不少于2次。家校交流要强调互动,在互动中加深彼此理解,交流动态信息,平衡各方诉求,形成共同认识和一致行动,促进学校、家庭和儿童共同成长。在建立健全家长委员会的基础上,积极探索建立由校方、家长委员会和社区(村)三方共同组成的家校合作联席会议,建立民主、平等的家校社会议事机制。

4.社区联动优化。通过家校合作和家风建设,将影响延伸到社区和民风的改善;通过社区支持,形成全社会关心支持教育改革和发展的有利氛围,最终促进形成社区与教育的良性互动。以家校合作为突破口,积极营造校内、校外关系协调的氛围,主动争取妇联、共青团、关工委以及卫生、文化、文明办等部门的支持,带动育人环境、办学环境和家庭环境的整体优化。

5.实践示范引领。各地要建立完善家校合作组织、计划、实施和评估等各项制度,建立家校合作工作的跟踪和反馈机制。选择一部分基础较好的学校先行试点,因地制宜,积极探索,逐步构建长效工作机制,带动更多学校家校合作工作规范化、常态化、制度化。将家校合作工作专项培训列入本级教育行政干部和校(园)长的培训研修体系,列入学校管理和教师专业发展计划,着力培养一批致力于制度化家校合作和家庭教育工作的骨干力量,在广大教师中普及家校合作专业知识。要把实践和专业力量引领结合起来,继续发挥理论指导实践的重要作用。

五、保障措施

1.加强组织领导。实践证明,家校合作工作推进的关键点,就是教育局和校长“双级”重视。在教育行政和学校两个层面共同关注和推进家校合作,是保证家校合作工作有效、均衡、长期推进的前提和基础，两者缺一不可。教育行政部门和学校校（园）长要在当地党委、政府的统一领导下，强化组织领导和监督问责，把家校合作工作列入重要议事日程，建立协调领导机制，定期检查工作进展情况，听取工作汇报，协调解决工作中存在的问题和困难；要统筹规划，做好示范县（校）创建工作的工作计划，分期分批遴选示范县（校）创建单位，并发挥好示范县（校）的示范引领作用。

2. 加强日常管理和条件保障。省教育厅将对省级示范县（校）予以挂牌和相关支持。各级政府和相关部门要在资源利用、经费保障及教师家校合作工作专业培训等方面，加大支持力度。把制度化家校合作工作纳入到区域、学校日常工作体系，做到有办公地点，有资料档案，有保障制度。

3. 积极支持试点工作。家校合作试点工作是省政府教育体制改革重点任务，目前正在着手展开第 3 轮试点工作。要加强组织推广优秀科研成果转化，结合本地实际重点研究如何提高家长素质，如何增进学校、家庭和社会合作，如何创新家校合作的内容与形式，指导解决家校合作工作中的实践问题。各级各类试点单位和学校要积极探索、深入推进，努力成为创新家校合作教育机制的示范者、引领者。

4. 加强考核评估。县（市、区）和学校要把制度化家校合作工作纳入到对学校和部门的考核评价中去，并积极应用考核评价结果。

5. 加强宣传引导。各地和学校要利用报纸、电视、网络、微信、微博等多种形式进行宣传，鼓励家长参与子女教育，引导社会支持学校教育。要及时总结推广制度化家校合作示范县（校）创建工作的先进典型和成功经验，营造家校社会合作育人的氛围，逐步形成学校、家庭和社区共同育人的大格局。

附件 1. 江西省制度化家校合作示范校（园）标准

附件 2. 江西省制度化家校合作示范县（市、区）标准

附件1

制度化家校合作示范校(园)标准

一级指标	二级指标	三级指标	分值
一、组织领导(28分)	1.1 领导重视(9分)	(1)校(园)长高度重视家校合作,党委会、班子会专题讨论家校合作工作	3
		(2)家校合作工作获得上级部门和当地党委政府的支持	2
		(3)将家校合作工作纳入学校工作整体部署	2
		(4)家校合作与学校工作相结合,成为学校管理的重要抓手	2
	1.2 组织建设(12分)	(5)成立家校合作工作领导小组,分工明确,职责下沉	2
		(6)由学校、家长和社区代表共同构成的家校合作三方协调机制稳定,有民主、平等的议事机制	2
		(7)成立家长委员会,委员有代表性,有会议及议事制度	2
		(8)结合学校需要家长参与的工作和儿童成长目标,成立了家校社区联合的专门工作组(或类似行动组织),成员分工明确,构成合理,每组有切实可行的工作计划	2
		(9)成立了家长学校等家长教育组织,有明确的教育教学工作计划	2
		(10)有切实可行的家校合作工作计划,并列入校历	2
	1.3 方向引领(7分)	(11)家校合作面向全体家庭和学生,家长不分地位身份,平等参与家委会、志愿者等组织活动	3
		(12)家校合作各项行动均衡,兼顾家长参与学校工作和学校服务家庭两个方面	2
		(13)家长支持并参与学校重要改革	2

续表

一级指标	二级指标	三级指标	分值
二、家校合作行动（48分）	2.1家庭教育指导与服务（8分）	(14)指导家长创设良好的家庭环境，以适应子女在不同阶段的学习	2
		(15)举办家庭教育专题讲座每学年不少于2次	2
		(16)为家长提供图书借阅，向家长推荐家庭教育资料和信息	2
		(17)对单亲、困难、留守儿童等家庭的家长、监护人提供个性化的家庭教育指导和服务	2
	2.2向家长提供学生学业和成长支持(10分)	(18)向家长提供有关材料和培训，帮助他们提高孩子的学业成就	1
		(19)为家长制定子女个性化的学习目标和成长规划提供指导和支持	2
		(20)向家长反馈孩子的进步信息	2
		(21)指导有特别需要的家长改善子女学习	2
		(22)向家长提供每门功课对子女的要求和期望	1
		(23)有适合的互动式家庭作业，支持和鼓励亲子共同讨论学习问题和在生活中应用知识	2
	2.3家校交流（12分）	(24)提供并与家长交流子女的学习和成长、政策规章、教学安排、活动日程、学校动态、意见建议等信息	2
		(25)为家长提供学校相关部门的联系方式和到学校的办事指南	2
		(26)通过家长会、家访、校访、开放日、亲师恳谈等与每位学生的家长正式见面，每学年至少一次	2
		(27)利用多种交流工具，推动学校、教师及家长多层面的互动(电话、意见箱、家校联系册、公众号、微信、QQ、网站专栏等)	2
		(28)为不同类型家长到校参与提供便利，灵活安排活动时间和形式，并对不能参与的家长提供活动开展情况的反馈	2
		(29)发展家长之间的联系网络，推动家长间的相互交流	2

续表

一级指标	二级指标	三级指标	分值
二、家校合作行动（48分）	2.4志愿者服务（8分）	(30)尊重不同类型家长的才能和参与意愿，开展多样化的家长志愿活动	2
		(31)为家长志愿者参与活动提供必要的培训和资源	1
		(32)学校的教学、管理、校内外艺体等环节，鼓励家长志愿者参与协助教师工作	1
		(33)学校志愿工作得到家长的理解和支持	2
		(34)学校表彰和宣传优秀家长志愿者	2
	2.5决策参与（5分）	(35)学校就有关重大事项，与全体家长有稳定的沟通、通报和议事机制	2
		(36)家长参与评价学校、班级教学和管理工作	1
		(37)通过问卷调查、意见箱、QQ群、电子邮件等渠道，向家长征集意见或建议，并及时反馈	2
	2.6社区合作（5分）	(38)与社区不同组织建立合作关系，主动争取妇联、关工委以及卫生、文化、文明办等部门的支持	2
		(39)积极争取社区人力和物力资源为学校教育教学服务，实现社区、学校资源共享	2
		(40)与家长一起，在社区开展公益活动或创建活动	1
三、人员和条件保障（10分）	3.1专业提升（4分）	(41)组织或参加上级家校合作专业培训	2
		(42)组织家校合作校本培训	2
	3.2经费支持（3分）	(43)学校为家校合作工作和家庭教育服务与指导提供必要的经费保障	3
	3.3条件和氛围（3分）	(44)创设有助于家校合作的良好校园氛围和并提供必要的条件，如活动室、办公室、宣传栏、标语、引导牌等，有完备的档案管理制度	3

续表

一级指标	二级指标	三级指标	分值
四、多方成效（14 分）	4.1 学生成长（3 分）	(45)通过家校合作显著促进学生成长状况	3
	4.2 办学环境（2 分）	(46)家校关系和谐稳定，家长对学校工作支持程度高，促进学校和教师工作改善	2
	4.3 家庭环境（2 分）	(47)通过家校合作提高家长参与意识和育人水平，家风得到改善	2
	4.4 社区环境（2 分）	(48)家校合作积极影响社区民风建设，社区积极支持学校办学	2
	4.5 综合满意度（2 分）	(49)教师、家长、学生和社区对家校合作、学校办学满意度高	2
	4.6 制度化（3 分）	(50)家校合作持续且制度化，教师和家长对家校合作的专用词汇和校本化词汇及其意义，熟悉且认识大体一致	1
		(51)每学期开展诊断性总结和评估，并做出持续性改进	2
五、加分项（5 分）		(52)相关经验成果得到设区市以上行政部门采纳或设区市以上领导批示	2
		(53)创新家校合作的组织形式和活动内容，经验成果和学术论文在设区市以上会议交流、杂志公开发表、媒体推介或获表彰	1
		(54)接待市（县、区）外学校经验学习，或承办县域内现场经验交流会	1
		(55)为江西省家校合作试点学校，并积极完成各项试点任务	1

附件 2

江西省制度化家校合作示范县(市、区)标准

指标	二级指标	分值
一、战略定位与部署(37 分)	(1)教育局主要领导高度重视家校合作工作,党委会、班子会专题讨论家校合作工作	5
	(2)将家校合作作为教育改革和发展的重要抓手,纳入学校工作考核和评价体系	4
	(3)有本级家校合作工作年度部署,有健全的规章制度,有力的政策措施,规范齐全的档案资料	4
	(4)家校合作获得当地党委政府和妇联、共青团、关工委以及卫生、文化、文明办等相关部门的支持;协调乡镇、街道支持所在地学校家校合作工作	4
	(5)建立县、校两级家校合作工作组织领导架构;本级有分管领导、责任单位和岗位责任人;学校统一建立家校合作工作领导小组	4
	(6)在工作部署、活动和组织制度等方面,促进家校的相互理解和支持,协调家校不同的立场和诉求	4
	(7)按《江西省中小学幼儿园家长委员会组织与管理办法(试行)》要求指导学校成立家长委员会,域内学校家长委员会覆盖率不少于 98%	4
	(8)组织并支持办好家长学校	4
	(9)开展家校合作活动和培训有必要经费保障	4
二、专业提升(19 分)	(10)重视面向家长的家庭教育教学建设、教学资源储备和研发工作,有明确的工作和教学计划	4
	(11)积极开展家校合作科研和实践,组织经验交流和研讨	4
	(12)制定家校合作教师培训规划,积极参加国家、省、市组织的培训,域内每学年负责家校合作教师、班主任等进行专题培训不少于 4 学时	5
	(13)组织与县(区)外单位的学习交流,或邀请域外专业力量提供指导、培训	3
	(14)有一支相对稳定、适应需要的家校合作和家庭教育讲师团队伍	3
三、区域行动(25 分)	(15)通过多渠道,采取多形式向家长和社会宣传家校合作理念	3
	(16)鼓励学校组织家长教育	3
	(17)组织域内学校家访	3

续表

指标	二级指标	分值
三、区域行动（25分）	(18)以政策保障对单亲、困难家庭、留守儿童等家庭的家长、监护人提供个性化的家庭教育指导和服务	3
	(19)区域内教育行政部门建立专门面向家长的沟通渠道（电话、意见箱、公众、电子邮箱、网站专栏等）	2
	(20)建立涉及民生的教育重大事项向社会通报的制度	2
	(21)利用社会资源为教育服务，教育宣传进社区，邀请政府和社区人士参加区域教育有关重大事项或活动	3
	(22)有效指导学校开展均衡全面的6种家校合作活动，预防和纠正学校在家校合作中过度偏向学校利益的倾向	3
	(23)定期检查学校家校合作工作成效，协调解决存在的问题和困难	3
四、成效和特色（19分）	(24)家长教育满意度高，教育系统形象好，出台的教育政策、改革措施得到家长和社会的充分支持，家长投诉降低，县（区）内学校办学环境和学校学风改善	5
	(25)家长家庭教育水平普遍提高，积极影响家风建设，家校关系和谐稳定	3
	(26)儿童成长和教育质量指标（品质行为、辍学率等）显著改善	3
	(27)校长和教师对家校合作的支持度和参与度高	3
	(28)注重本土化家校合作问题研究和实验探索，产出具有创新价值的实验研究成果，打造出有关项目、活动、载体、平台等方面的特色品牌	3
	(29)每学期开展诊断性总结和评估，并做出持续性改进	2
五、加分项（5分）	(30)相关经验成果得到省级以上行政部门采纳或领导批示	2
	(31)相关经验成果得到国家级媒体的关注和报道	2
	(32)积极支持区域内省家校合作试点学校工作	1

第三章 区域行动

以良好的校风影响家风、改变民风

——弋阳县制度化家校合作的实践与探索

弋阳县家校合作协会 周立军 崔之盘

在当前的社会教育体系中，学校是教育的主体，对教育的整个进程起着主导作用。而家庭教育是非专业性的教育，可在学校的指导下转变教育观念，改善教育方式，提高教育效果。家长群体蕴藏着许多学校所不能拥有的教育资源，家庭教育存在着许多学校所不易捕捉到的教育时机，事实上当前学校教育和家庭教育相隔千山万水，学校感觉家长不配合、不关心，家长认为学校不尽职、不努力。弋阳县教体局方华局长在上任伊始，提出利他思维——让弋阳教育人认识教育的目的就是帮助，帮助学生健康成长，帮助家长教育孩子，帮助教育链条中的每一个人，让我们的孩子都能发现最好的自己，做更好的自己，完善更好的自我。弋阳县全面推进家校合作，就是要在充满对立和对抗的不利因素干扰下，寻找教育的合伙人，与家长结成伙伴关系，形成教育合力，帮助孩子健康成长。

弋阳县在推进家校合作工作进程中，得到了省教科所的高度重视与支持，江西省教育厅把弋阳县列入江西省第二批制度化家校合作区域实验县，弋阳县的家校合作有了理论的支撑和实践的突破。在县级层面,成立了民间研究团队——弋阳县家校合作协会,建立九个研究联合体;在学校,成立家长委员会、家校合作委员会,设立家校合作办公室,开展家校合作研究与实践。在江西省教科所家校合作研究中心的指导下,开展家校合作的行动和研究,并按照"当好家长、在家学习、相互交流、志愿服务、参与决策、与社区协作"六种活动类型开展家校合作实践与研究。

一、铺设家长"成长路"

家长是孩子的"首席教师",但是由于缺乏专业的知识和技能,家庭教育往往存在误区。所以,弋阳教育人认为:做好家长培训、教给家长教育技能、提高家长育儿水平是实现制度化家校合作的基础。

弋阳教育的领航人方华局长在中学当校长时,就开始了家校合作的实践和探索。他上任伊始,没有去放三把火,而是去开了三场家校共育研讨会。

2013 年 11 月 16 日,来自全县各小学 1600 多名家长代表,云集在县逸夫小学操场上。深秋寒意浓浓,却没能影响家长们听方局长 3 个多小时的风趣幽默讲座的兴致。有位家长事后说:"几次很想去方便,但都没舍得去,生怕丢掉精彩的部分……"这次培训取得了意想不到的效果。

有了上次培训的经验后,11 月 30 日一场 2000 多人参加的初中家长代表培训会在方志敏中学召开,采取"讲座+互动"的形式,前两小时由方局长主讲,后一个小时进行互动,家长现场提问,方局长现场解答。接到提问后,方局长几乎不假思索,回答得既有广度,又有深度,既有理论高度,又很接地气,令在场家长、邻县校长代表、省教科所领导和媒体记者颔首称赞。

12 月 8 日,幼儿园家园共育研讨会召开,方华局长作《孩子是脚 教育是鞋》的主题讲座与互动,同样精彩纷呈。

在这三场培训会上,方华局长提出的观点,奠定了弋阳县家校合作理论与实践的基础。他认为:开展家校合作的宗旨,是为孩子成长创设一个良好的环境,让每个孩子发现一个更好的自我;家校合作的原则是自愿、合作、共赢;家校合作的愿景是以良好的校风影响家风、改变民风。

同时,他认为:家长和学校在教育孩子方面如同一个股份公司,家长是董事长,学校是CEO(首席执行官),家长是终身持股人,学校是阶段持股人。这是弋阳教育人对新时代背景下家校关系的定位,也就是教育合伙人的关系。

为了让更多的孩子健康成长,弋阳各级各类学校顺势而为,他们通过前期问卷调查,了解不同层次家长需求,制定了多种菜单,确定主题,有针对性地进行培训。如新生家长培训,请优秀高年级家长做经验介绍,让家长尽快了解学校、老师;学困生家长培训,请优秀老师和有育儿经验的家长进行辅导等等。

弋阳县逸夫小学家长夜校、方志敏中学的"相聚星期六"、弋江镇二小的"家校沙龙"等等都为家长搭建了相互交流的平台。家长想学习什么,学校就提供什么培训。这些形式多样的培训,让更多家长掌握家庭教育技巧、提高育人水平。全县各个学校还利用校讯通、班级微信群为家长提供有关子女成长的信息,推送育人技巧、家教心语等资讯,深受家长欢迎。

二、搭建家校"连心桥"

弋阳县在推进家校合作过程中,创造性地搭建了形式多样为家长服务的平台。

1. 跨省家长会

在美丽的龟峰风景区旁,有一所初级中学——圭峰中学。这个学校900多名学生中就有近700名留守学生,平时学校开家长会都是爷爷奶奶来开,到会率低,效果差。当学校得知有200多名留守学生的家长在浙江义乌和浦江务工时,校长路光生提出一个大胆的设想——把家长会开到家长务工地去。大家听到这件事情第一反应就是很惊讶。这可是前所未闻呀。路校长把想法在班子会上提出来讨论,大家各抒己见,最后统一思想:家长做不到的,我们来做;家长来不了的,我们就主动上门。说干就干,地点就选择在浙江义乌和浦江。

去浙江开会之前,学校做了精心的策划和准备,让孩子在学校里选择一个最喜欢的地方,跟家长说一段话,拍成在校学习与生活的视频。

2013 年 12 月 18 日,路校长带上所有班主任冒着寒风,赶到义乌市稠州中学多媒体教室,与早早在那里等待的家长会面。当在外务工的家长们看到家乡的老师,感到格外亲切,充满感激。

会上,路校长向家长介绍学校发展、变化,与家长探讨家校如何携手共助子女健康成长。同时,把录好的视频放给家长看。家长们看着孩子开心阳光的笑脸,个个满眼热泪,感谢学校的良苦用心。接下来,班主任与本班学生家长们进行了面对面的沟通与交流,家长们纷纷表示要更好地配合学校,共同把孩子教育好。

下午,学校还深入家长务工地,拍摄了家长辛勤工作的画面,利用这些资料对学生进行感恩教育,让他们感受父母的辛苦,从而努力学习报答父母。

第二天,路校长又赶到浦江马良小学,同样的画面再次出现。意想不到的是,原本摸底调查,浦江打工的家长只有 68 名,结果来了 109 名,原来,邻县包括杭州务工的家长也赶来参会。

圭峰中学连续三年把家长会开到省外,拉近了家校距离,增强了沟通与理解。现在许多家长感受到"陪伴是最好的教育"的含义,陆续有 30 多位家长回家创业了。跨省家长会,给孩子带来了很大的触动和变化。八年级的李志祥同学,从小爸爸妈妈就出去打工了,一直由爷爷奶奶带大,养成了学习不认真、经常偷着上网的坏习惯。班主任多次做工作,收效甚微。通过观看父母在外工作和生活的视频,李志祥的内心触动很大,知道了父母在外的不容易,他变得懂事多了,学习认真了,也不去上网了,成绩提高了。

当然还有更多这样的例子。如弋阳县中畈中学"农闲时请家长来校开家长会，农忙时把家长会开进村”；弋江镇一小送家长会进社区；连胜学校、漆工中学、叠山学校、烈桥中学、圭峰中学等学校每年的正月初八、初九分年级召开家长会等。这些形式各样、内容丰富的创新家长会，让相互交流变得畅通起来。

2. 家访回归本真

弋阳县朱坑中心小学早在 2013 年就开展了“教师课外访千家”活动；2014 年葛溪中小学在全乡范围内开展“百名教师包百村” 活动，使家访工作制度化、常态化；葛溪中学、曹溪中心小学、圭峰中心小学“小手牵大手”活动深入人心……全县各级各类学校，积极通过开展“教师夜访”“海量家访”等活动，宣传教育新政策、新变化，宣传学校工作特点和举措，和家长交流教育孩子的方法和途径，这种做法在当地引起强烈反响。

2016 年江西省教育厅提出“万师访万家”活动以来，弋阳县各级各类学校创新家访方法，走村串户，做到“深入每户家庭，深度了解学生成长环境，针对性开展教育”。全县各学校利用腊月农民工返乡、元宵节前农民工未返城之际进行重点家访。全县各级各类学校并不像原来一样，学生有“情况”才进行家访，而是坚持对每个家庭至少进行一次普访。叠山学校地处偏僻山区，采取分小组形式，利用周末和晚上进行“进千家门，访千家情”家访活动；连胜学校“走进每个学生家庭”、曹溪镇中心小学“走进学生家庭，走近学生心灵”、中畈中心小学“温暖每颗成长的心”、樟树墩学校的“春雷唤醒”等主题性家访，主题突出，要求明确；方志敏中学、弋阳二中、花亭学校、葛溪中学等利用暑假开展家访。一方面，老师和家长可以交流孩子在学校和家庭的表现，针对性提出孩子发展方向，与家长达成共识。另一方面，老师更能了解孩子是怎样过暑假的，根据孩子暑假的状况，针对性进行指导。弋江镇一小除利用休息时间进行家访以外，还针对陶塘江家家长以种菜为生，没有时间陪伴孩子，孩子学习习惯普遍不好的现状，全校所有年级的教师在学校的组织下，首先在村里礼堂召开会议，近 200 名家长如约来到礼堂，听取了关于家教知识的讲座。弋江镇镇长、弋阳县家校合作协会会长及秘书长等一同参加此次活动。然后所有教师走进每个学生家庭进行家访，与家长面对面交流，使许多家长懂得“陪伴是最好的教育”的道理。陶湾学校也是弋江镇一所九年一贯制学校，教师在周末家访时发现，许多留守儿童周末无所事事，缺乏必要的监管，学校针对这件事，发动在家的家长，重点把八年级学生组织起来，组成七个学习互助小组，周末集中在一个家庭里，由家长志愿者代为管理，每个组设置了组长、学习委员、纪律委员等，加强自我管理，同时，安排教师轮流到学习互助点进行指导，学生讨论不会做的题目，还通过微信平台向科任教师求教，这样不但解决了留守孩子的监管和学习的问题，而且让非留守儿童周末也有了同伴的陪同，学习更积极了，习惯更好了。像这样的学校还有烈桥中学、曹溪横桥小学等。葛溪中学建立“百名教师包村”的制度，建立长期的制度化家访。同时，葛溪中学通过“小手牵大手，洁净我家乡”活动，利用周末和传统节日，在全面进行家访的同时，还和学生、学生家长一起清扫村落卫生，与家长代表一起进行家访，与留守学生一起过周末，这些活动受到村民的好评。

同时，弋阳县曹溪中学“三次特殊家访”也深受家长好评。第一次是每年的腊月廿六、廿七，学校逐村逐户地进行家访，向打工回家过年的家长汇报他们子女的学习、生活情况，共同商讨孩子教育问题；第二次是每年正月初八、初九邀请家长带孩子来校“回访”，对学校的发展提出意见和建议；第三次是期中以后，通过家访和家长分析考试得失，鼓励成绩优异的学生继续保持；对成绩暂时较差的学生，提出改进意见，做好家校联动，共同帮助孩子进步。

3.“不在一起的共同生活”

留守儿童是倍受社会关注的特殊群体，他们长期与父母分离，不能享受父母之爱和家庭的温暖。弋阳县育才学校，在校学生3500多人，留守学生高达90%，这些孩子有的一年才能见上父母一面，有的甚至几年都见不上。如何解决这一难题？育才学校充分利用“班级微信平台”这根纽带，搭建家长与学生的连心桥。

班主任每天都会在班级微信平台上图文并茂展示孩子的学习、生活情况，传递孩子的点滴进步。家长看着孩子吃着香喷喷的饭菜，穿着一身干净的衣服；看着孩子认真学习的劲头；看着孩子们获奖的照片……家长心里别提多高兴和幸福，每日可以关注到孩子的一举一动，一言一行，不在身边，却似在身边。一位低年级家长在微信上这样留言："每日能看到孩子照片，我干活都有劲！"

育才学校班级微信平台就是这样，虽在千里之外，却让家长觉得孩子每天就在身边，让孩子们感受到爸爸妈妈没离开他们，山水阻隔，情感相连。育才学校有一位家长在微信中写道："非常感谢学校，为我们架起了一座桥梁，你们的微信平台的建立，缩短了我和孩子的距离，虽然我在千里之外打工，好像孩子就在身边，真的要好好谢谢学校！"

育才学校营造的"不在一起的共同生活"只是弋阳县创新家校合作的一个剪影，全县100%的学校、100%的班级都建立了微信群，家长与教师、家长与班主任、家长与家长之间都可以通过微信群进行交流。

三、描绘家长"靓风景"

在弋阳很多家长喜欢上了志愿服务，他们被弋阳教育人称为"最可爱的人"。弋阳县建立家长志愿者库，建立家长志愿者群，因地制宜地开展了富有成效的家长志愿者活动。

2014年10月24日至27日，全省家校培训会在弋阳召开，有60名家长志愿者为会务服务；2015年龟峰国际登山节的赛道上活跃着29名家长志愿者；弋阳县家校合作协会组织的《家校合作辩论赛》《家校携手 只为孩子更好》《我们在改变》三场"叠山书院论坛"，各有10名家长志愿者参与其中，一展风采。全县体育会、群众文化周、春节送春联等一系列活动都有家长志愿者的身影。弋阳县2015年上半年承办过两次全国性活动，一次是5月份全国语文主题学习（华东区)第九届年会,在这次会议上,从火车站接人、宾馆报到、乘车指引、会议服务等十几个岗位上活跃119名家长志愿者;一次是7月《教师博览》全国首届读书论坛,同样,100名家长志愿者组成的蓝衫军团,分布在各个服务岗位上,成为一道亮丽的风景,得到与会代表的高度赞赏。

张四龙,一个年过六旬的普通老农,是弋阳县湾里乡朱垅小学的家长。他一个人种十来亩田,加上平时做点小工,维持夫妻晚年生活,家境并不宽裕。

张四龙小时候没有上过学,但他对学校和老师极为敬重。只要有空,就往学校转转,把近几年看见的学校变化告诉其他家长,鼓励家长朋友们理解、支持学校。看到校园里长野草,他就带领热心的群众去锄草;植树节到了,他就为学校种树、浇花、施肥;"六一"儿童节来了,他每年都会拿几百元钱到学校给孩子们买糖果,与孩子共度"六一"。每年朱垅完小教育发展促进会开年会时,他也会100元、200元地捐。这些钱对一个老板、对一个拿工资的人来说,确实不算什么,可是,他是帮别人扛石头、提灰桶赚的辛苦钱!且年年如此,乐此不疲。他说:"拿点钱给孩子们过节,帮学校做点事,我愿意,值得、高兴!"平时,他老婆摘的谷雨茶叶,晒出的枣干、小菜干,酿的米酒,地里种的冬瓜、芋头等新鲜蔬菜,都会经常拿到学校,与老师分享。他的热情和热心带动了其他家长,因此,经常有家长主动来慰问老师……

虽已暮年,可他心底里蕴藏着大爱与正能量,学校只要有事叫他帮忙,哪怕耽搁自家事情,也要帮助学校解决。他的教育情怀,深深打动了全体老师,感动着每一位家长,换来的只能是老师们努力的工作和紧密的家校情谊!

像张四龙这样的志愿者,在弋阳还有许多。弋阳圭峰中学家长委员会主任吴秋冬,每天坚持在学校上班,帮助学校工作;弋阳县第二小学家委会主任陆萍,根据家长的专业特长,组成了"家长讲师团",自己带头在二小进课堂讲课,从此,二小课堂有一道别样风景。现在来弋阳,你就会发现:放学时校门口有家长志愿者维持秩序,课间时有家长志愿者关注孩子们的活动安全,学校食堂有家长志愿者检查卫生；运动会上裁判员、安全员、啦啦队中有家长志愿者；秋游中有家长志愿参与后勤服务……

有人会问，弋阳的家长就那么好讲话吗？大家都愿意做志愿者吗？志愿者魏晨蕾在“第五届叠山书院论坛”上讲述了她的真实想法：

“我以前一直认为孩子的教育，在孩子进入学校以后就是学校的事情了，我们家长只要给孩子吃、给孩子穿，其他似乎和我们关系不大。现在，我到学校当家长志愿者。在志愿服务过程中，我结识了其他的家长朋友，我们一起交流育儿经验，一起感受家校合作活动的快乐。我感受到了学校和老师的尊重。我感觉到女儿和我的感情更加亲密了，感觉到自己除了事业和家庭，又有了一片全新的天空。学校推进家校合作，并不是在乎我们家长能够为学校做些什么，而是给我们搭建了一个和孩子共同成长，陪伴孩子一起长大的平台，让我深深感觉到，陪伴才是最好的教育，是最无声的爱。”

现在的弋阳家长志愿者，可不是想做就能做的，要自愿报名，还要通过竞争选拔，选拔之后还要接受培训，还不能重复做，大型活动的志愿者，每个家长最多只有一次机会。用方华局长话来说：“不做少数人的游戏，让更多家长能够有机会参与，调动更多家长的积极性，我们的教育才会有更加广阔的天地。”

四、成就亲子“阅读梦”

这是一个普通家庭的故事。故事的主人公是弋阳县逸夫小学学生纪云瑞和妈妈梁丽娟。梁丽娟是一名公务员，和所有的家长一样，希望自己的孩子学习积极、思维活跃、知识丰富。但是一直以来，作为家长，总认为读书是孩子自己的事情，教育是学校的事情。由于工作的特殊性质，没有太多的时间陪伴孩子学习。

学校开展了亲子共读活动后，梁丽娟开始关注孩子的学习了。有一次，她发现许多儿时读过的文章，想起自己的学生时代，现在读起来依然有新鲜感，依然被深深打动。

自从有了这样的一次体验以后，梁丽娟一有时间就陪孩子一起看书。翻看一篇篇美文，她都如初次般细细品味，参与学校的亲子诵读比赛、课本剧表演、阅读心得演讲比赛，和孩子一起设计亲子阅读卡、好书推荐等，乐此不疲。

弋阳县教育系统五大民间协会之一的“教育梦·龟峰读书联盟”推出了“为你读书”活动，梁丽娟可是全家总动员，一家三口共同合作，朗读了不少优美的诗文上传到参赛平台，在第九届全国语文主题学习年会上，梁丽娟分享《感谢一路上有你》赢得在场嘉宾的阵阵掌声。

梁丽娟利用空闲时间和孩子一起享受读书的快乐，孩子的阅读兴趣浓了，阅读水平提高了；自己对孩子更了解了，与孩子的沟通更深了。通过亲子阅读，改变了纪云瑞一家人的生活轨迹，阅读已经成为他们的一种生活方式。弋阳县推动亲子阅读，在全县形成全民阅读的浓郁氛围，让家长认识到，陪孩子读书其实是最有价值的事情，是最低门槛的高贵。

弋阳县朱坑中心小学开展“最美育人家庭”评选活动，五(2)班的杨婧妍的妈妈把麻将室布置成了书房，麻将桌变成了书桌，有空就陪女儿看书，在亲子诵读比赛中，获得了一等奖，并被光荣评选为“最美育人家庭”。

五、家长也是“决策人”

家长是一种重要的教育资源。现实中，有很多学校无法办到的事，家长可以办到。

2013 年 11 月初，弋阳县逸夫小学家长们看到孩子在学校运动场晴天一身灰、雨天一身泥的窘境。大家一起向学校建议做塑胶跑道。得知学校要三年后才能实施时，他们迫不及待地说：“那太晚了，再等三年，我们孩子都毕业了，你们有困难，我们来想办法。”

第二天，家长委员会就开始向全校家长做问卷调查，了解大家的心声，在得到大多数家长的支持后，家长委员会拟定了一份感人肺腑的倡议书，号召大家为孩子们捐建塑胶跑道。家长拿到这份倡议书后，反响很大。校门口，一些家长不辞辛劳地做宣传动员。六年级一位家长说："即使我孩子用不了几天，我们也要用我们的行动来报答逸夫小学六年的培育之恩。"还有家长说："前人栽树，后人乘凉，即使我的孩子用不到，我的朋友、亲戚、邻居的孩子能用到，值得！"……

就这样，功夫不负有心人，2013 年 11 月 19 日，家长委员会正式接受家长捐款，10 元，20 元，100 元，200 元，1000 元……一笔笔饱含家长们爱心的善款源源不断地流向爱心账户，有些家长捐了两次，也有些家长捐了一万元却没有留下只言片语，直到现在，学校也不知道他们是谁。全校老师也捐了 5 万多元，几家社区企业也慷慨地伸出了援助之手。短短的一周，捐款达到 47 万余元。从工程设计、材料采购、合同签订、原料验收、施工监理、工程验收，全部由家长委员会来参与，2014 年 5 月，凝结着 3000 位家长爱心的塑胶运动场竣工投入使用。

弋阳一小四(6)班师生、家长通过创编作文集《童心飞扬》进行义卖，筹得善款近两万元帮助本班特困生余梦珍，他们的义举，感动和温暖了整个弋阳。

弋阳县大部分农村初中都是寄宿制学校，都有食堂，以前食堂都承包给私人。私人老板天天说食堂挣不到钱，可学生总是抱怨饭菜贵，还不好吃。家长和学校在食堂问题上始终有个心结。在全面推进家校合作后，食堂收回，学校成立膳食委员会，由老师和家长代表轮流参加食堂管理。现在，学生只要花 5 元钱，就能吃上可口的饭菜，不但吃得饱，还讲究荤素搭配，营养均衡，家长们都很满意。

打开校门办学校，让家长在学校发展中参与决策，使学校真正成为大家的学校，家长成为最具有实权的合伙人。

六、拓展社区"协作路"

弋阳县 701 学校原来是一所国有企业的职工子弟学校，地处城乡接合处，企业改制后划归地方,是一所规模较小的完全小学。2012 年鸥迪铜业公司入驻弋阳,这个学校就进入了鸥迪老总唐予松的视野,并开始校企之间的合作,公司花了 8 万多元修建操场排水设施,购置电脑帮学校重建了电脑房,为学校购置图书、图书架,聘请了“音体美”等专职老师,解决了师资不足的问题。学校帮欧迪解决员工因为上班没时间照看孩子做作业的问题。为进一步加强社区合作,学校参加社区志愿服务,带领学生走进社区做环保、安全等方面的知识宣传,对孤寡老人进行帮扶;走进鸥迪参观交流,感受企业文化。让学生感受父母工作的辛劳。701 学校老师们的真诚服务与耐心指导赢得了家长的好评。欧迪公司对此给予充分肯定,设立了“欧迪奖励基金”,用于奖励优秀师生。唐予松也被聘为学校名誉校长。与社区协作两年多来,学校快速发展,学生人数由原来的 300 人发展到现在的近 600 人,各项工作都得到了社会各界好评,成就了校企之间的一段佳话。

弋阳教育通过家校合作营造了良好的教育生态,在社会上发出了教育的声音。得到了县委、县政府高度重视与好评,弋阳各界人士说教育、议教育、思教育、想教育、帮教育、谋教育蔚然成风。

江西科技学院的创始人、董事长于果先生连续十年设立弋阳一中教育奖励基金,捐款 200 万元给弋阳用于一中校园建设;朱坑镇上童爱心人士为上童小学捐款 41 万元,新建教学楼和设立师生奖学金;湾里朱垅小学教育发展促进会五年来为学校捐款近 50 万元;弋阳县南岩教育促进会一成立便筹得近 29 万奖教助学资金;旭光乡爱心人士毛中华捐款 100 万元,为家乡学校铺设塑胶跑道;欧迪公司总结理唐予松个人每年捐资 15 万元,设立伯雄基金“园丁奖”…… 据不完全统计,2013 年以来,全县“民间教育促进会”和民间人士为学校发展捐款达 1092 万元,形成了“我做不了的,有你;你办不到的,有我”的良好浓郁氛围,充分诠释了“教育一家人”的真正含义。

弋阳县的家校合作经过两年多的实践研究,取得了一定的经验与效果。要说通过家校合作带来的变化是什么，最大的改变就是教育生态的改变——问候多了、埋怨少了，笑脸多了、指责少了，收获多了、委屈少了。改变了家长观念，改善了家校关系、家庭关系，形成了教育合力。

“弋阳县做了一件功德圆满的事情，你们的家校合作已经升级到 3.0 版，了不起。”这是北京十一学校李希贵校长听完我县家校工作汇报后给予的赞扬和肯定。江西省教科所所长吴重涵博士评价弋阳的家校合作为“把匿名状态下的破坏性力量，转化成建设性的政治力量”。弋阳的家校合作得到了省市领导、各级媒体和教育同行的关注。

家校合作有巨大的空间和潜力。方华局长这样和我们算过一笔账，弋阳县总共 41 万人口，有 7 万是学生，一个学生基本上有两个家长，加上爷爷奶奶、外公外婆就是六个，我们通过这 7 万学生而影响和改变几十万人，就真的实现了“用良好的校风影响家风、改变民风”的教育理想了。

从旁观者变成“合伙人”

——弋阳县制度化家校合作实践与探索

弋阳县教育体育局　崔之盘

一、加强机构建设，为行动研究奠基

为推动制度化家校合作，需要建立组织机构作为保障。一是在县级层面，成立了由行政推动，又属于民间组织的“弋阳县家校合作协会”，教体局局长担任协会顾问，设立理事长、常务理事长、副理事长和秘书长。理事长由分管领导县政府督导室主任、教体局党委委员担任，常务副理事长由项目执行人担任，副理事长由若干学校校长、副校长担任，项目执行人兼任秘书长。协会主要职责是：组织全县班主任、教师、家长代表的培训；制定全县家校合作工作章程；制定协会年度工作计划；指导全县家长委员会组织机构的建立；检查、评估、指导各级各类学校家校合作工作的开展情况等。二是为便于开展活动，协会以下根据区域布局分设立了九个“家校合作联合体”，每个联合体由五所学校组成，由一所学校的家校合作协会理事长作为牵头人。其主要职责是：负责召集本联合体定期召开活动小组会议，交流、分享家校合作活动开展情况；负责收集、整理、发布、上报本联合体区域内各校工作开展情况的文字、图片、视频等资料；负责本区域学校经验推广；参加县家校合作团队（家校协会）的活动。三是在校级层面，校内成立学校、年级、班级家长委员会，对小规模的学校只要求成立校级和班级两种家长委员会，根据省教育厅有关文件配备各级家委会的主任（委员长、理事长）、副主任、成员等。同时，各学校建立了具有弋阳本土特色的"家校合作委员会（行动委员会）。这个组织机构是由学校校务会成员代表、学校家长委员会代表、社区领导代表等组成，主要制定区域内家校合作工作计划，研究学校或区域内重大活动的策划、布置安排、工作落实等。"家校合作委员会"下设办公室，设立办公室主任一名，兼职工作人员若干名，主要负责家校合作日常工作；组织开展各类家校合作活动；指导"当好家长""在家学习""相互交流""志愿服务""参与决策和社区协作"等六个研究小组开展行动研究工作；收集整理行动研究中有关文件、图片、视频等资料，每年汇编《家校合作文集》一册。

在完善组织机构建设的同时，弋阳县还建立了家长委会、家校合作委员会工作机制，积极发挥"两个组织"在学校管理中的积极作用。

二、加强各类培训，为实践探索增能

只有理念先行，行动才不会盲目。为给家校合作造声势，让广大老师和家长了解什么是家校合作，该县进行了大规模培训。

一是县域培训。在 2013 年 11 月份，弋阳先后举办了幼儿、小学和初中三个专场"家校合作教育研讨会"。每场培训都在 1000 人以上，其中初中专场达到 2200 余人。每场培训上午由县教体局长亲自作专题讲座，现场与家长交流互动，下午组织相关学校做经验交流与分享。活动得到了《中国教师报》、江西省教科所、江西省教育电视台、《东方女报》、江西教育期刊社等多家媒体和科研单位的关注。

二是专家培训。2013 年 12 月份，该县还派出 15 名校长和教体局有关人员，参加了省教科所在井冈山举办的第一轮“中小学幼儿园家长委员会建设指导教师专题培训”。2014 年 2 月，又邀请了江西省教科所家校合作中心王梅雾主任来该县作专场培训，全县各级各类学校校级班子成员 420 多人参加了培训学习；2015 年 5 月我们又邀请了江西省教育厅教科所家校合作中心副主任、北大研究生张俊副主任来弋阳对 412 名学校家长委员会代表进行为期一天的培训。2014 年以来，该县还先后组织了中小学校长、家校合作协会全体理事、省级区域家校合作课题组成员和家校合作协会联合体负责人进行多场专题培训和封闭式研讨。

三是省级培训。2014 年 10 月 24 至 27 日，江西省第二届“中小学幼儿园家长委员会建设指导教师专题暨家校合作培训会”在弋阳举行，弋阳派出 218 名校长、分管副校长、德育室主任、班主任、教师代表参加为期 4 天的全程培训。2015 年 11 月 16 至 19 日，江西省“中小学幼儿园家长委员会建设指导教师专题暨家校合作培训会”又在该县举行，全县 200 名家长和 10 名家长代表参加本次培训。

同时，各学校广泛开展对家长的分层培训活动。如曹溪中学把全校家长会改成对家长的家教通识培训会，对问题学生的家长开展针对性培训，邀请部分成功家长作家教经验介绍。

各学校在行动研究中，不断探索家教方法，全县各学校通过家长函授学校，积极开展起始年级的家长培训，通过请专家上课、家长自学中小学《家庭教育读本》和《家教导报》提高育儿水平。各学校根据自身的条件，不断创新提高家长素质的渠道，有的学校根据家长的需求，对家长进行菜单式讲座培训，例如弋阳一中、弋阳二中、中畈中学、逸夫小学教育集团等针对家长需要，创设若干话题，由家长选择内容听课。逸夫小学教育集团开设了“家校夜话”，学校下发若干问题的调查问卷，由家长选择话题，根据不同年级和家长的需要求，学校利用晚上时间，组织家长进行培训对话。像这样的菜单式培训，还有方志敏中学的“相约星期六”、弋江镇二小的“家校沙龙”等。

三、加强行动研究，为理论提升创新

弋阳制度化家校合作实践与研究，重点是把行动拿来研究，用研究成果指导他们的行动。短短三年的研究实践，创造了一个个鲜活的案例。他们把学校的做法，教师、家长的感悟编辑成文，2014 和 2015 年分别编辑学校案例 35 册和 42 册，县级案例 1 册。

一是给家校合作进行科学定位。弋阳县的制度化家校合作实践与研究的宗旨是，为孩子成长创设一个良好的环境，让每个孩子发现一个更好的自我；家校合作的原则是，自愿、合作、共进；家校合作的愿景是，以良好的校风影响家风、改变民风。同时，弋阳县教体局长方华把家长和学校在教育孩子方面比作一个股份公司，家长是董事长，学校是 CEO，家长是终身持股人，学校是阶段持股人。这是弋阳县对新时代背景下家校关系的定位，把家长与学校定位为“合伙人”关系。

二是创新改革家长会。圭峰中学针对留守学生家长集中在浙江打工的情况，连续三年把家长会开到家长打工集聚地浙江义乌和浦江，每年把孩子们在校学习生活情况和孩子们想和父母说的话拍成视频放给远在外地的父母看；同时，又把父母在外务工的环境以及想和孩子说的话同样拍回来给孩子们看。学校用心做教育，能够让孩子受用一生。学校坚持把家长会开到省外，拉近了学校与家庭的距离，增强了家长与学校的沟通、理解。真正使家长成为学校工作的支持者、配合者，取得了很好的效果。这个案例已列入“江西省中小学校幼儿园家长委员会建设指导教师培训”的典型案例。

中畈中学在农忙时把家长会开进村，农闲时请家长来学校的做法得到家长的认可，还有曹溪中学、连胜学校、樟树墩等学校利用每年的正月初八、初九分年级召开家长会，向学校介绍办学情况，汇报孩子在校表现，听取家长对学校的意见和建议，得到了家长的好评。

三是家访工作回归传统。现在通讯很发达，学校教师很少跟家长见面交流，某种程度上影响了效果，使人际关系越来越陌生。2013 年以来，该县朱坑中心小学和葛溪中小学的做法回归传统，让家长和教师都受益。朱坑中心小学、葛溪中小学在全镇教师中开展了“课外访千家”、“百名教师包百村”和“千名家长看学校”活动，宣传我县教育系统新政策、新变化，宣传学校教育教学工作特点和举措，和家长交流孩子教育成长的方法途径。这种做法在当地引起强烈反响，许多家长都非常热情，认为多年没有看到的好传统又回来了。曹溪中学“三次特殊家访”也受到家长的好评。第一次是每年的腊月廿六、廿七，学校都组织全体班子成员和所有的班主任，逐村逐户地进行家访，向打工回家过年的家长汇报他们子女的学习、生活情况，共同商讨孩子的教育问题；第二次是每年正月初八、初九邀请家长带孩子对学校进行“回访”，对学校的发展提出意见和建议；第三次是期中考试以后，该校教师不分白天黑夜，逐村逐户积极做好家访工作，跟家长分析考试得失，对成绩优异的学生鼓励继续保持良好的学习状态，对成绩暂时较差的学生，提出改进意见，做好家校联合，共同帮助孩子进步。2015 年年底，该县连胜学校九年级班主任徐啸伶利用晚上和休息日对全班 52 个孩子家庭进行了家访，并且坚持写家访日记。

2016 年以来，我县在江西省教育厅的倡导下开展了“万师访万家”活动，各级各类学校创新家访方法，走村串户，做到“深入每户家庭，深度了解学生成长环境，针对性开展教育”。全县各学校利用腊月农民工返乡、元宵节前农民工未返城之际进行重点家访。全县各级各类学校不像原来一样，学生有“情况”才进行家访，而是坚持对每个家庭至少进行一次普访。叠山学校地处偏僻山区，采取分小组形式，利用周末和晚上进行“进千家门，访千家情”主题家访活动；连胜学校“走进每个学生家庭”、曹溪镇中心小学“走进学生家庭，走近学生心灵”、中畈中心小学“温暖每颗成长的心”、樟树墩学校的“春雷唤醒”等主题性家访，主

题突出，要求明确；方志敏中学、弋阳二中、花亭学校、葛溪中学等利用暑假开展家访，一方面，老师和家长可以交流孩子在学校和家庭的表现，针对性提出孩子发展方向，与家长达成共识，另一方面，老师更能了解孩子是怎样过暑假的，根据孩子暑假的状况，针对性进行指导；弋江镇一小除利用休息时间进行家访以外，还针对陶塘江家家长以种菜为生，没有时间陪伴孩子，孩子学习习惯普遍不好的现状，全校所有年级的教师在学校的组织下，首先在村里礼堂召开会议，近200名家长如约来到礼堂，听取了家教知识的讲座。弋江镇政府镇长、弋阳县家校合作协会会长、秘书长等一同参加此次活动。然后所有教师走进每个学生家庭进行家访，与家长面对面交流，使许多家长懂得"陪伴是最好的教育"的道理。陶湾学校也是弋江镇一所九年一贯制学校，教师在周末家访时发现，许多留守学生周末无所事事，缺乏必要的监管，学校针对这件事，发动在家的家长，重点把八年级学生组织起来，组成七个学习互助小组，周末在集中在一个家庭里，由家长志愿者代为管理，每个组设置了组长、学习委员、纪律委员等，加强自我管理，同时，安排教师轮流到学习互助点进行指导，学生讨论不会做的题目，还通过微信平台向科任教师求教，这样不但解决了留守孩子的监管和学习的问题，而且让非留守儿童周末也有了同伴的陪同，学习更积极了，习惯更好了。像这样的学校还有烈桥中学、曹溪横桥小学等。葛溪中小学建立"百名教师包村"的制度，建立长期的制度化家访。同时，葛溪中学通过"小手牵大手，洁净我家乡"活动，利用周末和传统节日，在全面进行家访的同时，还和学生、学生家长一起清扫村落卫生，与家长代表一起进行家访，与留守学生一起过周末，这些活动受到村民的好评。

四是多途径进行交流。家校合作是学校和家长共赢的关系，该县把家长请进学校参与活动、参与决策、参与管理也好，改变家长会议的形式、回归家访也好，都是让家长更了解我们的学校、理解我们的教师。家长只有了解了，才会理解学校，理解了才会支持、帮助学校发展。有的学校开设微信群与家长互动交流，探讨孩子教育方法。目前，该县100%以上的学校、95%以上班级建立了微信群，家长与教师、家长与班主任、家长与家长之间进行交流，如育才学校通过建立微信群，每天定点（上晚自习前）将手机与班级多媒体连接。学生在银幕上看到自己的家长，那种激动无以言表。有时候，一张简单的学生在校生活学习照片能让千里之外的家长感动落泪，教师在群里对学生一句褒奖，能让家长激动兴奋一星期，这就是它的巨大作用。同时班级微信群还是宣传学校的时效平台，让家长及时了解学校，传播学校正能量。有一位家长在微信中写道："非常感谢学校，为我们架起了一座桥梁，你们的微信平台的建立，缩短了我和孩子的距离，虽然我在千里之外打工，好像孩子就在身边，真的要好好谢谢学校。"育才等学校的做法实现了"不在一起的共同生活"。

四、家长志愿服务，为学校发展助力

弋阳各学校通过家校合作，积极组织家长志愿者参与学校的大型活动，组织家长志愿者参加全县的活动，参与学校监考、颁奖，做义务路队护路员、义务卫生监督员，参与学校元旦、六一同台大联欢等等。

一是家长志愿者参与全县性活动热情高涨。2014年10月24日至27日，全省家校培训会在弋阳召开，60名家长志愿者服务团队为会务服务；2015年龟峰国际登山节的赛道上活跃着29名家长志愿者；弋阳县家校合作团队组织的两次"叠山书院论坛"（"家校合作辩论赛""家校携手 只为孩子更好"），各有10名家长志愿者有家长参与其中，一展风采。2015年春节写春联、送春联活动，全县体育运动会、群众文化体育周等一系列活动都有家长志愿者的身影。特别是值得一提的是，该县2015年上半年承办过两次全国性活动，2015年5月份全国语文主题学习（华东区）第九届年会，在这次会议上从火车站接人、宾馆报到、乘车指引、会议服务等几个岗位上活跃着119名家长志愿者忙碌的身姿；同年7月《教师博览》全国首届读书论坛中，同样，100名家长志愿者组成的蓝衫军团，分布在各个服务岗位上，成为一道亮丽的风景，得到与会代表的高度赞赏。同时，全县体育运动会开幕式、教师节表彰会、叠山书院论坛等大型活动，该县都请家长代表参加。

二是能被学校邀请参与活动成为家长的骄傲。叠山学校地处弋阳县南部边远山区，这所学校从一个落后的农村薄弱学校，逐步发展成为具有当地办学特色的九年一贯制学校。该校的家委会主任许明光，经常带领家委会成员和广大家长积极支持学校的发展。学校搞美化校园，主动带领家长义务为学校粉刷墙面、整理操场、清理暗渠；学校每次举行大型活动和文艺会演，他自己出资租用舞台，搭台、拆卸都自己请工人来做。圭峰中学家长委员会主任吴秋冬，是一个私企小老板，经营一家石子厂，他当选为该校家委会主任以后，坚持每天在学校义务上班，从早上学生一起床开始，直到学生就寝，都能看见他的身影，一直乐此不疲。还有漆工中学家委会主任程区和，一有空就到学校来，查看学校卫生，与教师交心，反馈家长对学校的看法，互通信息，促进了学校规范发展。南岩镇叶坝村家长叶宜斌家住学校对面，学校放学以后，义务主动承担管理责任，还对学校的运动场草坪和塑胶跑道进行护理，对学校的绿化带进行修枝，并在叶坝教育基金会担任会计的职务。弋阳县第二小学家长陆萍，也是该校家委会主任，她根据家长的专业特长，组成了“家长讲师团”，自己首先在二小进课堂讲课，从此，二小课堂有一道别样风景。周诗悦同学的妈妈就是其中一位。她说：“能受邀到学校里来讲课，我感到非常高兴，也很感谢学校给予家长的这个机会。虽然只有短短的一节课，但事前我花了很长时间准备。我想，这样的形式很新奇，机会也很难得。”周诗悦说：“妈妈来给我们讲课，我感到特别高兴。老师是妈妈，妈妈又是老师，真好！”

像这样的事情还很多，比如：逸夫教育集团的家长委员会自己组织集资为学校建塑胶运动场和进行义卖活动；一小四(6)班家长在征得大家同意的前提下，把全班同学的习作打印、编辑成《童心飞扬》进行义卖，所得款项全捐给本班丧父的同学；弋阳二中七(2)班家长为班上失聪女孩王欣玥捐款购助听器；曹溪中学、漆工中学、弋阳一中、逸夫教育集团、叠山学校等多所学校请家长参加学校值日工作；湾里中心小学朱垅村小的家长委员会理事长张世龙老人每天到学校帮助做各项工作……

三是社区支持教育发展成为弋阳的常态。通过家校合作，弋阳各界人士说教育、议教育、思教育、想教育、帮教育、谋教育蔚然成风，对教育充满期待的热情体现在方方面面。如每年一至二次的“两代表一委员”巡查学校和教育发展恳谈会，工商联的企业家教育联盟，各乡镇教育促进会，不同类型的奖优助学基金。如：江西科技学院的创始人、董事长于果先生连续十年设立弋阳一中教育奖励基金，并先后两次共计捐款 200 万元给弋阳一中用于学校建设；朱坑镇上童爱心人士为上童小学捐款 41 万元，新建教学楼和设立师生奖学金；湾里朱垅小学教育发展促进会五年来为学校捐款达 40 余万元，改善办学条件、奖励学子和教师；旭光乡爱心人士毛中华捐款 100 万元，为家乡旭光学校铺设塑胶跑道；欧迪公司唐予松个人每年捐资 15 万元，在全县设立伯雄基金“园丁奖”，每年奖励 30 名优秀教师…… 据不完全统计，2013 年以来，全县“民间教育促进会”和民间爱心人士为学校发展捐款达 800 多万元，用于教师业绩奖励、帮助贫困生完成学业，形成了“我做不了的，有你；你办不到的，有我”的良好氛围。

五、加强综合考评，为家校合作鼓劲

该县为推进制度化家校合作，把“家校合作”工作纳入中小学校教育管理目标考核中。该县制定了详细的《弋阳县中小学幼儿园家校合作工作评估细则》，从“组织机构建设”“工作机制建设”“案例整理与呈现”和“本年度特色与亮点”等四个方面进行综合评估。从 2013 年开始，该县规定，只有安全工作、财务工作和家校合作工作可以单独评估以外，其他工作一律不能作为单独评估项目，这项工作评估时，必须由校长亲自汇报，足以说明该县对家校合作工作的高度重视。同时,评估的结果作为学校评先评优、校长任免的重要依据之一,作为分配家校合作奖补资金重要依据。2015 年度,县教育体育局安排家校合作专项资金 115 万元,就是通过考评后,根据学校工作的好差来进行奖励的。

六、家校关系改善,为教育发展添彩

弋阳区域推进制度化家校合作以来,给弋阳的教育带来了深刻的变化。用江西省教科所主任吴重涵博士的话来说:“弋阳把匿名状态下的破坏性力量,转化成了有组织的建设性的政治力量。”

用弋阳教育人自己的话来说,就是“两改变”“两改善”“两形成”。“两改变”,一是改变了家长观念。改变了家长的认识,教育孩子不仅仅是学校的事情,更是家长的责任。原来家长都以今天论英雄,改变为要以孩子终身幸福为目的——家长对学校充满希望,家长对教师充满感激,家长和教师对孩子充满期待。二是改变了教育生态。弋阳教育通过家校合作营造了良好的教育生态,在社会上发出了教育的声音。各界人士说教育、议教育、思教育、想教育、帮教育、谋教育蔚然成风。“两改善”,一是改善了家校关系。帮助学校、老师、家长形成了商量式解决问题的能力,建立了多途径多渠道化解家校教育分歧的机制。二是改善了家庭关系。有些家庭家长与孩子的关系紧张,特别是留守孩子家庭、单亲家庭,因为爱的缺失,导致了孩子与家长的关系变得微妙和紧张。通过改变家长、改变了孩子,改善了家庭关系。“两形成”,即教师达成了共识,通过三年多来行动研究,广大教师尝到甜头,形成了共同的价值取向;家校形成了合力。一方面,普通家长愿意为学校做些力所能及的事情了。另一方面,问候多了、埋怨少了,笑脸多了、指责少了,收获多了、委屈少了,营造了“你不能做的事情,有我”的氛围。

我们为爱出发：家庭教育指导进社区活动剪影

弋阳县弋江镇一小　杨　依

一、案例背景

教育部《关于加强家庭教育工作的指导意见》指出：家庭是社会的基本细胞。注重家庭、注重家教、注重家风，对于国家发展、民族进步、社会和谐具有十分重要的意义。家庭是孩子的第一个课堂，父母是孩子的第一任老师。家庭教育工作开展得如何，关系到孩子的终身发展，关系到千家万户的切身利益，关系到国家和民族的未来。近年来，经过各地不断努力探索，家庭教育工作取得了积极进展，但还存在认识不到位、教育水平不高、相关资源缺乏等问题，导致一些家庭出现了重智轻德、重知轻能、过分宠爱、过高要求等现象，影响了孩子的健康成长和全面发展。当前，我国正处在全面建成小康社会的关键阶段，提升家长素质，提高育人水平，家庭教育工作承担着重要的责任和使命。各地教育部门和中小学幼儿园要从落实中央“四个全面”战略布局的高度，不断加强家庭教育工作，进一步明确家长在家庭教育中的主体责任，充分发挥学校在家庭教育中的重要作用，加快形成家庭教育社会支持网络，推动家庭、学校、社会密切配合，共同培养德智体美劳全面发展的社会主义建设者和接班人。

弋阳县自2013年以来全面推进家校合作，提出用良好的校风影响家风、改变民风的教育愿景，营造良好教育生态。该县弋江镇一小根据学校实际，先后开展了全员家访、家长进课堂、家长志愿服务、家长值日、家长监考、家长评审团等系列家校合作活动，形成了家校合力，家长理解、帮助、支持学校工作，为学生的成长营造了良好的氛围。

但是在开展良好的家校合作、家校互动的过程中，我们也发现，家长的育人方法、育人观念、育人知识与经验都存在严重缺陷和不足。我们之前开展的家校合作都是让家长来帮助我们学校，减轻学校工作的压力，是一种单向的活动，并没有惠及家长，缺乏持久的动力基础。如何在孩子的教育过程中，发挥学校的专业力量，用专业知识和技能指导和帮助家长学会教育孩子，学会陪伴孩子成长，学会解决孩子成长过程中可能遭遇的系列问题。因此，学校在推出菜单式的家长培训课程基础上，又决定把家庭教育指导的培训送进社区，送进村庄，送到千家万户，让我校的所有家长和潜在的家长在家门口就能接受家庭教育方法的培训指导。

二、案例实施过程

祠堂江家村是弋江镇一小学区的一个规模较大的自然村，在学校就读的学生有140多人。该村以菜农为主，90年代初期黑恶势力横行，经政府打击后略有收敛。但村风彪悍，村民赌博斗殴恶习盛行，该村学生也沾染一些不良习气。家长对孩子学习关心程度不够，缺乏家教方法，家庭教育责任观念单薄。为实现以良好的校风影响家风、改变民风的愿景，学校决定把家庭教育指导进社区第一站选在祠堂江家村。

经过事先的策划、沟通和发动，当地村领导非常重视，给予了大力支持。祠堂江家村江雄村主任组织村民布置会场，挨家挨户通知家长。5月22日一大早，弋江镇一小的老师们就来到了祠堂江家礼堂，弋江镇镇长高发兴，分管副镇长宣建英也来到会场，并发表讲话，弋阳县教体局督导室周立军主任和综合教育股崔之盘股长也亲临指导。根据活动安排，弋江镇一小有关人员给来到会场的130多位家长进行了家庭教育的培训，强调了学生居家安全管理注意事项和良好学习习惯、生活习惯的培养。接地气的讲座，生动幽默的语言，拉近了家校的距离，让参加培训的家长受益匪浅。集中培训结束以后，老师们又深入到每个学生家庭进行访谈，单独诊断把脉，活动收到了良好的社会效益。

三、案例成效

通过这一次家庭教育指导进社区活动，家长的家教理念得到了更新，明确了家庭教育责任，掌握了一些家庭教育的方法。很多家长都表示，孩子才是他们生活的全部希望，愿意为孩子的成长付出时间和精力。

四年级学生江力文的爸爸每天凌晨3点多就去菜市场卖菜，8点多收摊，睡到中午后，下午和晚上一般就打麻将、玩牌赌博，根本就无暇顾及孩子的学习。通过这次活动以后，感到缺失孩子成长的过程是一种遗憾。所以早晨收了摊以后会绕到学校看一看孩子，和老师聊天了解孩子的相关情况。晚上也不再出去玩，陪着孩子写作业阅读。该学生性格也开始转变，由原来的沉默寡言甚至粗暴无礼，到现在变得活泼开朗，待人也有礼貌了。

三年级学生时浩南，父母离异，母亲再婚，父亲常年不回家，随祖父母生活。家里经济条件差，主要经济来源靠祖父种菜，自己平时比较懒散，经常不完成作业，学习成绩较差，他还有个怪癖——最喜欢咬衣领或者红领巾，几乎每件衣服领子都被咬的痕迹斑斑。通过观察和研究，我们认为时浩南同学由于缺乏母爱，缺失父爱，情感脆弱，情绪易波动，在遇到困难内心焦虑后缺乏安全感。经老师与孩子父亲的多次联系沟通，小浩南的爸爸在5月22日回到家，参加了我校的家庭教育指导进社区的培训专场会。会后班主任李根旺老师又和小浩南的爸爸进行深入交谈，这个三十几岁的大男人听到自己孩子的一些情况以后竟然忍不住潸然泪下。他表示以后要多关心小浩南，经常抽空给他打打电话，并且尽量想办法能回乡创业，陪伴孩子一起长大。后来的日子里父子间的感情越来越好了，孩子也愿意听家长和老师的话了。像这样的家庭，这样的故事，江家村还有很多很多。

四、案例思考

通过开展送家庭教育指导进社区活动，我们认为，教育不是某一个单位和部门的事，应该是全社会的责任。一个孩子成长的过程，应该是家庭教育、学校教育、社会教育和自我教育综合作用的过程。家庭教育主要培养孩子良好的生活习惯和品德修养，是其他教育形式无法替代和补充的。只有全面构建家庭、社区、学校三位一体的育人体系，我们的教育才能立体和丰富起来，才能给孩子编织一张爱与呵护的大网。因此我们有以下几点思考：

1. 家校合力是培养孩子良好习惯的重要途径

孩子的教育，是各方面综合因素相互作用的过程。学校、家庭应重视孩子综合能力的培养，家和校是有着共同目标和愿景的“合伙人”，所以必须携手共进才能发展共赢。多给孩子创造机会，搭建平台，老师和家长通过和谐的沟通交流达成共识，互相帮助，家和校形成的这股合力才能推动孩子踏上幸福成长的快车道。

2. 教师要有让家长主动交流的愿望

在对孩子平时的教育、教学过程中，老师与家长常常在出现问题之后才相见，相见肯定有问题的局面，家长从心里有些畏惧老师的联系。所以，平时当孩子有进步时，教师要下意识地给孩子报个喜，形式可以多样，让家长感受到教师不仅在平时的教学中对孩子是关爱的，生活中也一样可以交流。充分利用班级微信群、校讯通等平台与家长沟通联系。特别是班级微信群，教师随手拍下学生在校学习的积极向上、阳光开朗、展示发言的场景，让家长随时了解，然后不断鼓励那些在微信群积极发言的家长，让其他孩子的家长也加入进来，产生愿意主动与老师交流的愿望。家中有重大的事情、孩子身体状况有变化、思想行为表现、心理情绪起伏等问题都可以和教师进行交流，以便让教师做到对症下药。待家长信任教师，养成与教师交流的习惯，教师的教学、教育措施也会更积极有效。当家校教育形成合力，孩子在生理、心理方面都感到满足，对教师、家长充满着崇敬，也就更愿意投入到学习、活动之中。

3.学校要搭建更多的平台，让家长找到存在感

家长其实也是有被认可和被尊重的需求的，通过走出去、请进来，让家长认识到自己在孩子成长过程中的地位和作用，明晰责任和义务。学校也搭建大量的平台，让家长走进课堂，利用个人的知识和能力特长开特色家长课堂。让优秀的家长分享家庭教育经验，开展家校合作亲子活动。有的家长如果隔了一段时间没有参与学校的活动反而会觉得失落，会主动问老师最近学校有什么活动，要不要参加之类的。学校家庭教育指导走进江家村之后，其他几个周边自然村也纷纷向学校提出邀约，希望学校也要送培进村。因此很多工作并非是做不到，而是没有去做。只有先开枪后瞄准，先行动再去评估、修正、改进，我们的工作才能不断推进。

弋阳二小家长志愿服务活动纪实

弋阳县弋江镇第二小学　洪晓玲

弋阳，是革命烈士方志敏的家乡，地处江西省东北部信江中游。在清澈的信江河畔，宽敞的方志敏大道旁，有一所小学——弋江镇第二小学。

让弋阳教育走专业化发展道路

让弋阳的孩子在家门口享受良好的教育

让弋阳的教育成为弋阳人的骄傲

近几年来，在我县教体局方华局长的三个目标的引领下，弋阳教育走上了康庄大道，出现了前所未有的新态势。我校的教育教学也取得了可喜的成绩，为了让孩子变得越来越好，学校、家庭走到了一起，成了教育合伙人。从 2013 年至今的家校合作工作中，学校与家委会相互携手，做了一些切实有效的工作，尤其是“家长课堂”工作尤为突出。

一、怀揣爱心，打开“家长课堂”大门

从 2013 年至今，我校家校合作委会会长由家长陆萍担任，她的儿子在二小就读一年级的时候，当时学校正在开展“书香校园”读书活动，学生阅读蔚然成

风。看着儿子和外甥在阅读语文主题学习丛书——《我的家乡》时，当她问及家乡事物时，孩子们一脸茫然。教育要以人为本，培养学生热爱家乡的情感应从小时候开始。作为学校家校合作委员会会长的她，很想利用自己从事导游工作又懂家乡文化的优势与学校合作，为孩子上一堂家乡美的课。于是她主动与钟志勇校长沟通，向学校提出"家长课堂"的构想。

我校钟志勇校长立即召开了家校合作委员会会议，会上大家展开了积极的讨论。大家一致推选陆萍会长为"家长课堂"的初尝者。为了上好"家长课堂"的第一堂课，学校委派教师与她进行备课交流。比如：确定了上课的主题内容为《美丽的家乡——弋阳》，课堂上如何与孩子互动，如何撰写教案等等，还协助她精心制作了音频资源和卡通 PPT。

在《美丽的家乡——弋阳》的课堂上，陆萍会长通过视频、影像、卡通 PPT 和课堂授课相结合的方式，将弋阳县的概况、文化名人、旅游资源和如何文明旅游等知识，向孩子们娓娓道来。学生们津津有味地听着，争先恐后地谈自己的体会。课上，孩子们了解到家乡弋阳不仅是"中国雷竹之乡"，而且还是中国古代戏曲"活化石"——弋阳腔的诞生地。弋阳人才辈出，山川秀丽，拥有世界自然遗产地龟峰，世界最大山体卧佛，"中华第一佛洞"南岩寺，全国爱国主义教育示范基地——方志敏纪念馆、方志敏故居，江南四大古书院之一的叠山书院。整堂课都彰显出了活泼有序的课堂气氛，学生脸上都洋溢着快乐、幸福的笑容。

"妈妈，今天汪高星妈妈在我们班上了一堂课，可有趣了……""爸爸，你知道我们弋阳戏曲活化石是什么？""奶奶，弋阳龟峰是我国 4A 级风景区，我要去观赏……"听了孩子们的话，班级家长们交口称赞，也对进课堂为班里的孩子上堂课跃跃欲试。

二、倾注爱心，组建家长讲师团

陆会长在她孩子班上成功地上了一堂"家长进课堂"课之后，学校立即召开了校级家委会，会上我们仔细分析校情：我校是一所家长素质较为全面的学校，家长来自不同的行业，他们有着丰富的人生阅历、广泛的兴趣爱好、甚至有绝活，这些都是学校身边最宝贵的资源。因此，会议决定组建二小家长讲师团。让“家长课堂”结合学校的“书香校园”在二小生根、发芽、开花、结果。

学校多次召开班主任会议，要求各班组织班级家长委员会宣传家长进课堂工作，遵循申请自愿参加、特长家长优先的原则，在班级寻找家长优质资源。通过家长志愿、班主任推荐，学校成立了首届家长讲师团，先后进行了三次家长进课堂活动，参与的班级共16个，这些家长志愿者们为了丰富孩子们的学习知识，能学到更多课堂上学不到的知识，获得更多的生活体验，他们各显神通，结合自身的职业特点和学生年龄特点精选授课内容，认真备课撰写教案并精心制作课件。授课内容非常广泛：有旅游、安全、卫生、诚信等内容，也有唱歌、跳舞、绘画、手工等丰富多彩的活动形式，极大地丰富了学生的学习生活，丰盈着学生的思想成长。

在家长进课堂活动中，授课家长志愿者成了二小教育路上最可爱的人。在进课堂的活动中，他们留下了许许多多感人足迹。

如：家长志愿者俞愉，为了上好一堂卫生知识课，她曾多次试教，让班里学生、自己的孩子帮她指点，并撰写日记，写教学反思。她对教育的这种敬业精神让我们折服、赞叹！

又如：六年级的黎美和郑斌两位家长，根据学生年龄特点，抛开世俗的观念，为学生分别上了《青春期生理卫生之女生课堂》和《青春期生理卫生之男生课堂》两堂课，授课内容对于即将处于青春期的孩子来说是及时雨，弥补了当今教材不足，正确引导孩子健康成长。他们的课受到了县研室方宝辉主任乃至外省听课教师高度赞赏。

为了进一步推进家长进课堂工作的有效开展，我们还利用班级微信群、学校微信群和掌上弋阳等平台进行宣传报道，肯定家长的付出，激发家长的参与感和荣誉感。

三、齐献爱心，尽展家长风采

2016年开学初，我校又多次召开学校家长委员会，对“家长进课堂”进行探讨，进一步完善了“家长进课堂”方案，为了让每个班级都有家长志愿者参与进课堂活动，我们采用了两种形式进课堂。一种是特长家长志愿者进课堂；一种是“爱心”家长志愿者进课堂。学校还采取了一定的措施。如：成立学校家校合作研究机构，建立家长进课堂制度，设置家校合作奖励机制，完善《班主任绩效评估方案》，将家长进课堂纳入学校课程管理中等等。

与此同时，学校还协助家委会对授课家长和班主任多次进行“家长进课堂”培训。会上对家长进课堂的课前、课中和课后进行了详尽的培训。“功夫不负有心人”在家长学校相互携手中，我校“家长进课堂”工作在全校全面铺开。

“特长家长志愿者进课堂”，他们根据自身的特点，有为班上学生上脸谱课的，有上生理卫生辅导课的，有为庆祝十岁生日做甜点课的，等等；在“爱心志愿者进课堂”中，内容更是丰富多彩，家长们纷纷从孩子们吃穿住行、节日节气等方面去寻找内容，为孩子们打开了另一道生活知识大门。他们授课有声有色，深深地吸引学生对生活的热爱之情……

在“家长进课堂”活动中，我们欣喜地看到了：授课家长的孩子，因为父母的到来，自信了许多；其他孩子也特别地遵守纪律，课堂教学效果也有了明显的改善。学生的知识不再局限于课本，他们能学到更多课堂上学不到的知识，获得更多的生活体验，因此，“家长课堂”很受学生的欢迎；而家长和老师在参与活动过程中，教育观念及时得到更新，视野不断扩展，知识结构逐步完善，所以，“家长课堂”又深受家长和老师的欢迎。活动中，家长体验到了老师性质的工作，老师又弥补了其他领域知识的空白。可以说，“家长进课堂”不仅是家庭教育的有效途径，更是家校共育、学生成长的有利助推器，得到了社会各界的赞赏。

四、泼洒爱心，收获点点喜悦

新课标倡导“学生的学习应该是现实的，有意义的，要符合学生已有的生活经验”。我校家长进课堂着眼于学生已有的生活基础，适时地丰富、补充那些既能引起学生新异刺激又能调动学生主动学习的教学资源，有利于学生综合素养的提高。直至2016年7月止，我们共进行了五次家长进课堂大活动，家长讲师团成员48名，共授课160节。我校陆续对家长授课的内容进行编辑，并纳入我校家校合作“家长课堂”校本课程中，极大地丰富了孩子们的学习。真可谓“家校一体，助力孩子全面健康成长”。

2015年5月15日全国第九届语文主题性学习的叠山论坛活动中，陆萍会长和俞愉家长在“家长课堂展风采”中展示了他们进课堂授课的精彩历程。

2015年11月9日来自山东、山西、安徽等地的专家、教师将对我县语文主题学习及家校合作等情况进行学习和交流。我校的“家长进课堂”工作得到了他们的认可。

2016年3月18日上午，我省教科研家校合作专家团队的王梅雾主任、张俊副主任、刘莎莎老师来我校调研。王梅雾主任也对我校“家长进课堂”和“亲子阅读”产生了浓厚的兴趣，给予了肯定赞赏。

2016年4月在我县第九届“叠山书院论坛”中，我校教师就“家长进课堂”展开了论坛，对全县各校“家长进课堂”工作的开展起到了一定的引领作用。

2016年9月24日，在山东济南召开的全国家校合作经验交流会议上，我校家委会会长陆萍代表弋阳县做了发言，“知心姐姐”卢勤老师和武洁校长对我县的家校合作表示赞赏。

当然，我校实施“家校进课堂”工作时间还不长，所做的工作还处于探索和发现阶段，但是更为了更好地做好孩子的育人工作，让孩子变得越来越好，我们将一如既往地与家长携手，不断反思，开拓思路，改进方法，使“家长课堂”和老师课堂同行，形成合力，共撑教育一片蓝天，让孩子成为最大的受益者。

我的志愿者情怀

弋阳县第二小学家长委员会　陆萍

弋江镇第二小学是我县的一所窗口学校，我儿子就读于这所学校。近年来，我们二小为了更好地营造学生的成长环境，构建学校、家庭、社会三位一体的教育网络，充分利用家长资源，学校借全县推进家校合作工作的东风，也和全县其他学校一样，开展制度化家校合作的实践与研究，作为家长的我，积极参与其中，见证了学校的变化。

一、我是家长委员会会长

我儿子是2013年秋季入学的。幸运的是，那一年正是我们弋阳县整体推进制度化家校合作的第一年，我当选为校家委会会长。我们学校家长委员会共有12名委员，都是从年级家长委员会推荐上来，经过家长代表大会选举产生的，有家长委员会会长1名，常务副会长2名，副会长3名，委员6名。学校为了让我们尽快进入工作状态，先对三级（校级、年级、班级）家长委员会组成人员进行培训，建立了各级家长委员工作制度，特意为我们配备了办公室和办公用品。校级家委会一直和校级班子通力协作，共同商讨、制定、实施家校合作工作，合力推动了学校的发展和学生的成长。通过三年参与家校合作，我认为，正如弋阳县教体局方华局长所言，我们家长就是学校最天然的“合伙人”，家校合作愉快，受益最大的就是我们的孩子。

二、我们参与学校的决策和活动

在家校合作推进的过程中，开展一系列丰富多彩的家校合作活动。

家长培训，成为家长提高育儿水平平台。学校为了提高广大家长的育儿水平，经常性举办家长培训，聘请县内外专家为我们家长进行培训；利用家长资源现身说法，相互交流；新生家长培训成为学校的一门课程。

“家校沙龙”论坛，增进学校与家长的交流。学校针对孩子成长过程、学习品质、习惯养成等等方面的出现的问题，学校每月利用一个周末组织一次“家校沙龙”，请家长代表和班主任代表做嘉宾，每次确定一个主题，由某位家长或者是班主任做主讲，并与嘉宾交流，解答家长在教育孩子过程中的一些困惑。

家长志愿者服务，是校园一道靓丽的风景。在我们学校，家长参与学校的活动已成为常态，开学典礼、表彰大会、运动会、考试监考巡考、迎宾解说等等，处处都能看见家长的身影，尤其是我们路队服务和卫生监督员更是一道靓丽的风景。我校地处县城中心方志敏大道主干线上，每天放学尽管有交警执勤，但要维持秩序非常困难，家委会发动家长，成立家长志愿者护路队，每天放学在校门口执勤。为推进学校环境建设，从 2014 年下半年开始，学校聘请家长做学校卫生监督员，每周五组织五名家长，对学校环境卫生进行巡查、评比。

我们策划并参与活动，融洽家校之间的关系。我们精心策划了“元旦家校吟诗 共建书香校园”、“亲子诵读比赛”、“金色十岁 快乐成长”、亲子绘画、感恩主题演讲、“我和孩子同台演出”、家长开放日、路队家长志愿者、家长巡考、“戏曲活化石——弋阳腔进校园”和“家长进课堂”等各种主题系列活动。不仅给家长和孩子带来了久违的快乐，更是一次情感的交流，给孩子们留下了许多珍贵的童年回忆。

参与县域活动，提升家长综合素养。在我们弋阳，全县的会议、大型的主题活动都请我们家长参与，而且每次参加的人员都不能相同。用方华局长的话来说，就是“不做少数人的游戏”。而我不同，我参加过两次“叠山书院论坛”，一次是家校合作协会主办的第三届“家校合作”辩论赛，作为十个家长代表之一，参加了辩论赛，并评为“十佳”辩手；还有一次是我们二小承办的第五届“叠山书院论坛”（主题是“家校合作 只为孩子更好”），与大家分享了二小的家校合作品牌“家长进课堂”。

三、我与“家长大课堂”

我们二小“家长大课堂”项目是全县家校合作的首创。家长课堂就是让家长走进学校、走上课堂，利用特长拓展学生知识、拓宽学生视野、激发学生的求知欲的一种课堂模式。作为“家长课堂”的倡导者和初尝者，借此机会，与大家重点分享我们的“家校进课堂”。

推出“家长进课堂”的缘由。我们学校为配合语文主题学习，提出了打造“书香校园”的设想，并认真组织实施，学生阅读蔚然成风，阅读已成为孩子们的一种习惯。而让我最初提出“家长进课堂”的缘由，是当时读二年级的儿子和外甥，在“我的家乡”主题学习时，因“方志敏是一个地名还是人名”的问题争得面红耳赤，他们还说班上好多同学说方志敏是一条路呢。我听到这些，怔住了。对于从事旅游讲解培训十多年，并拥有国家中级导游资格证的我来说，曾经无数次自豪地把美丽的家乡弋阳传播给了成千上万的导游和游客，却没有影响我身边的孩子们。我顿时感到无比惭愧，于是，我放下所有事情，带着孩子们到方志敏大道、叠山书院和方志敏纪念馆，让他们实地进行感受。

事后，我心情一直不能平静，作为学校家委会会长，我很想为孩子们做点什么来增长他们的课外知识。突然，我脑海里浮现出了习近平总书记提出的“扣子论”的形象比喻:“青少年是人生观、价值观、世界观形成的基础时期,我们要利用家乡文化的浸润,让孩子们把‘第一粒扣子’扣好。”人生就像扣子,我们该如何用自己的学识、阅历和经验,帮助处于人生起点的孩子们扣好第一粒扣子呢?

对,我可以利用自己懂家乡文化的优势,与学校合作,走上讲台,为孩子们上一堂《家乡美》的课呀。于是,第二天,我就主动与钟志勇校长沟通,提出“家长进课堂”构想,钟校长非常赞同,并安排我在儿子班级上《家乡美》的第一堂课。

初尝“家长进课堂”感受。我为导游培训上过很多课,但从未给小学生上过课,针对低年级学生的心智特点,我精心准备了视频资料和PPT,希望通过生动的课件吸引孩子们的眼球,激发他们对家乡美的热情。我还得到了洪晓玲副校长和陈志芳老师的专业指导,交流备课、上课时应该注意的问题。当我步入课堂,走上神圣讲台,望着孩子们一双双新奇的眼睛时,我体会到了老师用一辈子在三尺讲台默默奉献的情怀,我的心情变得非常激动。我认真地将弋阳概况、文化名人、旅游资源等知识向同学们娓娓道来。

弋阳历史悠久,千年古县、千年戏曲、千年古寺流传至今;弋阳人才辈出,拥有抗金宰相陈康伯、南宋爱国志士谢叠山、无产阶级革命家方志敏、塔山英雄吴克华、原中共中央副主席汪东兴、江西三任省长——邵式平、方志纯、舒圣佑、“网络妈妈”刘焕荣等传奇人物;弋阳资源丰富,世界自然遗产和世界地质公园双冠景区龟峰、世界最大天然山体卧佛、国家重点文物保护单位南岩寺、叠山书院。全国爱国主义教育基地方志敏故居、纪念馆,笑迎四方宾朋……孩子们认真听课,个个脸上洋溢着幸福的笑容。

课后,大家意犹未尽,争先恐后围着我提问,孩子们“原汁原味”的课堂感受,更能说明他们喜欢这样的形式。在班级微信群里,很多家长也说了他们孩子的积极变化,孩子们渴望学习知识的心情和对家乡文化的感知,让家长很欣喜。我还发现，我儿子也因妈妈当老师后变得更自信了。这时，我觉得再多的辛苦付出都是值得的。

用对孩子的爱组建家长讲师团。教育风格可以千变万化，但爱孩子是永恒的主题。通过“家长进课堂”的初次尝试后，更让我明白了“一个人的努力是加法，而一个团队的努力是乘法”的真正含义，为了让更多家长参与“家长课堂”，更大限度地拓宽孩子们的知识面。家委会和二小校级领导班子经过多次商讨，决定组建二小家长讲师团，积极拓展“家长进课堂”平台。我们利用班级微信群、班会发布组建信息，采用家长自荐和班主任推荐等形式，成功组建了第一期家长讲师团，成员 8 名。现在我们讲师团成员数量已发展为 48 名，共授课 160 节。这些家长讲师为了丰富孩子们的学习，学到更多课堂上学不到的知识，获得更多的生活体验，他们各显神通，结合自身的职业特点和学生年龄特点精选授课内容，认真备课、撰写教案并精心地制作课件，以最饱满的精神状态上课。

如：五(6)班俞愉家长，为了上好一堂卫生知识课，她曾多次试教，让班里学生、自己的孩子帮她指点，并多次撰写日记，写教学反思。她对教育的这种敬业精神让我们折服、赞叹！

再如：六年级的黎美和郑斌两位家长，根据学生的年龄特点，抛开世俗的观念，为学生分别上了《青春期生理卫生之女生课堂》和《青春期生理卫生之男生课堂》两堂课，授课内容对于即将进入青春期的孩子来说是及时雨，弥补了当今教材的不足，正确引导孩子健康成长。他们的课受到了县研室老师乃至外省听课教师的高度赞赏。

我们“家长进课堂”授课内容涉及非常广泛：有旅游、安全、卫生、诚信等方面的内容，唱歌、跳舞、绘画、手工等丰富多彩的活动形式，极大地丰富了学生的学习生活，丰盈着学生的思想成长。二小开展家长课堂得到了大家的认可，社会反响强烈。我也因此被评为 2015 年度全县十佳“最美爱心助学人士”殊荣，江西省教育电视台也对“家长进课堂”进行了个人专题采访。

孩子是家庭最美好的希望，是新芽，是种子。我希望更多的家长走进学校，走进课堂，用专业的知识为孩子们打开另一扇窗，与学校凝聚合力，携手共谱和美的教育乐章！

从指责到支持:南岩教育促进会助推教育氛围优化

南岩镇中心小学 叶小明

成效:南岩教育促进会于 2015 年 8 月 25 日成立,首次就募集爱心捐款达 29 万余元,在促进会的影响下,叶坝村尊师重教氛围明显好转,同时带动周边村落也来积极支持学校教育,在南岩镇形成了良好的助教氛围。

缘起:叶坝小学坐落在江西省弋阳县南岩镇最大的村庄——洋里叶家村中间。这个村子有 800 多户,一直以来,人多势众,民风彪悍。

有一次,一年级一位叫叶雨飞的小朋友,她独自一人端着饭盒,从学校食堂回教室的路上,一不小心崴了一下脚,班主任刘老师得知这一情况后,立即赶到现场,把这个小女孩抱到办公室,脱下鞋子进行一番检查。还好,骨头没伤着,没什么大碍。刘老师一边打电话通知家长,一边给小雨飞进行冷敷。不一会儿,家长来了,不问青红皂白,破口大骂:“你们老师干什么吃的,孩子受伤了,还不送医院……”就这样,骂了几分钟,刘老师被骂哭了,老师们都过去劝说,让他先带孩子去医院检查一下,他却满脸怒气地说:“你们学校派一个老师跟他去,有什么事,找你们学校。”态度十分蛮横,在几位老老师的好言相劝下,才生气地开车走了。

该校老师们普遍反映，这样的情况以前也时有发生，部分家长对学校工作非常不支持，以指责学校为本事，经常有事没事来学校大声嚷嚷。一个人唱戏，一伙人附和，不重视教育，不理解学校。这些都说明，叶坝小学的教育生态环境出了问题。

过程：叶华平、叶冬辉、叶新辉等几位当地知名人士对家乡特别关心，尤其对叶坝村的教育更是格外关注。叶华平语重心长地谈道：叶坝村经济落后，民风不良，关键是教育没有跟上，要发展，教育是根本，只有重视教育，多出人才，家乡才会发展。他认为应该在叶坝村成立一个教育促进会，来引领当地广大民众关心支持教育，通过各种渠道筹措奖教奖助学资金，帮助叶坝小学更好地发展。

于是，从2015年5月开始，他们四处奔走，放弃了一个个周末，请来了许多叶坝爱心人士，村主任、村小组长，也请来了老干部，老党员，召开教育座谈会，大家一起看学校，谈教育，谈发展。一次次诚恳的交谈，一次次真情的交流，大家对成立教育促进会有了清晰的认识，一致认为成立教育促进会很有意义，为了叶坝的发展，必须尽快成立。

接下来，跑民政局、教体局，编制社团申请的所有材料，两个月过去了，功夫不负有心人，一本厚厚的申报材料终于完成了，相关部门的领导都被他们的这一种热爱教育的情怀所感动，他们也就顺利地领到了民政局颁发的同意成立南岩教育促进会成立的批复和质监局颁发的组织机构代码证和上饶银行的社团独立账号。

为了让全村委会的广大民众都知道叶坝成立南岩教育促进会这件事，他们在村里主要路口拉起了横幅，给每家每户发了倡议书，并通过电话、微信等各种渠道让远在千里之外务工的家长了解情况。筹委会的几个同志还特意到各村宣传，听取大家的意见和建议。

8月25日，一个激动人心的日子，南岩教育促进会正式成立，在弋阳县南岩镇洋里叶家大礼堂内内举行了隆重的成立大会。县领导来了,教体局领导来了,南岩镇领导来了,叶坝村有识之士来了,热心村民也来了……最后的捐款仪式中,所有与会都献出了温暖的爱心。你一万,我几千,你几百,我几十,一笔笔善款不断地投进捐款箱。尤其令人感动的是现场还有八旬的老人,步履蹒跚地前来捐款,还有一位叫叶婉静的小学生捐了她的60元压岁钱,领导更是带头捐款。在他们银行账户中,居然收到一笔只留下爱心人士几个字的一万元捐款。村民叶建华在温州创业,得知情况后于10月12日汇来捐款4000元;叶坝村叶宜斌、叶任伏等多人家庭经济条件并不宽裕的村民也捐款过千元;杨雄等多名在外参加工作不久的青年人均捐款过千元……这样的感人故事还有许多许多,他们的义举感动了所有叶坝人,在大家的关心和努力下,成立大会最后收到捐款近27万元。促进会及时公布了捐助情况,对600元以上捐助者言刻碑铭记,感谢助教义举。

通过本次成立大会,达成了共识,确认在叶坝小学实行奖励机制,开展奖教奖学活动,是促进教学质量提高、培养品学兼优人才的有效举措。尊师重教、崇文尚学的好传统得到了进一步发扬。

南岩教育促进会成立后,多次召开专门会议,研究有关工作,积极呼吁,寻求上级支持,帮助学校校门前面浇了一条宽8米,长120米的水泥路,为学校安装了铝合金窗户,电风扇,添置了课桌,为各班安装了窗帘。在市财政局和县教体局的关心支持下,原来尘土满天飞的窘境彻底改变,明年,还准备为学校建设一幢综合楼,解决叶坝小学教学用房不足问题。

六一儿童节,他们来了,给每位学生送上一套崭新的校服。教师节,他们也来了,带来的是促进会的关爱与温暖。每年正月初六,促进会都要在村里大礼堂召开隆重的表彰大会,表彰优秀的师生、家长。当天,村里可谓是万人空巷,全村两千多人全都到表彰会现场,见证这一激动人心时刻。促进会还专门设立贫困生助学金,为家庭贫困的孩子解决在校所有学习费用。

渐渐地，学校变了，整洁的操场，标准的跑道，优雅的环境，育人氛围更加浓厚。老师变了，认真备课、讲课，及时批改作业，工作更加认真，教学业绩总评稳居全镇第一，并与全县优秀学校之间的差距在逐步缩小。叶坝小学教学质量已处于农村村完小前列。任教五年级数学燕兰英老师，生病住院治疗，打完吊针赶回学校坚持上课。孩子变了，品行更好了，学习更认真了。学校开展"校园舞台，他是明星"系列活动，通过发现孩子闪光点，让更多孩子能扬长避短，特别是留守儿童，在促进会、家委会、学校的帮助下，变得阳光了，自信了。

更可贵的是老百姓变了。对学校是满满的支持，现在，你看不到有老百姓到学校大声嚷嚷，听到的都是学校工作要支持，孩子教育问题要重视。要开学了，村民到学校锄草，剪枝，打扫卫生；过节了，村民为老师送上可口的自家小吃、点心；遇上老师上门家访，个个热情接待，打茶、煮面、炒年糕，端水倒茶、买水果，就像招待贵客一般；看到学校有破损的地方，自己带上工具来修补……今年春天，村民们自发为学校种上了一片樟树林；村民叶华林为学校捐赠了四台新电脑；今年 8 月份，在得知南岩中心小学想在叶坝做一所公立幼儿园时，叶坝村积极行动，用本村土地和临村调换，共计 12 亩，无偿送给学校建设叶坝幼儿园……在促进会的影响下，南岩镇各村也纷纷行动起来，用实际行动唱响尊师重教之歌。

校外互助小组　弋阳留守儿童的成长驿站

弋阳县曹溪小学　陈志岳

新华社南昌1月24日电(记者沈洋)学校放假了,父母还没回家,很多留守儿童的寒假只能在等待父母回家中度过。不过,因为有了互助学习小组,地处江西东北部的弋阳县很多留守儿童这个寒假过得愉快。

“快起床,我们的小组学习就要开始了。”早上,弋阳县曹溪镇横桥村的邵文杰小朋友在小组长余月华的喊声中醒来。

收拾书本、作业本后,邵文杰到余月华家,在余月华母亲照看下,与小伙伴一起学习、一起游戏。

“留守儿童的快乐成长离不开学校、家庭、社会的共同关心与教育。”弋阳县家校合作协会会长周立军说,为此他们倡导建立互助学习小组,采取由在家的家长帮助看管,留守儿童自愿参加,教师入村指导的方式运行,不收取费用。

邵文杰是小学四年级学生,父母都在外地务工。他说,以前寒假一个人在家很孤独。现在好了,和小朋友在一起,很开心。

“等我爸妈回来,我也要把学习小组请到我家里去。”邵文杰说,“我要让爸爸给我买好多精彩的书籍和小朋友一起分享。”

同样因为设立互助学习小组，弋阳县圭峰镇中屋村的吴子浩小朋友家里每天都很热闹，村里的好几名留守儿童每天到他家和他一起做作业、一起玩耍，吴子浩的母亲张菊英照看这些孩子。

张菊英说，以前寒假里，儿子经常出去玩电子游戏，甚至打老虎机，花钱不说，还染上恶习。现在，有这么多孩子和儿子一起学习、游戏，寒假生活健康积极，还不花钱。

据弋阳县教育局统计，这样的寒假互助学习小组在弋阳县乡村已经成立了200多个，每一个活动点上，还会有学校老师和村干部一起去指导、巡查。

这是新华社一则不足600字的报道，短短几天浏览量就达50多万次，被众多主流媒体转载，评论跟帖上万人次。江西弋阳，一个中部的欠发达县，缘何得到这么多主流媒体和公众的关注？其中的关键词，就在于留守、假期、互助。留守儿童的教育和关爱，伴随着农村务工大军向城市的迁徙和进发，留守儿童安全伤亡事故的频发，成长过程中的缺憾和伤害，就成为中国社会转型时期挥之不去的痛点。江西省弋阳县近年来在县域推进家校合作，改变区域教育生态，提出“以良好的校风影响家风改变民风”的教育愿景，探索出了县域教育综合改革的一条新路子。其中，校外互助小组就是弋阳县教育系列综合改革的一条蹊径，被弋阳的学校、家庭和社区打造成弋阳留守儿童的成长新驿站，互助大家庭。

以前一到周末或者假期，对父母在外务工的留守孩子们而言，就像是身心的放逐，没有老师的叮咛和约束，脱离学校纪律规矩的樊笼，三五成群，上山下河，毫无节制，五加二等于零的无奈让老师们忧心忡忡，由此引发的安全事故更是让人揪心。弋阳县各中小学在推进家校合作过程中，意识到了这一问题。经过老师和家长的沟通、讨论。部分学校开始把学校的小组合作制学习延伸到周末，拓展进学生家庭和社区。曹溪镇横桥小学率先建立了周末学习小组，陶湾学校把周末互助小组全校推进，葛溪中心小学把周末互助小组制度化、常态化。

一时之间全县校外互助小组如雨后春笋，纷纷涌现。据不完全统计，目前弋阳县各级各类学校的周末互助小组已经有一千多个，周末假期始终坚持运行，成为弋阳县城乡村落社区的一道特殊风景。

弋阳县校外互助小组采取学校指导，家长志愿者组织实施，按照就近构建的原则，一个村的留守儿童组成一个或多个小组。定时集合在家长志愿者家里，由家长志愿者负责看护。学校在指导校外互助小组构建的时候，会根据小组的孩子们的性格特点进行分工，纪律组长、学习组长、卫生组长、活动组长等配置到位，并要求每次小组活动都要做好记录，进行评价，学校会定期对校外互助小组进行考核，考核组员、考核家长志愿者、考核指导老师。如葛溪中心小学每个校外互助小组都在醒目位置挂牌，樟树墩学校对那些热心负责的家长志愿者授予“香樟妈妈”的牌匾。

呼朋唤友是孩子们的天性，校外互助小组给孩子们提供了一个周末和假期也可以交流互动的平台，得到了孩子们的喜欢。孩子们在校外互助小组，可以学习、阅读，也可以玩耍、游戏，开展体育和文艺娱乐活动。通过校外互助小组活动，与伙伴一起快乐成长。又排除了单独过周末的寂寞，还消除了潜在的安全隐患。周末互助，成为弋阳城乡留守儿童的成长新驿站。

组织校外互助小组的最重要的力量，来自弋阳各村落社区的家长志愿者，对能够得到学校的认可和信任，为乡里乡亲的孩子能够提供一些力所能及的帮助，同时也为自己的孩子找到同伴，感觉非常的乐意。横桥小学余月华同学的妈妈，就经常为在她家的校外互助小组的孩子们买上包子馒头和水果，热情款待让孩子们直呼受不了。通过这些散见于弋阳城市乡村的大大小小的校外互助小组，一张由学校、家长、社区共同编织的教育和关爱之网覆盖了弋阳的留守儿童。有了校外互助小组，很多村里的邻里关系都密切和睦了不少。很多在外面务工的家长，会打电话给自己孩子所在的校外互助家长志愿者，向她们表示感谢，过年过节回来还会买点礼品，像走亲戚一样。还有的房前屋后的邻居，以前可能有些矛盾和疙瘩，现在因为孩子们，因为校外互助小组，又再度有了笑脸和欢声。

弋阳县校外互助小组的推进和建设，学校和老师们是其中不可或缺的力量。葛溪中学每个周末都会安排老师和校外互助小组共度周末。老师们带上自己的孩子，去往不同的村庄，炒上几个拿手菜，和孩子们一起包饺子，做清明果，既是休闲，也是关爱。很多学校的老师们，会定期到不同小组，指导巡查，帮助孩子们答疑解惑。弋阳县教体局领导和机关干部，也经常去往校外互助小组看望孩子们，看望家长志愿者。弋阳县各乡镇镇村干部，两代表一委员，也经常与学校校长老师一起，到互助小组慰问探访。

“人民教育人民办，办人民满意的教育，首先要办人民参与的教育”，弋阳县教体局局长方华如是说，弋阳县校外互助小组，正是弋阳县人民参与教育的一个缩影。弋阳县教育生活的每一个枝端末节，都有人民群众的身影。家长大课堂，父母讲坛，家长志愿者，家长委员会，县域推进的家校合作，学校重大事项的决策，都离不开家长的参与。弋阳县把家长、社会的参与作为学校多元治理结构的重要组成部分，提出教育应该依靠人民，服务人民，让人民享受教育的红利和成果。校外互助小组，正是基于教育的公益功德立场。为留守学生的关爱，搭建留守孩子的成长驿站，弋阳教育人，始终在努力。

巧解玲珑棋局　薄弱学校的美丽蜕变

弋阳县曹溪镇中心小学　陈志岳

家校合作是何为,有何作为?怎么作为?

江西省弋阳县朱坑中心小学用实践例证,通过有广度有深度有宽度的全方位立体的家校合作,能够营造区域教育的良好氛围,最终改变教育生态。而这一切,最终目的依然要回归到教育人、发展人、成全人的原点,回归到为学生健康成长创设适宜的环境。合作只是我们实现大教育观的策略和路径之一。我们试图通过研究一所农村薄弱校,如何选择家校合作这一突破口,把学校管理和发展的困局,最终通过家校合作这一路径,从而实现学校整体办学水平的提升。

一所学校的张力有多深远,取决于学校教师团队的目光有多深邃。学校,究竟为谁而存在?学校,究竟因谁而美丽?弋阳县朱坑中心小学用自己的探索和努力,怀揣理想,在教育的路上前行,实现了由薄弱学校向优质学校的美丽蜕变。

一、困局

2012 年 9 月,又是开学季,火辣的阳光打在身上令人焦灼。丁文福校长来

到他履新的朱坑镇中心小学，却怎么也高兴不起来，他心事重重，眉头紧锁。才刚刚到任，召集行政班子和村完小校长碰头，三四个校长提出干不了。“不想干了!”朱坑镇最偏远的上童完小童文帅校长两手一摊说：“学校就他孤家寡人一个，这学怎么开？这课怎么上？”

朱坑镇是弋阳县与横峰县铅山县交界的农村乡镇，距离县城13公里，经济社会发展落后，民风彪悍，动辄上访闹事。朱坑中心小学下辖9所村完小，办学条件落后，教学设施陈旧。即使是中心小学本部，也就是一栋十年前修建的教学楼和一栋二层的简易办公用房，在空荡荡的校园相对而立，中间则是荒草丛生的泥巴地，操场是晴天一身灰，雨天一身泥。教师年龄结构偏大，职业倦怠严重。由于大部分老师都居住在县城，早出晚归，一心挂两头，教育教学质量停滞不前，生源流失严重，家长怨声载道，党委政府也对学校工作颇有微词。几乎所有薄弱学校具备的困境和窘迫，都可以在朱坑中心小学寻找到对应特征。

作为一位经验丰富的老校长，面对诸多困难，丁文福校长通过苦口婆心的做工作，总算勉强的把开学工作做起来了。面对风雨飘摇的工作局面，朱坑小学未来发展的道路在何方？丁文福校长和新组阁的行政会班子开始了探索和思考。

二、破局

一场场司空见惯的争吵总是打破校园的沉寂而又归于宁静。

家长和老师的口水仗似乎是朱坑小学见怪不怪的家常便饭，而这一次，年轻的刘海燕老师却委屈得号啕大哭，因为她已经很周到细致地处理了两个女同学之间的小纠纷，却遭遇了一个女孩子的家长不分青红皂白的辱骂，最后还被踢了一脚，老师们群情激奋，家长却犹自忿忿不平。一边是老师的委屈，一边是家长的误解，层出不穷的摩擦，究竟根源在哪里？在经过对事件的严肃处理，批评教育了闹事的家长，安抚了老师以后，学校行政班子对家长与老师，家长与学校之间的隔膜和鸿沟进行了反思。由于不了解导致了不理解，由于不理解造成了各种误解，由于各种误解滋生出来的负面情绪，更是派生出各种纠缠吵闹，这是朱坑小学家校之间的阻隔，更是很多学校普遍存在的困顿。

每一朵乌云的背后都会有阳光，没有彷徨和退缩，经过抽丝剥茧的思索和整理，如何在夹缝中艰难的站立，并且走出自己的沧桑正道，朱坑小学在努力谋求和寻找自己的切入之道，一场家校合作的春风似乎让这一探索的过程突然变得豁然开朗起来。

2013 年 5 月，长期致力于家校合作实践研究的方华就任弋阳县教体局局长。在省教科所家校合作研究中心的指导下，弋阳县决定县域推进家校合作的实践研究。方华局长亲自做了全县小学、初中、高中和幼儿园四个家校共育研讨会专场讲座，在全县掀起了关注教育热议教育的热潮。朱坑小学通过对传统家校合作工作的反思，以及对当下社会、家庭对教育的期待，朱坑小学决定开展以“课外访千家”为突破口，走进学生家庭，走进学生心灵，把朱坑小学所有教育人的思想和理念传播进千家万户。全镇发动所有村完小教师通过对朱坑镇全镇 1600 多户的学生家庭进行走访，了解学生在家庭的生活状况，学习环境和行为习惯，向家长传授家庭教育方法。

忽如一夜东风来，千树万树梨花开，朱坑中心小学主动出击，放下身段走近家长，收获的是家长的理解和赞赏，在朱坑镇社会上引起强烈反响。学校的工作好做多了，骂骂咧咧到学校的家长少了，老师的笑容更温暖了，孩子们的眼神更明亮了，全社会对学校的关注更多了。随着“课外访千家”活动的推进，上童爱心助教基金会成立了，首次募集启动资金 41 万元，还建立了长效的资金补充机制，每年都从基金支出 8 万元，主要用于奖励优秀教师和优秀学生，扶助困难教师和困难学生。朱坑镇党委、政府出面召开全镇服务教育、提升质量推进家校合作动员会，号召举全镇之力，兴朱坑教育，构建社区、学校、家庭三位一体育人网络。会议结束后镇党委、政府当场决定出资 8 万元为中心小学解决校门口

水泥路面硬化工程。童氏宗亲会为西童完小送来善款1.2万元，用于改善办公条件，长源村委会几位热心人士也在筹划成立助教基金会，朱坑镇全社会关注教育、关心教育、关爱教育的善举正蔚然成风。

怀揣理想上路，比理想更高的境界是追求，比追求更高的境界是践行。经过对“课外访千家”活动搜集的基础资料进行整理分析，朱坑小学决定重点关爱家庭贫困学生、学习困难学生、单亲及父母双亡家庭学生、留守儿童、随班就读残疾儿童等六类学生的学习生活，重点关注家庭条件特别优越学生、学习成绩特别优秀学生的引导教育。建立了相关的档案，并制定了加强重点关注学生教育的工作方案。通过关爱六类学生的行动，实施成长导师责任制，部分学困生转化明显，进步很大。如中心小学三(2)班林心雨同学，学习习惯不好，丢三落四，学习成绩较差，在班主任蔡响龙提名她担任文艺委员的时候，受到全班同学奚落和不满。蔡响龙老师在面对同学的质疑时选择了鼓励和信任，通过家访，了解到林心雨在家比较受溺爱，父母均在家务农。蔡老师和林心雨的父亲多次交流，提出了家庭教育的建议，在班级中也适当关注，并利用林心雨同学担任文艺委员服务班级的契机，对学习上也提出了期待和要求。林心雨同学在老师和家长的双重关注下，自信心增强了，学习努力了，学习态度端正了，学习成绩进步很大，现在已经步入了优生的行列。上童完小二年级学生谢佳玉，父母均外出务工，寄居在爷爷奶奶家里，放学后基本上就是沉溺于电视剧，休息时间不规律，学习习惯和生活习惯都不好，每次考试成绩都在30分以下。班主任黄柏生去年9月由中心小学到上童完小支教，谢佳玉同学的表现引起了他的关注。在课外访千家活动中，和谢佳玉的爷爷奶奶进行了沟通交流，让他们为谢佳玉安排一个独立的学习房间，控制她看电视剧的时间，养成按时作息的习惯。然后利用教师叶丽霞和谢佳玉爷爷奶奶是邻居的便利条件，随时给予关注和督促。谢佳玉的进步也非常明显，现在语文数学都能考及格了，字也写得端正整洁了。还有中心小学五(2)班的王文静同学，父母外出和祖父母同住，学习态度很不认真，喜欢吃零食，和同学相处不和谐。其祖母曾经到学校反映她不听话，脾气执拗，经常顶嘴。班主任杨晶老师通过家访，当祖父母的面和王文静谈心，谈学习、谈理想、谈尊重长辈，同时也让王文静的祖父母信任她，理解她，关心她。平时老师还经常与王文静的祖父母保持联系，对她取得的点滴进步都及时反馈。目前王文静同学的转变简直是焕然一新，自信、爽朗、率真。学习成绩也进步非常大。这样的事例这样的变化在朱坑中心小学每一所村完小每一个班级都时常涌现，让每一张童真的笑脸都如花绽放，让每一颗心灵都璀璨发光。当我们用心做教育，做真教育，真做教育的时候，当我们怀揣理想上路，用行动注脚，在教育和爱的路上，我们一个都不能少。

在关注学生整体成长发展同时，特别关注学生的精神生活质量与个性化学习需要。通过“课外访千家”活动，了解到很多学生在行为习惯的养成教育方面存在缺陷，没有礼貌，举止不得体，语言不文明，不尊重长辈等。朱坑小学针对这一情况，展开了专题研究，决定开设以文明礼仪、行为规范为主要内容的校本课程。编撰了《朱坑小学文明礼仪行为规范养成教育读本》，安排了专门教师，规定了课时，对学生进行家庭礼仪、操会礼仪、生活礼仪、就餐礼仪、出行礼仪及生活规范、学习规范和行为规范等教育。还整理和收集了重点关爱学生和重点关注学生档案，争取社会力量的支持，开展了留守女童的资助关爱工作。

三、新局

世事如棋局局新，学校工作更是如此。

在推进家校合作走出去战略继续稳固夯实的同时，朱坑小学又开始了请进来步骤，开展“千名家长看学校”活动。通过发放邀请函，把家长请进学校，邀请家长走进学校，走进班级和课堂，了解自己的子女在学校的学习生活情况，观摩教师课堂教学，并下发问卷调查表，征集家长对学校的意见和建议。邀请家长参与学校各项活动，参加监考，参与值日，担任活动评委。学校连年举行家校合作心连心文艺会演，乡镇领导、老师、学生、家长同台演出，其乐融融。通过一系列的举措，把家长引为孩子教育的合伙人，家校合作，只为孩子变得更好，家长参加不看戏，参与愿出力，学校和家庭真正成了自己人。

为了实现用良好的校风影响家风改变民风的教育愿景，为孩子营造良好的成长环境，朱坑中心小学决定纵深挺进家校合作工作，把教育的触角延伸进学生的家庭，开展了朱坑镇“最美育人家庭”的评选。成立了以朱坑镇党委书记叶身文为组长、纪委书记纪福辉为副组长、丁文福校长为常务副组长、各村委会书记、学校行政班子成员、各村完小校长为成员的领导小组。同时，各村完小成立由村委会书记为组长、校长为副组长、家长代表、教师代表、学生代表为成员的考核小组。制定了相应的考核标准，由家庭自主申报，考核小组组织上门考核，分为村级和镇级两个层面评选最美育人家庭。

活动一启动，家长参与热情高涨，全镇一共有 400 多户家庭报名参与评选。考核组成员利用休息时间来到每个申报家庭了解情况，仔细询问观察家庭情况，得到了家长的热情接待，镇纪委书记纪福辉和我们一同走访了本部的 10 余个家庭，他每到一处都感触很深，并对这些家庭给予很大的希望和鼓励，告诫他们一定要加强对子女的教育，要做到模范带头作用，要进一步加强家校之间的沟通和联系，希望在他们的帮助和带动下，能够影响周围的家庭向健康方面发展。更难能可贵的是，中心小学本部有一个家庭，因为自己对照有一项指标不达标(有麻将机)，家长立马将麻将机封存起来，并表示今后将不会存在这种现象。还有四(2)班杨婧妍家庭，为了孩子读书，父母放弃了外出赚钱的机会，他们为孩子备了专门书房、购买了大量的书籍，妈妈每天还必须陪孩子一起看书，并陪孩子一起写日记，还把自己写的日记在孩子班上的微信群里和家长们一同分享，得到家长的赞许，起到了很好的教育作用。

最美育人家庭评选结束后，很多家庭观念发生改变，家校联系越来越频繁，家长对学校的工作越来越支持，家长对子女的关心程度越来越高，6 月中旬，四

(2)班一个姓朱的家长主动和班主任联系,有意向班级捐赠100元钱,用于奖励班上学习成绩好及各方面表现优异的学生,因为他想通过这种方式去激励自己的孩子去争取这方面的奖励,以达到提高的目的。班主任蔡响龙老师第一时间对他的想法表示很赞同,并希望他在微信群里说一说自己的想法,看看大家怎么看,这个话题抛出来以后,群里的家长纷纷发表意见和建议,表示不仅仅是奖励成绩优秀的学生,还可以奖励其他表现突出的学生,可以对班上的教学实施进行更新,对老师进行奖励,大家一致表示尽自己所能,为班级捐款捐物,短短几天,就自动为班级捐款3000余元,由班级家委会成员最美育人家庭吴安邦的家长负责管理。

为了使最美育人家庭能发挥更大的作用,暑假放假前夕,各学校召开了本校的最美育人家庭成员座谈会,并邀请了村委会成员,家长代表、教师代表共同参加,在座谈会上,他们对当选最美育人家庭谈了感受,并表示将尽最大的努力和最大的能力提升自己,做好家校合作工作,对如何教育子女,如何做好一个合格的家长,如何在家校合作中做好自己的工作等方面交换了经验和做法,并对学校工作提出了自己的意见和建议。他们希望农村小学也能开展多种形式的课外活动,德智体美劳等方面全面发展,让孩子在学校里能快乐学习、快乐生活。这些家庭肯定能发挥作用,带动和影响周围的家庭,以促使家校合作工作的健康发展,真正做到以校风影响家风改变民风。

四、绝非结局

怀揣理想上路,憧憬美丽前行,在教育和爱的路上,我们不让一个孩子掉队。教育是一段很长的征程,学校时期的影响将会是伴随孩子一生成长的烙印。

现在信步走在朱坑中心小学的任何一所村完小,焕然一新的学校面貌,悠然雅致的校园布局,各具特色文化气息,都让来访的领导,嘉宾和家长感到满意和认同。朱坑中心小学连续接待了来自山西晋城、河南洛阳、山东滨州，以及江西萍乡、永丰、宁都、万年、铅山的教育考察团，他们在了解到朱坑小学在推进家校合作工作以来发生的美丽蜕变，由困局到破局进而到今天的新局，都表示出极大的赞赏和惊羡，用他们的话来说，就是朱坑中心小学硬件不算硬，但软件绝对不软，在经济发展相对落后的农村乡镇，能够呈现出这样良好的教育生态，能够迸发出这样的生长热情，朱坑中心小学未来发展的道路无限宽广。

丁文福校长总是说，一个学校的校长，应该是一个天生的理想主义者，是一个仁者，一个智者，一个乐者，一个行者。一所理想的学校，则应该是文化的殿堂，是希望的火种、是爱的热力，是美的花园，是善的源泉。蝴蝶飞不过沧海，是因为彼岸已经没有了期待。让教师和学生过一种幸福而完整的教育生活，我们怀揣理想上路，希望就在不远处，坚持和坚守是穿越沧海的风帆。朱坑中心小学正沿着这样的追求，怀揣理想上路，渐行渐远……

这绝非就是结局，因为还有更美好的风景，就在不远处。

政府、学校和社区立体推进家校合作

弋阳县朱坑镇中心小学 丁文福

四年以来，弋阳县教体局在全县范围内切实推进家校合作工作，我校积极探索农村学校家校合作工作，全面、持续推进家校合作，构建学校、社区、家庭三位一体的育人网络，促进乡村教育的健康发展。

在家校合作的框架下，学校管理、教学质量已有明显提升，学校良好校风、教风、学风渐趋形成，为学校的下一步发展打下了坚实的基础。

一、政府推动——家校合作工作

我校积极争取上级领导的关心和支持，同时也得到了朱坑镇党委和政府的认同。2014 年 3 月 20 日，朱坑镇党委政府召集全镇企事业单位召开了朱坑镇服务教育提升质量推进家校合作动员会，号召以全镇之力兴朱坑教育，构建学校、社区、家庭三位一体的育人网络。同年 5 月，我校举办了第一届“家校合作心连心 六一文艺会演”。2015 年 3 月，我们开展了“最美育人家庭”的评选。在全镇成立最美家庭系列评比活动领导小组，组长由镇党委叶身文书记担任，各村委会书记、中心小学行政班子成员、村完小校长、家长代表、学生代表为成员的领导和考核小组，在全镇共评选产生了23户全镇“最美育人家庭”，113户村级“最美育人家庭”。2015年5月在我镇举办的第二届庆“六一”家校合作心连心文艺会演，为“最美育人家庭”举行了隆重的颁奖授牌仪式，赠送每一户“最美育人家庭”十余本课外书籍。还邀请“最美育人家庭”家长召开座谈会，交流育人方法，为学校建设积极献言献策，畅谈“最美育人家庭”评选感受，为下一届“最美育人家庭”评选提出可持续发展的意见和建议！

2016年5月，我们又成功开展了“第二届最美育人家庭”的评选。

在“最美育人家庭”的评选过程中，全镇各村、学校都涌现了许许多多感人的事例，尊师重教、为教育办实事，重视读书等在全镇形成了浓厚的氛围。真正实现了方华局长所提倡的“以良好的校风影响家风，改变民风”。在这里跟大家分享“麻将房变书房”的故事：

2014年5月，弋阳县朱坑中心小学开展“最美育人家庭”评选活动，学校组织了以朱坑镇纪委书记、校长、村委会书记、教师代表、家长代表、学生代表等组成的考核评审小组对申报的近200户家庭进行走访考核，杨婧妍家庭是考核组走访的其中一位家庭。

考核组走访中得知，杨婧妍是朱坑中心小学五(2)班的一名女学生，她懂事、乖巧，爱阅读、成绩也好。这项评选活动启动时，班主任老师动员她申报。但，她说不想申报。班主任几次问她原因时，本来欢快的小婧妍总是低头不语。有一次被老师问急了，她就轻声回了句：“我其实也想得奖，但我妈妈天天打麻将，我家评不上的…”最后的声音只有她自己才能听见。

班主任第二天利用课间来到她家走访，没进门就听到麻将声。看到老师来了，杨妈妈立刻起身与老师寒暄了几句。老师都还没切入正题，杨妈妈就在三位麻友不满的眼神催促下，带着丁点对老师和麻友们的双重歉意又回到麻将桌上。

看来，杨婧妍同学说的是真的。

第二天上午，班主任老师再次来到杨婧妍同学家，遇上正要出门的杨妈妈和杨爸爸。这次班主任和他们有了一次长谈。

受到老师点拨、丈夫批评之后的杨妈妈感受到了班主任良苦用心，特别是当老师把小婧妍的原话复述给她听的时候，杨妈妈眼泪下来了。

后来，班主任从杨婧妍同学口中得知，杨妈妈现在基本不打麻将了，有空闲时还会陪她一起看书，心情好的时候还讲故事给她听，家里买了好多书，麻将桌也送人了。杨妈妈把麻将室布置成了书房，麻将桌换成了书桌。

就在考核组去她家之前，学校组织了家校合作亲子朗诵比赛中，杨婧妍母女俩荣获了一等奖。考核评审时，杨靖妍家庭在各项指标考核中名列全镇入围家庭第一，光荣当选。领奖时，母女都笑了，邻居们也说杨妈妈变了。

二、学校推进——家校合作工作

朱坑小学的家校合作工作坚持“走出去，送家庭教育的方法和理论到千家万户；请进来，动员家长参与到学校教育教学工作管理中去；形成合力，家校合作结硕果，为孩子的成长成才打造良好氛围”这样一个三步走的战略，开展系列活动。

一方面，我校编印了“课外访千家”工作手册，从设计活动方案、家长培训材料、活动计划、家访进度表、家访记录表等内容。由教师每走访一户学生家庭进行登记、宣讲和交流。由于活动组织有力，行动有序，在本地引起强烈反响，社会各界都认为多年没有看到的好传统又回来了。家长们的热情也让参与“课外访千家”走访活动的教师深受教育。

另一方面，每学期在全镇小学开展“千名家长看学校”等活动，邀请家长走进学校，走进班级和课堂，了解自己的子女在学校的学习生活情况，观摩教师课堂教学，并下发问卷调查表，征集家长对学校的意见和建议。通过千名家长看学校活动，让家长看学校的校容校貌，看学校的文化建设，看学校的办学条件的逐步改善，看学生的作业作品，参与子女所在班级的主题班会，使家长对学校的工作更加认可和支持。

三、社区推进——家校合作工作

“课外访千家”活动走村进户，使得朱坑当地的一些成功人士也更加关注教育、关心学校发展。特别是上童小学，由于地处偏远，学校的办学条件相对落后，教学设施陈旧。当地村民在与我校参加课外访千家活动的教师走访过程中，提出为学校设立助教基金的设想。2014 年 1 月 23 日，朱坑镇上童爱心助教基金会正式成立，当地社会贤达、成功人士以及普通村民都积极为该基金会踊跃捐款，现场募集善款 41 万元，每年农历正月初三，上童爱心助教基金会都要举行年会，并进行捐助，2015 至 2017 三届年会以来，共募集资金 18 万多元，截至 2017 年 2 月，累计募集 59 万元，形成长效补充机制。学校利用这些资金，专项用于奖励优秀师生，扶助贫困师生，奖教奖学，每年获奖多的教师可达近万元，极大地激发了学生学习和教师的教学热情。

目前朱坑镇各学校都积极行动起来，许多小学都有爱心人士的捐款和捐物，爱心助教已成我镇新的社会风尚。2016 年 2 月 4 日，荷塘教育发展促进会成立，募集善款 61700 元；2016 年 2 月 17 日，农历正月十七，下琬教育发展促进会成立，募集善款 30580 元……

随着我校家校合作工作不断走向纵深，家长们深入参与学校活动、家长教育，学校志愿服务乃至学校教学管理中来，发挥了不可替代的作用。

教育从学校走进家庭，走进社会，走进学生的心灵、老师的心灵、家长的心灵，成为他们生活的一部分。我们坚信教育的文化功能和对灵魂的铸造功能充分地融合起来，会影响一个人一生的价值定向。

朱坑中心小学的工作只是弋阳县各级各类学校工作的一个剪影，但是我们会不断坚持和努力，在实践中创新，在创新中积淀，把家校合作作为推进学校全面工作的突破口，为学生终生幸福的基础创设良好的育人氛围。

进千家门 访千家情

弋阳县谢叠山学校 贾文

有这样一个真实的故事:我校二年级学生黄佳琪,一家共七口人,奶奶80岁,父亲是残疾,母亲是精神病,叔叔既是残疾又是精神病,哥哥读四年级,妹妹读幼儿园(且也是精神病)。一家子老弱病残疯,是什么原因导致这家人变成这样呢?据80岁奶奶的介绍,她生了两个儿子,由于大儿子是残疾,所以当年取了个来自外省的疯女人进门,生了两个孙子一个孙女,而孙女不仅气管炎而且也遗传了其母亲的精神病;小儿子小时候因发高烧把脑子烧坏了,现在也有精神病。等于说一家七口人有三个人是精神病,而且只有大儿子这个残疾人士是家中唯一的劳动力。他家现在住的房子是租用别人家二十世纪几十年前的旧瓦房,门窗都是木头,屋顶有多处漏洞,下雨时要用各种器皿装水。家中只有电风扇、电灯、电筒、电饭煲等几样简单的家用电器。家庭收入十分微薄、家庭环境极其恶劣、家庭条件特别困难。

在整个家访过程中,两个孩子一言不发,在学校的学习成绩也不是很好,而且爱打架。这让我不禁在心里默默地替他们感到难受,从小生活在这样的家庭中是不是非常自卑呢?他们可能像含羞草,又像刺猬,不敢表现自己,更害怕与人亲近,所以总像根尖锐的刺一样对着身边的人,他们的内心应该是极度空虚而落寞的，因为没有正常的父母给予他们温暖，没有体验过快乐的童年，没有好的生活和学习条件，这些因素导致他们发育不良，与同龄人相比缺乏灵性；没有足够的关心和爱护，不懂得珍惜和分享……他们同样是孩子，与同龄人相比，显得多么的不公啊！我在返程途中一直揪着心，为他们的将来担忧。也许在他们这样的家庭，教育出“高才生”很难，他们没有钱也没有好的环境，一切都要靠他们自己。都说“寒门出孝子”，我只希望他们能成为在家懂事、在校听话的好孩子，在我们老师的正确引导下，将来做一个对家庭负责、对社会有用的普通人就行了。绝不是只知道嫌弃自己的家庭条件的爱慕虚荣之人，最后走上厌恶社会甚至想要报复社会的危险分子。这类孩子真的需要更多的关注度，他们的成长道路从出生那一刻起就注定是坎坷不平的，这是造化弄人也是命运不公。我们作为老师，也作为社会的一分子，能做的虽然不多，但还是可以多多少少地改变他们的思想，从各个方面去关心和引导，花更多的时间去鼓励和陪伴。

在此次家访之前，学校做了访前方案与动员会，考虑学生分散、安全等因素，学校成立了以行政领导为组长的八个家访小组，并结合教师特点、科学结构等合理地把教师分配到各小组。活动最后，根据家访过程、了解的情况、达到的成效等方面进行小组竞赛制汇报，以充分鼓动教师工作的积极性。家访前期，制定了翔实的活动计划，各班班主任收集学生信息及调查大致家庭情况（如：是否单亲？是否留守?）。通过积极宣传动员和培训，明确活动要求，大大提高了教师对家访工作的认识。结合学校实情，对近千名学生进行了普访，重点对留守儿童、单亲家庭儿童、家庭贫困生、学优生、学困生等就进行重点走访。

在家访中，我们除了从家庭基本情况和在家与在校表现针对性地了解学生外，同时向家长介绍我校的办学特色与理念，宣传讲解安全教育、德育教育、养成教育的知识与重要性。

夜访的老师每每都到晚上 9 点多才回校。为了更好地发挥家访的作用，家访结束后，教师会立即写下家访心得，以记录发现的故事，并通过认真的分析从中总结出教育的方式方法或是悟出教育真谛。天公有时并不作美，夜访中，还会下起倾盆大雨,但所有的一切都阻止不了我校教师家访的脚步和深入了解学生迫切的心。各小组在校领导的带头下积极参与深入调研,在合理分工下,详细记录,获得了珍贵的资料。

学校在家访中的所作所为,不但改变了学生,改变了错误的家庭教育,更是深深触动着家长们,感动着叠山人民。因而每每家访都受到了家长们的热情接待,这与三年前学校去家访相比,家长们的态度发生了翻天覆地的变化。之前家长忙于打麻将或家里的琐事,对老师家访非常漠视,不会像现在这样早早准备茶水和水果,不会早早在家门口等待老师的光临,更不会像现在一样下去家访引起左邻右舍的围观和称赞。叠山学校的良好形象也由此深深扎进当地人民的心中,良好的校风影响家风改变民风正悄然在我们周围形成。

访后的跟进,才是家访的重中之重,我们把发现的问题进行诊断与剖析,制订可行的方案。在黄佳琪家访回来后,我及时将情况向当地村委会和镇里领导进行了汇报,现已经帮助他家申请五保户,也及时将情况向局里分管领导以及我们家校工作的领导汇报,各方都积极关注,县家校工作团队还将号召更多的家长为其捐款捐物。学校与校家长委员会也在积极筹备为其家捐款捐物,让其能够看上电视和一定的书,学校将其在校所有的代收费全部由学校承担。此次“北京爱心家园义工联”来我校调研,我们也将家访后贫困学生列出,让这些孩子有机会享受社会爱心人士及组织的帮助。每一个孩子就是一个故事,对不同的孩子我们有针对性的帮助与教育,我们与所有孩子约定我们下次还要继续家访以检测此次家访的优点与不足。我校还将召开隆重的家访总结会,每个小组都要将家访心得文章编订成册进行评比,还要用 ppt 进行家访工作汇报。所有教师、家长代表,局领导及县家校工作核心团队成员参加,为我们的工作出谋划策。

“进千家门　访千家情”系列家访活动我们还行走在路上,但我们坚信,只要我们用心用情真做教育,做真教育,那么偏远地区的教育一定也会山花满园。

家委会的权力边界

弋阳县圭峰初级中学　李庆红

近几年来，我们弋阳的家校合作做了大量的实践和探索，得到领导和专家的认可，引起了省教科所的关注，并把我县作为他们的试点县，增强了我们工作的信心，在专家的指导下，我县的家校合作工作正在向制度化、规范化迈进。

我校家委会成立之后，家长们工作热情高涨，家委会会长吴秋冬自当会长以来，天天坚持来校值日，一个学期下来，风雨无阻。他不计任何报酬，一心只为学校发展，他的亲朋好友对他的执着难以理解，甚至有些家长还认为他这么热心是拿了工资的，但他全然不顾，一如既往地为我校家校合作工作努力着、无私奉献着。他的事迹得到了省教育电视台的关注，并来我校采访和报道了他。

家委会运行之后，家长们为我们做了许多事情，如帮我们监考；帮我们查网吧；帮我们整顿校门口的小摊小贩；帮我们订购校服，帮我们接待来访家长；帮我们协调家长和学校的关系；帮我们管理问题学生。家校合作，让我们尝到了甜头。正当我们心里甜滋滋的时候，问题来了。到底出了什么问题？这还得从我们吴会长说起。

我们的吴会长自从省教育电视台采访之后，成了我们当地的“名人”，学校里大大小小的事情他都会去过问一下。比如:他经常会到教室对学生行为进行指点;甚至在老师上课的时候,他也会去管学生的坐姿;他会私自去处理一些学生的矛盾,有时候学生又不服他的管教,在处理过程中,不但问题没有得到很好的解决,反而他和学生之间又产生了新的矛盾;有时候,他会对老师的课堂、班主任的班级管理进行评价,这其中有些评价是中肯的,但有些是片面的,老师和学生开始抱怨了,认为我们的吴会长有点管过头了。而在他本人看来,他一心只为学校的发展,他没有错,他是在尽心尽力为学校的发展做事。我们农村的家长,他们的文化背景就决定了他们的行为方向,他们有热心,但不得法,稍不注意就容易过头,超越了他们权力的界限。所谓过错,过了界限就是错。

出了问题怎么办?继续合作还是放弃?正当我们苦恼的时候,恰好遇到江西省教科所专家来我校调研,给我们送来了一场及时雨,调研中专家肯定了我校家校合作工作所取得的成绩,赞赏了我校吴秋冬会长默默坚持、无私奉献的精神,同时也指出了我校家校合作工作中的不足及今后的努力方向。

目前像吴秋冬会长这样在校积极参加家校合作工作的家长,全国共两位,一位是我们吴秋冬会长,另一位是山东的家长。省教科所专家指出:请家长进校园并不是来做教师的本职工作,否则教师会产生消极的心理。我们农村的家长对教育的理解是有限的,家教方法比较简单,学校应加强对家长教育理论、方法的培训。家校合作应给家长的工作做好定位,让家长们明白:家长进学校是来为教师履行职责提供帮助的。

请家长来校参与管理存在一定的风险性。应在做好对家长们有效培训的前提下;在家长们充分信任、理解、支持学校领导管理能力的前提下;在来校参与决策的家长们能听从校领导的合理建议下;才可以请家长们进校园。

在学校里,吴会长多次表态,当好我的先锋,做好我的参谋。家长和学校的目标是一致的,一切为了孩子,这是我们合作的基础。他的出发点是好的,只是方法不当。我们应帮助他确定好工作的内容与范围,关键是划分好家长们的权力边界。

在解决这个问题上我采取了以下措施：

第一，积极沟通。联络感情，搞好家校关系，是我们开展工作的基础，只要我在学校，一定抽半个小时和吴会长进行沟通。我与他聊老师的课堂表现，聊班主任的管理，聊学生的行为，聊学校的困难，聊家长的困惑。当有不同意见时，我们求同存异。让家长们看到学校愿和他们共同管理学校、共促学校发展、共谋孩子幸福成长的真诚态度。如果有些问题我们没有看到，他发现了。我要求他及时向我们汇报，不要跨界去处理。有时他的想法难以落地，我就耐心地引导。沟通增进了彼此的了解和信任，沟通化解了我们之间的一些误解，沟通规划了我们的发展蓝图。

第二，准确定位。让家长的身影出现该出现的地方。吴会长天天来校值日，其精神令人感动。但他来校做的工作很繁杂，具体做什么工作，他自己也说不清楚，学校也没有和他协商过。这点我负有责任，因为是刚刚尝试运行家委会，我也是摸着石头过河。时间长了，他也觉得很累，而且吃力不讨好。我也经常开导他，慢慢的我发现是学校对他的工作没有做好定位，有些是家长们不必了解的，不该参与的，他也参与了进来，比如教学上对老师的评价，对问题学生的辅导，这些都需要较强的专业知识。因此，我和他协商，对他的工作内容进行了划分，并用制度规定下来。这样让他明白了每天来学校该干什么，不该干什么。渐渐地，老师和学生的抱怨少了。

第三，有效培训。我们学校留守儿童的比例达到了64.8%，大多是隔代教育，家庭教育比较薄弱，给我们学校教育带来了很大的压力。为了改变这一现状我们尽最大的力量去唤醒我们家长的家教意识，提高他们的家教能力，把他们的关注点吸引到孩子身上来，用科学的家教观来指导孩子的健康成长。为此，我们把家长会开到孩子父母的打工地，把家长学校办到村小组。

对家长们的培训，我们主要是开家长会、办家长学校和家访。为了不做少数人的游戏，我校对家长委员会的成员都进行了参与决策的培训，发动和培养更多的家长来校参与决策。如：我校在2016年3月成立“周末家长培训班”，请各班家长委员会成员到校来参加培训，并在四月初的清明小长假期间派出由学校行政领导带队，优秀班主任参加的七个小组奔赴圭峰镇各村进行“家长培训活动”，在活动中宣传我校的各项管理举措，并指导家长们有效地当好家长、来校值日、参与决策等。我校还在周末分期分批对学困生、中等生、优生的家长有针对性地进行培训。

家长参与管理是一个合作、互助的过程，是为了完成共同育人目标、分享教育观点和育人方法的过程，它不是不同教育理念持有者之间的权力斗争。和家长打交道如同交朋友，要以心交心，以诚相待，来不得半点虚假，这样才能赢得对方的信任。在此基础上，权力的分界就不是问题。

把家长会开到外省去

弋阳县圭峰镇初级中学 宣勇庆

2015年12月26日上午七点半，周末安静的义乌市稠州中学一下子变得热闹起来了。一辆大巴车缓缓地驶入校园，一车人有序地下车后，便有计划地忙碌起来了。有的在校门口悬挂横幅，有的在校门口迎接家长们，有的引导家长们有序地进入会场就座，有的在会场布置会场、调试音响广播设备，有的负责拍照与摄像。家长们一个个笑容满面地进入稠州中学，有的与班主任热情地问候与交谈；有的与一同来参加家长会的亲友亲切的聊天；有的大声地发出赞扬与感谢。这是在开展什么活动呀？一看横幅才知道这是江西省弋阳县圭峰镇初级中学第三次来义务开展“跨省家长会”活动。

为什么他们要到义务来召开家长会呢？现有学生932名，其中留守儿童有604名，占64.8%。外出打工的父母对这些留在家乡的子女无法履行监护的职责，80%的留守儿童是由祖父、母隔代监护和亲友临时监护，年事已高、文化素质较低的祖辈监护人基本没有能力辅导和监督孩子学习。相当一部分留守儿童对学习和生活缺乏热情，进取心、自觉性不强，有厌学倾向，部分留守儿童甚至产生“读书无用”的思想。由于缺少亲情关怀和应有的家庭教育，留守儿童在思想、行为和心理的成长过程中比较容易偏离正常轨道。父母远在千里之外，学校与家长沟通难。学生如果犯错误，只能通过电话，对学校来说“远水难解近渴”，而对学生来说“将在外，军令有所不受”，教育很难取得好的成效。

面对这种困境，原圭峰中学路光生校长根据弋阳县教体局方华局长提出的“以良好的校风影响家风改变民风”思想想道：教育需要家校合力，教育需要我们教育人的担当精神，教育需要我们主动积极的作为。基于这样的思考，路光生校长想到了到孩子务工地去开家长会。这项工作说起来容易，做起来却很难。它需要进行大量的调研，需要找到家长的集合点。

学校通过大量的问卷调查，了解到圭峰教育集团的家长们主要集中在义乌和浦江两地打工，所以学校就把开“跨省家长会”的地点选在了这两个地方。

开“跨省家长会”前圭峰中学的班主任们做了大量的准备工作，比如：让父母在义乌或浦江打工的孩子们给家长们写一封信并准备一个礼物。班主任们将留守儿童在校的生活、学习情况及他们对父母的祝福话语拍成视频，以便在“跨省家长会”上播放给家长们看。班主任们将留守儿童们在校的学习成绩情况与各方面表现情况梳理准备好，以便在“跨省家长会”现场向各位家长进行汇报与交流。请部分优秀班主任就如何当好家长、如何开展有效的家庭教育等问题做好发言准备。

2013～2014 年两次“跨省家长会”都取得了良好的效果，家长们非常感谢班主任们的良苦用心与不辞辛劳，也充分地认识到家庭教育对孩子成长的重要，还了解到孩子们对父爱、母爱的渴望。鉴于此，圭峰中学新任校长——李庆红，创新了第三次“跨省家长会”。他不但邀请了弋阳省“家校合作委员会”的观察团，还邀请了圭峰镇办公室李汉院主任及圭峰中学“家长委员会”吴秋冬会长与学生代表洪雨珊同学一同前往。李校长希望让“跨省家长会”效益最大化；希望“家校合作委员会”的核心团队成员们给“跨省家长会”提出一些好的建议和意见；希望“家校合作委员会”的核心团队成员将圭峰中学好的作法在全县进行宣传与推广;希望让圭峰镇的知名人士和爱心人士了解圭峰中学的教育,从而达到支持和帮助教育工作的目的。

在第三次"跨省家长会"上,有的家长从杭州赶来参加,有的家长带病参加。有一位家长真诚地说:"你们老师大老远从家里赶来给我们开会,我们还有什么理由不来!"。家长们都非常认真地观看了班主任们录制的视频,当看到自己子女在校的生活、学习画面时都非常开心;当听到孩子们的问候与祝福时,家长们都露出了欣慰的笑脸,有的家长忍不住落泪了;当家长们听到那一声声"爸爸,我爱你!妈妈,我爱你!爸爸妈妈,你们辛苦了!我想你们了!天冷了,请注意多穿衣服,别感冒了!我在学校会努力学习的,请别担心!"时,大家的心中都充满了感动与幸福!

"跨省家长会"的最后一项活动是家长们与各班主任自由交流、合影。当各位班主任给家长们送上孩子们的信时,家长们都迫不及待地展开细读。当家长们收到孩子们送去的礼物时,都非常开心。有个家长收到了一个"平安果",他开心地大口吃着,并幸福地笑着说:"真甜!"送完信与礼物后,家长们也请班主任给自己的子女捎去了礼物。各位班主任与家长们进行了亲切的交谈,家长们不仅关心孩子的成绩,更关心孩子在校是否快乐成长。愉快的交流总让人感觉时间短暂,早就过了交流的预计时间,但家长们久久不肯离去,义乌、浦江两个会场都是如此。

为了让学生们看看他们父母在外务工情况,第二天,李庆红校长带着部分班主任赴部分家长的务工地拍摄了家长们的工作情况,准备回来带给孩子看。

圭峰中学通过三次"跨省家长会",唤醒了家长们的责任意识,把他们的关注点吸引到了孩子身上来了。能回来的家长都尽量回来带孩子,学校也为他们提供了食堂和小店的服务岗位。据粗略统计今年有十四位家长回来带小孩,其中有两位在学校工勤岗位上班。不能回来的家长与孩子通话的次数明显增多了。班主任们通过"跨省家长会",看到了家长们的不易,也感受到了家长的无奈。班主任们更加认真用心去爱学生了，对待不听话的留守儿童时更加耐心了。八(4)班吴佳丽同学原来是留守儿童，她妈妈回来后成绩进步很快，性格也开朗了起来，还当上了班长。

江西省弋阳县圭峰中学的用心交流与真诚沟通，温暖了弋阳乡村数百个家庭。“跨省家长会”创新了家校合作的形式，改变了弋阳教育的生态，给相隔千里的家、校架起了一座美丽的彩虹之桥。

家校合作新形式,助力5+2>7

弋阳县漆工初级中学 徐睿

在弋阳秀美的红土地上深深扎根的第四个年头,家校合作以一种如火如荼的迅猛势头席卷了整个弋阳教育界,取得了不俗的成绩,家校共著《童心飞扬》、家校组织“家长会进田间地头”、微信群创建“不在一起的学习与生活”活动等,一桩桩,一件件,构建了家校之间良好沟通的桥梁,拉近了家长与学校的距离,增进了家长与孩子之间的情感联系,让教育焕发出新的生机与活力,让教育真真正正地改变人,让教育充满了快乐与温情,使得当初持质疑乃至反对态度的教师与家长也不得不由衷地赞一句:“好!”

一直以来,家校合作让家长进入学校教育,成了参与者,他们不仅是观光客、是评论员、是监督员,更是主人翁;如今我们更要转换思路,也要让学校教育真正地走进家庭,使得学校和家庭凝结成一个联系更加紧密的整体。漆工中学在仇瑾校长、方贵铭校长与方文平主任等领导的主持下,成立了家长周末互助组,引导在家与在外务工的家长结成小组,让在家的家长成为校外的“教师”、在外的家长变成鼓励的“朋友”,将孩子们在学校外的两天也充分地利用起来,让孩子们在家长的监督下完成作业、自主学习,甚至让家长指导孩子正确地娱乐与游戏。家长周末互助组的成立,让学校的教育的“5”所取得的成果延续到了家庭教育的“2”当中,真正实现了 5+2>7!

在进入学生家中进行家访时,我们时常听到孩子的爷爷奶奶诉说孩子在家的情况,爷爷奶奶的苦恼让人不忍——“孩子放假在家时从早到晚捧着手机,连吃饭都叫不动,成天就在网上,一问起作业,总是说老师没布置!”

在与孩子的父母进行微信互动时,我们时常听到爸爸妈妈对孩子的情况殷殷切切地问询,爸爸妈妈的担心让人心疼——“我们知道学校抓得严,孩子从早到晚,早自习、课后辅导课、晚自习,怎么学习了这么长时间,学习成绩还是不好,孩子自己也不知道担心,这样下去怎么上得了高中啊?”

甚至在街头巷尾听老百姓谈天时,我们也时常听到老百姓在议论孩子在家非常散漫,乡亲们的质疑让人揪心——“在家就知道玩手机,天天玩得老晚,第二天睡到中午,饭也不好好吃,觉也不好好睡,在学校难道也是这样?这样子还读得出什么书来!”

学校领导与长年从事一线教育工作的教师,看到这样的情况,心中也不由得深深担忧起来,学校在周一到周五的教育是下了苦功的,可是孩子们在家的表现却不尽如人意,这样两天的沉溺于手机与玩耍的荒废之后,学生周一总是打不起精神来,上课昏昏欲睡,周一不听课就耽误了周二周三,周四周五一来,学生又归心似箭、无心听课!这样一来学校与老师的辛苦与努力不是白费了吗?可是很多的孩子都是留守儿童,爷爷奶奶也管不住孩子,不能有效地发挥出家长的作用。到底怎么样才能让孩子在家也能够兼顾学习与放松呢?

在与家长进行了大量的沟通之后,在学校领导与全体教师的群策群力、共同探讨之后,家长周末互助组渐渐成型:在外务工的家长很多,但是在家工作照顾孩子的家长也不少,他们受过一定的教育,心里也希望孩子能好好读书,对于这样怀着一颗望子成龙望女成凤的赤诚之心的家长,为什么不把他们组织起来,让家长之间结成小组,让在家工作的家长轮流来照管孩子的周末生活呢?

学校也迅速地行动起来，与家长委员会取得联系，这一举动也得到了家长的高度肯定，家长们口耳相传，为此欢呼，这一消息像是春风一样传遍了漆工的每一个角落，家长周末互助组也随之成立。家长们以家庭住址为依据，住得近的几家结为一组，组里将有至少三名负责照管的家长和若干在外务工的家长，负责照管的家长自行决定照管的时间，在周末时就让孩子们到相应的家长家中，在照管家长的监督之下，孩子们自行完成作业并自主预习与阅读，在完成了学习任务之后，孩子们也可以玩手机、玩电脑、看电视，但照管家长会对孩子的游戏时间进行控制。家长们也建立微信群，便于彼此沟通与联络，在外工作的家长可以通过手机看到孩子的学习情况，并对孩子的表现进行及时的反馈。

鉴于很多家长担心自己不能履行好“校外教师”的职责，学校也对负责周末照管孩子的家长进行了培训。培训的主要目的是指导家长如何正确地照管学生，如何激励孩子认真完成作业，如何引导孩子控制玩耍时间。学校还告诉家长互助组的照管家长，如果周末照管当中遇到问题，希望及时与学校联系，寻求解决办法，让周末照管真正发挥其作用。

家长周末互助组的成立，让学生在家的两天充实起来，他们不再无节制地陷于网络的二维世界当中，聊 QQ、玩游戏固然好玩，但与同学一起完成作业后，一起游戏，一起玩耍，也能愉悦身心。更重要的是，很多学生周末时做到了健康地作息，两天的休息与调整之后，上课时他们再也不会犯困打盹了，他们以一种饱满的精神状态来迎接新一周的学习与生活。除此之外，互助小组的学生之间的交流变多了，沟通增加了，真正拉近了孩子之间的距离，很多学生原本就是同学与邻居，现如今更是成了亲密友善的好朋友。

周末合作互助组也让家长进步，激发了他们的教育智慧。严弋慧家长专门在家照顾孩子，她平日里时常在家做做小手工贴补家用，照管时她一般只是在孩子们旁边坐着，一边做手工一边看着孩子们做作业。可是作业做完之后，孩子们往往也无心自学，很多孩子又捧着手机玩去了。这让她倍加苦恼，很担心会耽误孩子们的学习，怎么办呢？突然间她灵机一动，不如让孩子们也来做做手工，体验一下生活！后来我们问她怎么会想到这个点子，她不好意思地说："其实也是当时吵得没办法了，我突然想到，我家小孩的语文老师说过要让孩子自己多动手去感受生活，他们才能体会到爸妈的辛苦。所以我才想试试看，幸好当时女孩子比较多，比较听话。我说教她们串珠子，做出来的项链和手链就送给她们，她们也很高兴，但是自己不太愿意动手。我就马上编了一个她们喜欢的花样，她们也就心动了，和我学起来了。男孩子就不耐烦，不过他们玩得好，女孩子老是叫他们来做，他们也就来了。"孩子们自己做出了项链，心里都很高兴。他们看到这个家长在旁边手指翻飞、十指不停，不一会儿就做出了很多成品，叽叽喳喳地讨论开来。"有一个孩子就说这样肯定很挣钱，我跟他说，做这个才几毛钱一串，一天下来做得再多也就挣几十块钱，自己还累得腰酸脖子痛，眼睛都花了，还是在外面挣得多一点，幸好孩子他爸爸在外面做事，不然这点钱还不够家里用的，不过外面很辛苦。我和他们说了我老公在外面工地上做事的情况，我看孩子好像都有点感动。"她和我们说这些的时候，脸上带着些骄傲的笑容。

苏霍姆林斯基曾经说过："父亲和母亲是如同教师一样的教育者，他们不亚于教师，是富有智慧的人类创造者，因为儿子的智慧在他还未降生到人间的时候，就从父母的根上伸展出来。"家校合作打散了很多家长心中的迷，他们不再和从前一样认为教育要全部交给老师。漆工中学周末互助组的出现，使他们现在也渐渐开始相信自己也能教好孩子，使他们逐渐开始了解到老师教书的不容易，使家长与学校、教师之间的距离慢慢拉近，渐渐能够彼此理解，在互相谅解的基础上，家校形成了一个更为紧密的集体，共同致力于孩子的教育。我们有理由相信，在家校的共同一致、竭诚一心的努力下，孩子们的明天会更加美好，弋阳教育的明天会更加辉煌！

方志敏中学提升家长教育能力之《相约星期六》案例

弋阳县方志敏中学　李艳梅

一、背景

随着社会的不断文明与进步，人们对子女教育的重视程度越来越高。浙江省白水教育科学研究院院长、杭州市家庭教育专家方泉老师指出：学校教育有两根支柱：不仅教育好孩子，更要指导好家长。家长好好学习，孩子天天向上。毋庸置疑，目前教育生态，有家庭教育指导的严重瘸腿，更有家长育儿水平和教育能力的缺乏！年前，教育部出台《关于进一步加强家庭教育工作的指导意见》，其核心是：明确了家长承担家庭教育的主体责任，强调了教师家庭教育指导的能力。提升家长育儿水平和家庭教育能力，迫在眉睫！

二、问题展示

方志敏中学是以全国著名烈士、闽浙赣苏区主席、红十军创始人方志敏名字命名的一所老牌名校，一直是弋阳教育的一面旗帜，拥有高级职称的教师有105人，占61.7%。教师们兢兢业业，尽心尽力，勇于创新，甘于奉献，教风校风一直严谨求实，教育教学质量稳居全县前茅。但前些年，我们发现，现在的孩子越来越难教了，讲大道理，他们不一定听，采取惩戒手段，又怕闹出事来。据学校问卷统计显示，我校 40%的学生，生活和学习习惯或多或少存在一些问题，其中，学习习惯和行为习惯差的学生占 20%以上，有 8%的学生成了“问题孩子”。

三、反思与分析

针对问题，我校组织教师分析其根源。以为学生之所以会出现学习习惯和行为习惯不良的状况，导致成绩下滑，“且问题孩子”呈增长趋势的原因，是多方面导致的：一是有些学生父母外出打工，接受的是隔代教育、落后的教育，甚至是溺爱、错爱；二是有些学生的父母有文化的一方外出务工，留在家里孩子上学的是文化水平低的一方，无教育意识，无教育方法，甚至天天在家打麻将。三是许多父母望子成龙，望女成凤的心急切，对子女的教育很重视但不得法，总以为为孩子付出很多但无回报，于是对子女管教过多，甚至动辄使粗，导致孩子愈来愈叛逆，不服父母管教。

基于上面的分析，我们感觉到，提升家长育儿水平和家庭教育的能力，学校责无旁贷，刻不容缓。我们只有针对家长普遍存在的教育疑惑和家长管教不当现象进行交流、教育、指导、纠正。

四、具体做法

第一，建立学生档案，了解家庭教育情况。学校要求各班每学年都要做好开学初“问卷调查”统计登记工作，为开展《相约星期六》活动提供数据与事实支撑。

第二，利用星期六，家长休息日，组织家长集中培训学习家庭教育知识(因此培训活动命名为“相约星期六”)，一学期举办五—十期。

第三，“菜单式”培训：每学期开学初，学校列出“主题菜单”，让家长有针对性地选择主题参加《相约星期六》培训学习。

第四,《相约星期六》培训内容与过程为:专家讲座,每学期邀请3～5名来自上饶师院、南昌大学、县市教育部门等单位的名人专家来校作主题讲座,对家长进行理论教育与知识培训;名师指导,每期《相约星期六》由一位本校名师就我校家庭教育问题进行案例分析、过程方法指导;家校互动,培训指导大凡是针对普遍问题进行的,但总会有些个案特例,为此,我校在"专家讲座、名师指导"后举行"家校互动"环节,即家长现场提问,由四位本校优秀教师组成的"智囊图"现象答题;个别交流,有时邀请优秀家长作经验介绍,有时请优秀教师与优秀家长在会场与家长个别交流、个别面对面指导。针对学生青春期或对父母管教有争议的内容,还增加《面对面》环节:学生当家长面提出的困惑或希望,家长与学生当面解答、沟通,以求达成一致。

五、情境描述

现就2016年春季这一学期的一次《相约星期六》进行情境再现。

花谢了春红,时光总是太匆匆,本学期最后一场"相约星期六"家长学校活动于6月25日上午8时30分准时开幕。

和往常一样,从校大门到报告厅的甬道上,前者呼后者应,熙熙攘攘的全是来"赴约"的家长。再看会场里,固定座位已经坐满,零时加的座也告"危急",于是在讲台下过道里加上些塑料凳,才将来参会的家长全都容纳下来。

在家长们热烈的掌声下,主讲嘉宾邹伏水老师就《如何激发学习自信心》这一话题进行讲座。邹老师首先强调自信在学习工作中的重要,接着从尊重是自信的前提,成功是自信的源泉,目标是自信的信号等六个方面进行阐述,让家长学会培育孩子自尊自信,在自信力的推动下提高学习兴趣及效率。家长们边听边做笔记,场内鸦雀无声。接着由主管安全的副校长廖怀礼主讲《暑假规划和安全》,怎样让孩子过一个快乐而有收获的假期呢?廖校长会前查了不少资料,准备了不少数据，为每一位家长印发了一份详尽有指导意义的“暑假生活巧安排，平安快乐伴我行”的资料。会后许多家长在班级微信群中称赞“廖校长讲得实在，我们家长也懂得了许多安全知识！”最后环节是“家校互动”你问我答的互动环节，许多家长提出了平常管教孩子时种种疑惑，台上的优秀班主任孙钢、魏菊玲、张忠旺、危红波老师一一作了详细解答，获得了阵阵掌声。

一年下来，我校共有8000余人次参加《相约星期六》的讲座培训，提升了家长对学校和教师理解与认同，提升了家长育儿的水平与能力，因此，如今，我校的《相约星期六》不是“要我来”而是“我要来”。我们和美丽有个约会，和成功有个约会，家长、孩子和学校在一次又一次的约会中成长起来。

六、效果显现

通过《相约星期六》，家长的观念有了改变，家长育儿水平和能力得到了提升。

1. 家长感言

这是一位微信号为“春雨如酥”的家长在学校微信群的留言：

今天有幸参加了方志敏中学家长学校活动之《相约星期六》。首先听取的是九年级优秀班主任彭老师的分享“如何与班主任老师沟通”。他告诉我们沟通的前提是尊重，信任，只有互相尊重，信任，老师和家长才能更好地沟通。平时很多家长都喜欢坐等班主任的交流，实际上，家长应该积极主动地和班主任沟通。孩子有什么情绪上的变化，学习上的困难或者心理上的烦恼都要及时和班主任交流，这样才能更有助于孩子的健康成长。

彭老师还建议家长们收藏好学校的行事历、班级课程表、老师的联系方式、学校的作息时间表。是啊，我们家长很多时候会忽略这些细节，家长们在班级群里最常问的问题是：什么时候放学？班主任和任课老师不得不就同一个问题不厌其烦地重复作答。如果家长们稍微细心点，收藏好班主任发放的作息时间表，这种现象就可以避免了。

最后听了彭老师关于家长类型的诠释，我不禁有些头涔涔且泪潸潸了，反省自己，虽不是溺爱，但有多少时候是在搪塞，又有多少时候是漠不关心啊！一次又一次，假借各种理由，逃避陪伴孩子关心孩子的责任。总以为自己已经付出了很大的努力，可是对照一下彭老师的讲解，才发现要想成为一名负责任的家长，我们任重道远！

八(17)班郭子玥家长游丽娟的感悟：金秋十月，丹桂飘香。在这样一个美丽的星期六，我有幸参加了方志敏中学家长学校活动之《相约星期六》。

这次活动内容丰富，既有班主任接地气的“如何与班主任老师沟通”的讲座，又有名师，家长代表的真诚互动，最后还有专家关于“锻炼迎接失败的能力，教孩子笑对人生”的激情讲座，让我受益匪浅。

通过这次活动，首先我了解了和班主任老师顺利沟通的前提是对老师的尊重和信任，其次和老师沟通时要注意细节，注意穿着打扮，要做好沟通预案。在家长老师互动中，我认识到了孩子使用“作业帮”的严重后果，解决了我教育孩子中的很多疑惑。最后专家的激情讲座让我认识到为人父母的重大责任。真心感谢方志敏中学举行的这种接地气活动。相信我们的孩子在方志敏中学一定能茁壮成长，越来越优秀！

2.学生变化

秋是什么时候到的？当树叶悄悄由青涩向枯黄渐变的时候吧。

郑智维也是这样的吧。他是个自我控制能力弱表现欲强的孩子，用弋阳土话来形容是蚂蟥一样的人，哪里有水响哪里就有他。上课喜欢插嘴好卖弄，下课哪儿扎堆哪儿就有吸引力，像包打听一样，什么话题都能说上几句吹上一阵，经常是玩得忘了作业忘了学习。

他的情况班主任经常晒在班级微信群里，他爸他妈他姐都在群里，多次找他说的说、骂的骂、罚的罚、打的打，可以说十八般武艺都使用上了。家长在群里也多次求其他家长支招救火，求其他家长让他们的子女帮帮郑智维。

他的改变是从何开始的呢？转变是从他妈妈参加《相约星期六》以后开始的。当时让她来参加会议，因她正好上街来进货，于是答应到校听会。会上李校长介绍了全县家校合作工作态势及成就，分析了家校合作工作的意义，表彰了一批积极性高的家长，教育专家及优秀家长分享了育儿经验。

会议结束时天已晚了，她货没进成人也回不去了就去住宾馆，但兴奋得很，跟班主任打电话说听会的感受，并说已把其他参会家长的电话号码存在手机里了，她会和其他家长一样积极参与学校管理，班级活动，“陪伴就是最好的教育”，她说，“以后周末不再让孩子留校了，我会上街来陪他，弄些好吃的，关键是心灵上的培育。”

看来这一个会议教育了她，或许是李校长的讲话，或许是家长代表的发言，或许是会议的氛围感染了她。她一下子成为活跃分子，当得知全县质量测评是外校老师监考不需要家长参与时，她又要求巡视考风。

元旦学校举办家校大联欢，她说：“我不会唱、不会跳，没有文艺细胞，我把港口镇的广场舞队拉来助兴，可以吗？”

家长的变化直接带动了孩子的成长，她的孩子上课认真了、专心了，班级活动热心参与了，原先最怕的英语学科，也敢参加课堂活动，去年的英语演讲比赛还得了一个三等奖。在他的影响下，班上有了一个雷锋小组，大家学习上、生活上团结互助，共同攻坚，班风也悄悄在变。孩子们的变化又把家长的心凝聚在一起，家长们以为班级做贡献为荣，大家都自发地参加班级活动，出钱出力，美化班级，组织活动，让孩子们幸福地成长。

七、结束语

家长是学校教育的“合伙人”，有着千丝万缕的友情。友，贵在风雨同行，情，重在有求必应。所谓情真，只要你要，只要我有；只要你需，只要我能。急家

长之所急，需家长之所需，只有提高家长及家庭教育能力，只有家校合作，使家校同心同力，孩子们的明天一定会更美好！《相约星期六》，我校已行动，我们将继续前行！

万师访万家　用真情点燃希望

弋阳县连胜学校　徐啸伶

连胜学校自实施“万师访万家”活动方案以来，涌现出了一批积极走进孩子家庭的教师，在此过程中，徐啸伶副校长走进每个孩子家庭，并坚持每天写家访日记的事迹尤为令人感动。为了更加有效的将家访工作深入开展，让每位教师了解家访工作中的幸福感，徐啸伶写下了下面这篇感人至深的家访历程。

一、引子

1.我的家庭

我出生在一个教育世家，祖辈、父辈、我、儿子四代都是从事教育工作，且均教语文。我的爷爷徐光华老师一直在弋阳中学任教，父亲徐桂秋已是耄耋之年，退休在家，曾经也是一名中学语文教师。我从工作至今已有35年，提任班主任工作也有近24年了，一直从事初中语文教学，此外，我儿子徐晗现在浙江省江山市第五中学担任高中语文教师兼班主任，工作至今已有3年。就是这样一个传承着浓厚教书育人氛围的和谐幸福家庭，让我对自己的工作有了一份深深的执着与坚守。

2.我的感受

自从方华同志任教体局长之后，提出了弋阳教育发展的三个目标，即："让弋阳教育走专业发展的道路；让弋阳的孩子在家门口享受良好的教育，让弋阳的教育成为弋阳人的骄傲。"我本人对此深感认同，同时我及我的家人也从中直接受益。比如：我的儿子徐晗是2008届高中毕业生，当年没有考取大学。接下来面临到哪里去复读的问题。

3.我的情怀

在我生命中的35个教育春秋里，没有轰轰烈烈引人赞叹的时代事迹，更多的只是平凡勤恳，脚踏实地、任劳任怨、默默无闻的一个个小故事。我在平凡的教育教学工作中倾注了自己全部的精力、情感和教育情怀，而我的职业，我的责任，我的家庭注定了我对教育事业有着深深的情感，我希望自己的学生能够在自己的引领下，成为德才兼备，乐观坚强，视野开阔，兼具社会责任感与使命感的社会主义建设者。

对于一个学生而言，能够影响其一生发展的莫过于教育，而教育方式和环境将会直接影响其最后的教育成效。美国著名教育家约翰·杜威曾提出"教育即生活"，也就是说一个人的成长过程中，家庭生活、学校生活、集体生活、社会生活都是教育，而家长和学校的教育是影响一个人成长的重要因素。因此，我认为"家访"活动既搭建起了一种家校合作的互动平台，又形成了连接学生与老师、老师与家长、学生与家长间的有效沟通方式与纽带。

下面，我将分三个部分介绍自己有关"家访"工作的开展情况。

二、家访前

1.我的班级

我所教的是九年级毕业班，班内共有52名学生，由22名男生，30名女生组成，大家共同相处已有3个年头，可以说是一个包容和谐，竞争合作的班集体，班长，姚佳琪，副班长：刘本鑫，逐一作个介绍。

2. 我的团队

我们九年级任课老师是一个团结协作，独当一面，教学能力很强的团队，黄星皓校长任教思想品德课，平时班里学生有什么情况，他都是第一时间告诉我，或单独进行处理。黄原火副校长是本班英语老师，他对学生的英语学习，要求非常细致，对同学们的行为习惯更是要求严格。万有龙主任是我班的数学老师，他经常叫同学到办公室，针对同学们出现的错误，面对面一一订正。方红喜主任教这个班的物理，他能让同学们在轻松愉快中进行学习，接受知识。徐俊老师是我们班的化学老师，虽然徐俊老师 2015 年秋季通过选拔考试融入我们这个团队，与同学们相处时间不长，但是其平时工作热情非常高，对每位同学的学情都很了解，并经常和我探讨有关学生的情况，向我提出一些管理学生的点子。舒伏寿主任是一位教学非常严谨的历史老师，初三的历史新课在九年级第一学期已全部结束，同时他所带班级学生的历史成绩每年中考都在全县名列前茅。苏金山老师是我们班的地理老师，叶敏老师教九年级的生物课，虽然地、生一星期只有一节课，他们都非常认真对待，而且他们还分别担任了六年级(2)班，八年级的班主任工作，在这里我要向我们这个团队表示感谢，感谢他们教学工作的兢兢业业，感谢他们教学中的团结协作，更感谢他们对我班主任工作的大力支持。

3. 学生的学情

这个班级是我从七年级一直带上来的，感情很深，班里每个同学的品德，学习、行为习惯，个性特点我了然于怀，在我家访前，班中同学在学习方面成绩平平，学生当中出现什么不懂的问题也都是藏着，掖着，不肯问老师，同学之间更不会相互讨论。简而言之，班里的学习气氛不浓，竞争意识不强，学生均处于一种坐井观天式的学习状态。

每次月考后的成绩分析会，每位老师都针对学生成绩提出了自己的想法，就如何营造浓厚的学习气氛，我也绞尽脑汁想了很多方法，但成效甚微。

4.我萌生家访的原因

在我的教育生涯中，特别是在当今这样一个良好的教育生态里，我被方局长博大的教育情怀所感染，被教体局其他领导们率先垂范的敬业精神所激励，受教育界其他一些在教育思想，教学方法，教书育人等方面领军人物的带动。我认为我也应在目前的教育改革浪潮中，尽一些个人绵薄之力，具体说来主要有五点原因：

(1)我们现在弋阳县的教育生态呈现出一个良好的发展势头。各个学校的校长都能潜心做教育，找亮点，挖潜能，做特色；老师能尽心、静心地教好书，在课改的舞台上大显身手，逐步形成了走专业发展道路的氛围。

(2)平时班主任工作要求我和孩子们朝夕相处，在与他们的相处中，我想了解学生们心灵深处的东西，想了解学生们在家里鲜为人知的事情，于是，我心里萌生了家访的念头，同时这也是进行教育研究以及教育学生的良好契机。

(3)特别是我们班里有些留守学生的家长，经常和我电话了解自己孩子的学习成绩，思想动态，行为习惯等内容，我会不厌其烦地说明情况，日久天长，家长们也就非常信任我。例如：有一次，我班的李紫映同学在家里和奶奶发生了矛盾，她爸爸妈妈在外地打工，不知道怎么处理这件事，就打电话跟我说“徐老师，有一件事想请你帮忙。我家李紫映在家里跟她奶奶发生了矛盾，还跟她弟弟妹妹发生纠纷，自己又闹情绪。我妈妈说不带她了，我现在感到非常伤脑筋，这么远一下子又不能回来，想请你到我家里去做做李紫映的工作。本来这件事不能叫你来处理，我想了好长时间，才打这个电话。”我马上回答了李紫映爸爸：“明天我到你家里去，跟你女儿沟通一下，做做她的工作，或许有效果。”这样的事情发生在她家里有好几次了。通过几次的家访收到了非常好的效果，她爸爸几次打电话来说，非常感谢。这也是促使我踏上家访之旅的一个重要的原因。

(4)2015 年 11 月 17 日至 20 日，我有幸参加了县教体局举办的家校合作培训班,在理论上更多地了解了家校合作的特点及作用,以及家校合作在教育教学中的桥梁作用。我想用理论来指导我的教育实践,使二者结合起来。这也是我萌生家访的一个主要原因。

(5)还有就是家长的期待,学生那一张张稚嫩、求知的脸庞,促使我要拿起家校合作这把金钥匙去打开教育的大门,走进学生的情感世界,促膝谈心拉近彼此的距离,更好地有助于今后教育工作的开展。

在一切学生家访工作准备就绪后,我与我团队中的老师们正式踏上了家访的征程。

三、家访中

1.我的真情,你的希望

2015年12月12日,这是一个平平凡凡的双休日,这天天气虽然阴沉,但我们的心是敞亮的,上午9:00整,我们一行六人(黄原火副校长、杨国栋主任、叶敏老师、彭晓蓉老师、张毅老师和我)带着满心的希望,承载着家长的期望,怀揣着一张张学生稚嫩的笑脸,徒步来到桃源村进行家访,经过了解这个村共有56名学生在我校就读,分布在一至九年级。这个村的村风,民风都很好,一直以来是我们关注的对象,都说:"情感是教育的桥梁",这次我们走进学生家中,了解家长与学生的实际情况,感受颇深,同时家长的热情好客也让我们深深体会到作为一名教师的自豪,具体说来有三个方面:

一是家长对我们这样的家访感到意外和兴奋;

二是许多家长认为老师非常重视和关心自己的孩子;

三是家长普遍认为老师属于贵客,请都请不到。

通过这次家访,我更加坚定了一个信念:"教育一个孩子,带动一个家庭,影响整个社会"。而这也一直是我们连胜学校家校合作的一个理念。

2.我的爱心,你的幸福

古人云:“感人心者,莫乎于情”。我先走访了一批留守学生的家里,比如:李紫映同学(口头详细介绍)访前情况,访中情况,访后变化。

再比如:郑金弋同学(口头介绍)他学习平平,但他有一个闪光点,爱好体育,与他奶奶交流后,鼓励他走特长生这条路。

汪志强同学,本来是一个学习很好的学生,因为他父母长期外出打工,寄读在他的一个亲戚家,但由于沉溺手机而导致成绩下降(详细介绍)。

通过家访,三方面对面进行交流,为学生制定了学习计划,规定了他们在家的生活与学习习惯,在老师、家长、学生三方努力下,多少改掉了学生中的一些不良习气,平时我也会进行电话追踪,及时掌握他们在家的言、行、举止,有的放矢地在班里或表扬或批评。

3.我的努力,你的拼搏

我家访的第二类群体是优秀生,对班里优秀学生的家访,我是从细微处入手,要求学生努力拼搏,力争更好更多地考取一中的奥赛班。

比如:刘加同学,胡正浩同学,倪承生同学,李紫映同学,这里我要特别提出的是倪承生同学。

4.我的行动,你的期待

我家访中还有一类群体是中等生,家访那段时间,晚上我特别关注我班的微信群,在2015年12月25日晚上,我在九年级微信群里看到了一条家长的微信,大致意思是:我孩子回来说,最近老师在进行家访,说每个同学的家里他都要去,我很想老师早点到我家里来。

看到这条微信,我感受到自己肩上的担子重了,也感受到学生家长更加信任与认可自己,当时我就打电话给张凯达,汪明聪两位同学的家长,说:“我明天(12月26日、星期六)就到你们两家走走。

在跟张凯达的家长沟通时,我给他提出了学习语言学科要做到四到:心到、眼到、手到、嘴到,还给他制定了学习计划,像这样的学生有:叶欣怡、何奂然、刘璇、花丽君、宋齿伊、王弋晴、郑家军、汪明聪、刘鑫等15～18名同学，对这些人的家访，我的要求是：

第一，制定学习计划，针对薄弱学科，数、理、化，用一本厚点本子每天做两道题目，送一本复习资料书，做完后第二天到我这里检查签字，不会的问相关的老师，(感谢团队的老师)每天记20个英语单词，做一篇完形填空或英语阅读，每天做一篇现代文或文言文阅读，第二天到我这里批改或签字，天天坚持。

第二，抓学生的规范书写，以程吴详，郑家军两位同学为例。

第三，发现学生的亮点，及时在班上进行表扬。

每次在家访回来的路上，我心里都特别的轻松。心想：一次成功的家访是维系老师、家长、学生的纽带，是沟通学校、家庭、社会的桥梁。一个好的家庭对学生身心发育，知识获得，能力培养，品德陶冶，个性形成都至关重要，正如一位教育家所言："教育过程要充满期待，如果把一份爱心放在家访中就会取得意想不到的效果。"

5.我要家访，要我家访

冬日暖暖，带来爱的期盼。今天中午的家访让我深深体会到了：我的家访已经在同学们中间成了一种幸福的期盼，许多家长都事先打电话约我到他们家里去家访，好多学生也盼望着老师到他们家里，跟他们爸爸妈妈交流。现在在同学们当中他们经常聊的话题是：今天老师到谁家里了？我想：这已经达到了我的预期目的。

今天应郑家军家长的邀请，带着冬日的暖阳和他爸爸、妈妈聊郑家军在学校、家里的情况。得知他在家里有时还管不住自己，或看电视，或几个同学聚在一起打打牌。针对这种情况，我当面指出了这种做法不利于学习的静心、安心，特别是毕业班了，更应该潜心努力，心无旁骛，踏踏实实地把学习搞好。经过我们近半小时的交流，学生郑家军已经认识到：这种学习状态存在问题。同时我也给他提出两条意见：第一，把薄弱学科语文、英语坚持每天读写，不懂及时问老师；第二，汉字书写一定要规范，且字要写得规矩，不能任性。我要求他做到，他欣然接受。

告别了郑家军的家长，我又马不停蹄地到了何艺家里。何艺是一个不苟言笑的女孩，也是一个完美主义者，她做任何事情都要尽善尽美，生怕做错了，让同学见笑。她爸爸妈妈也都讲到这一点。我们就针对她这一弱点，教她如何改正，鼓励她学习、生活都要阳光一点，多与同学、老师和自己的父母交流，学习不懂就问，或问老师，或问同学，做到每天一得，坚持一定会成功。何艺抿嘴一笑接受了我的提议。后来我和何艺有个约定：上课注意力要集中，做练习动作要迅速。最后一个学生是吕溢玲，这时已经快要上课了，我把这次家访的目的、做法迅速跟她妈妈和她自己作了交代，她也非常乐意，从今天开始跟着班上好的同学努力前行。

今天的家访让我思考了很多：我想用我的行为影响全班同学，营造一个良好的学习氛围，让同学们感觉就像生活在一个大家庭里，温馨和谐。

6.我的“得”，你的“德”

北宋史学家学家司马光说：“才者，德之资也；德者，才之帅也”。这句话的意思是：才是德的辅助，是人才素质的基础。德是才的统帅。是人才素质的灵魂。

我的家访最后一个群体是需要特别关爱的学生，他们学习基础薄弱，没有学习激情，更体会不到学习的幸福感，针对这类学生，我的家访切入点不跟家长谈学习，而是找出他们的闪光点，与家长，学生交流，同样收到了意想不到的效果。比如：

俞嘉舟同学，他就是一个在家非常孝敬的学生。（口头详细介绍），结果我把他的事在班里讲了以后，学习更有劲头了，改变了以前学习上懒散的习惯。

陈紫微同学，她是一名劳动委员，但在寒冷的冬天，早读课经常会迟到，通过家访，她一改过去学习，生活不严谨的毛病。

张子怡同学，她出生在一个单亲家庭，我们学校“庆元旦、迎新年”文艺会演的主持人，是她通过竞聘得来的，她非常珍惜，在家访中，张子怡的奶奶把她的家庭情况和盘托出。

通过对班中不同学生进行家访，让我们能够更好地了解学生以及学生背后的故事，也正是这些不为人所知的故事以及不同的成长环境塑造了性格特质不同的学生群体。为人师者，我们要做的就是有的放矢，有针对性地帮助学生和家长解决学生成长与学习方面所遇到的问题及困惑，而家访作为一种家校合作活动的形式，也更加有效地拉近了我们与学生及家长之间的距离，更好地关注学生，伴随学生健康成长。

四、家访后

1. 无愧于心，无悔于行

今年的冬天特别惹人恼，小雨下个不停，但对于我来说，就是在这个不寻常的冬季，我觉得特别有意义：那就是我的家访之旅虽然结束了，但那只是一个开始，还有很多事情让我牵挂，有一小部分学生让我放心不下。我准备用我的言行影响他们，用我的真诚感化我的学生。

我的家访之旅结束到现在已经一个星期过去了，实习老师张伟也结束了他的实习旅程返校了，此时的我很想念我和张伟老师一起走过的家家户户。现在我们班上呈现了许多正能量的现象：

首先，家访后比家访前同学们的学习积极性提高了，班级里的学习氛围浓了。课间以前都是三五成群聚在一起说说笑笑，更有甚者追逐打闹；现在则是一下课追着老师问问题的，几个人围着一圈探讨难题的，互相提问背语文、英语单词的，缠着老师改课外作业的，这样的画面到处都是。尤以姚佳琪、李紫映、倪永生、程昊洋、黄依萍、杨文静、李和鑫、吕溢玲等同学表现突出。看到这样的情景，我很欣慰。

其次，班级里有一部分同学按照老师家访时制定的学习计划有目的、有步骤、有计划地完成自己薄弱学科的作业，并及时拿给老师批改、讲解。现在课间，不论是在九年级教室还是老师办公室我们都能看到一幅师生一起“授业解惑”的画面。班上的学生你追我赶，个个唯恐落后。像倪永生、刘加、花丽君、刘璇、姚佳琪、刘幸鑫、郑家军、张凯达、汪明聪等一大批同学，他们已经尝到学习的甜头和乐趣。

再次，有一少部分学生自己主动要求老师布置课外作业，针对自己的薄弱学科查缺补漏。这些同学有：王弋晴、何紫萍、张子怡、李晨曦、郑家和、吴紫婷、叶敏姿、汪志强、汪子赫等。而我们九年级的老师们也均利用课余时间，帮助学生答疑解惑，令人深受鼓舞与感动。

2.爱的延续，情结花果

2016年1月11日，那是一个平凡的日子，但对我来说又是一个特殊的日子，说它特殊那是因为我们九年级的家访到今天已经落下帷幕，历时整整30天，这三十个日子记录了我们的辛酸，记录了我们的幸福，也记录了我们与家长，学生在一起促膝谈心的画面。

当天我们在九年级教室里召开了家访总结会，这次总结会的主题是：用真情点燃希望。同学们在总结会上畅所欲言，讲体会，谈感受，氛围很浓。

家访虽然结束了，但我对学生的教育情怀还在延续，投入的爱在长出花蕊，我电话跟踪的陈紫微同学发生了很大变化，过去一回家就是看电视或玩手机，现在根本不碰电视和手机了，这是她妈妈告诉我的。家访带来的变化，还不只这些，同学们从思想品德、礼仪、做人等方面都有不同程度的变化。我会努力发现学生身上积极的变化与闪光点，及时在班上进行表扬，营造出一种充满温馨、正气、拥有竞争合作意识的学习环境与互动氛围。同时有问题我们也会及时与家长进行沟通交流，让家访成为真正有实效意义的活动，让家访成为学生、家长与老师三方共赢的活动，让家校合作所绽放的一簇簇鲜花与成果开满弋阳这片红土地。

“落红不是无情物，化作春泥更护花”。我将以此出发，兢兢业业，无私奉献，矢志不渝地坚守在我的教育战线与岗位上，为培养更多有利于社会和谐稳健发展的有用之才而无悔奋斗。

“小手牵大手” 传递乡村文明

弋阳县葛溪乡初级中学 路光生

近几年，我们在家访中发现，由于新农村建设步伐加快，政府给予了较大的支助，加上大部分村民在外务工，家庭条件都不错，每一条道路都铺上了水泥，每一户人家都盖上了新楼，吃的、穿的也不比城里人差。但是，满地的牛粪和堆满垃圾随处可见，散发阵阵恶臭的水沟却与这些漂亮的楼房崭新的马路格格不入，这反映了村民们环保意识的薄弱，生态文明意识的失缺。家访的教师们也为此吃过不少苦头，但更多的是担忧：这样的环境，这样的家教，这样的身教，怎能让孩子健康成长呢？

但我们能做些什么呢？

在一次教师座谈会上，我把这个问题抛给了与会教师，虽然最终并没有找到答案，但大家一致认为要改变这种现状。

可是从哪入手呢？村民的淡漠的环保意识根深蒂固，我们的力量又这么微不足道，老百姓会听我们的话吗？就在大家都在苦苦思索对策的时候，一个偶然的机会，一幅这样的画面让我深受启发：“一位父亲领着他的儿子，一起边吃边走，吃完后儿子自觉地将垃圾丢到垃圾桶内，而父亲却随手扔在了地上，小孩见状，非常严肃地要求大人将垃圾扔进垃圾桶内，大人也好像意识到什么，连连道歉，并重新拾起扔进了垃圾桶内。”这虽然只是一个小事，但却折射出一些成年人文明意识的缺失、生态意识的淡泊，而孩子的文明举止也让我们感受到教育的强大，让我们看到了文明生态的意识是可以传播的。于是我突发奇想，能不能借住家访这个平台，通过学生的举动，去影响家长及周边的人，进而让农村的生态文明有所改观呢？

于是，在教师座谈会上，我将这个想法告诉了老师，得到了大家一致认可。通过多次讨论，我们出台了“小手牵大手，洁净我家园”环保综合实践活动方案，并决定将其作为校外德育课程重点打造。我们做了一个以三年为一个周期远景规划：2015 年我们通过学校、学生的行动来唤醒家长的生态文明意识；2016 年由学校及学生家长传递生态文明；2017 年学校、学生、家长、村民共同实现乡村的绿色生态文明。

活动实施两年来，我们严格按照计划行事。2015 年，我们以村小组为单位，以该村葛溪中学学生为主体，以清扫、演出、发放环保宣传单等多种宣传形式为载体，利用双休日，用实际行动进行环保活动，取得了较大的社会反响；2016 年，在头一年的基础上，我们再次做足功课，对家长重新进行生态文明的培训，让家长在思想上彻底认可生态的重要性、活动的必要性。同时，在活动中，发动家长带头示范，身先士卒，引导周边的村民参与其中，达到了预期的效果。

两年来，我们走遍了葛溪乡每一个角落，所到之处，“容光焕发”，面目一新。为了让效果更显著，让效果更持久，我们又帮助家庭、村庄一起制定卫生公约，并且在每个家庭，每个村庄开展最美系列评选活动。我们评选了最美村庄、优秀家长等，从评选到授牌，我们都一丝不苟，让家长把它当作一种荣誉、一种时尚、约束自己，勉励自己，激励他人，辐射他人。

通过两年的实践，全乡的卫生状况有了明显的改观，村民的环保意识也有了进一步的提升。

这里仍以葛溪乡过港新村为例，曾经是牛粪满地，垃圾满沟，臭气满天的新村，如今却今非昔比，连我们家访的老师都觉得不可思议：家门口的垃圾不见了，马路上也很少见到纸屑了，附近的水沟居然能洗衣服了，清新的环境跟伫立的高楼新房相得益彰，成为过港新村一道亮丽的风景，过港新村也因此被评为“2016 年最美村庄”。

为此，我们特意走访了几户村民，从村民口中，我们明显感觉到家长变了，村民变了。

八(3)班学生汪紫玉：我妈妈曾经是一个忙于生计，什么都顾不上的人，环境意识更是淡漠得可怜。家中、门前经常是垃圾四散，一片狼藉，自从 2015 年学校对家长进行了“小手牵大手”思想动员和培训活动后，思想意识突然转变了。不管多忙，都一定要把家里收拾干净再出去。今年上半年，还特意为我们家庭制作了一个《家庭卫生公约》。她的改变得到了村民的公认，同时获得了乡里和学校联合颁发的“优秀家长”荣誉称号。

村民陈东凤女士：“小手牵大手”活动开展前，邻居汪小华环保意识非常淡薄，每次扫完地她都只是把垃圾往两家之间的枣树底下一推了事，只有等到一两个月后实在堆不下了，才草草清理下。特别是天气热的时候，经常能闻到一阵阵的恶臭，为此，两家人闹过不少的矛盾。但自从 2016 年，在她儿子(当时是葛溪中学六(2)班学生)的引领下，整个好像变了个人，再没把垃圾堆过枣树底下，每次扫完地，都会用畚斗将垃圾清理干净，倒入几十米外的垃圾窖内，我还戏说她是改邪归正了呢！

因为家访，因为一次偶见，因为在常态中创新，我们用学生的小手唤醒了家长淡漠的生态意识，点燃了全民环保激情。如今，葛溪中学正践行着一条“用良好的校风影响家风改变民风”之路，传递着乡村文明的绿色音符。

弋阳葛溪初中推动乡村阅读新风尚

弋阳县葛溪乡初级中学　孙国宾

一、概要描述

自 2014 年起，葛溪中学在弋阳县家校合作协会和“龟峰读书联盟”的引领下，在“校风影响家风，改变民风”思想的指导下，大力推广“绿色阅读”，成绩显著。其中，“图书漂流” 是这项活动中最亮丽的一道风景。

二、案例背景

2014 年，葛溪中学有学生 852 人，留守儿童 410 人，占总人数的 48.1%，面对庞大的留守群体，葛溪中学开展了“常访、夜访、特访”相结合的“课后访千家”活动。家访中，我们发现，大部分学生，特别是留守学生，他们的假期生活非常单调且不健康，除了勉强完成学校布置的一点练习外，基本就是玩手机、看电视，这对学校教育和学生的成长有着极其不利的影响。

三、案例描述

学校利用图书资源优势及校家委会的人脉优势，同当地村委会合作，开展

“图书漂流活动”，在葛溪乡各村委会中心地带（如村委会活动中心、礼堂）设置“图书流动站”和“乡村阅览室”，把学校图书室丰富的藏书“流“进“乡村阅览室”，给学生一个充实、健康的假期生活，并分派相应教师定期进行阅读指导。同时，学校还制定较为完备的阅读评价表，安排学生负责人定时反馈学生假期的阅读情况，进行及时的表彰和鼓励。

四、案例实施过程

为给学生一个充实健康的假期生活，学校在“以良好的校风影响家风改变民风”思想的指导下，制定了一个以“唤醒”“点燃 “奔跑”为目标的读书推广计划：多管齐下，一江“图书”向“村”流。

1. 教师“展秀”引风尚

教师引领阅读，通过学校开展了一系列声势较大的教职工读书活动，唤醒学生的阅读兴趣。如，开展“阅读，让你的气质更完美”演讲比赛、开展教职工“读《清贫》，写《清贫》”书法比赛展、开展师生齐诵《可爱的中国》等读书活动。通过教师活动的开展，学生的阅读兴趣慢慢被点燃，书香气息在校园内渐渐弥漫起来。

2. 学生“示采”溢书香

为使学生的阅读热情能持续保持，学校趁热打铁，开展了一系列学生读书活动，并及时进行表彰，如：“吾以吾口诉吾心”演讲比赛、“普通话，让我们的生活更完美”经典诗文朗诵比赛。同时，学校以“语文主题学习”为依托，通过开展课本剧表演、读书演讲、征文比赛、经典诵读、读书笔记评比、主题手抄报评比等读书活动，为师生搭建展示平台，以赛促读，极大提高了学生读书的积极性，在校内掀起了一股读书热潮。

3. 万事俱备，水到“流”成

在一系列读书活动的推动下，学生阅读兴趣有了较大的提高，阅读意识也有了明显的增强，在这个时候，学校按照原定计划，成立了图书漂流活动筹备委员会，主要由教师和家委会成员构成。利用学校图书资源优势及校家委会的人脉优势，同当地村委会合作，开展“图书漂流活动”，在葛溪乡各村委会中心地带（如村委会活动中心、礼堂）设置“图书流动站”和“乡村阅览室”。

为了使这项活动常态化、持续有效，我校还开展“向阅读先锋致敬”的活动，评选“书香少年”“最美阅读家长”“最美阅读支持者”“最美阅读教师”等优秀阅读人物，从而在全社会营造一个良好的阅读氛围。

五、案例实施过程中的困难与对策

在开展图书漂流活动的过程中，我们也遇到了不少的困难。如随着图书漂流站网点的增加，学校的藏书已经满足不了学生需求的问题；再比如“流动图书站”的假期管理及假期活动开展的实效性的问题；还有，由于学生分散，安全也成了不可回避的问题……

而要解决这些问题，光靠学校的力量是远远不够的，为此，学校积极寻求社会多方力量的支持，加强家校之间的合作，成功破解了这些难题。

为了解决书源不足的问题，学校抓住 2015 年江西省省新华书店出台“新华壹品”送书下乡活动这一契机，积极进行申报，并做好相关后续工作，让“新华壹品”以最快的速度落户葛溪中学，并逐渐将里面的图书漂流到各个流动图书室，极大丰富了流动图书室的藏书。再如，为解决“流动图书站”的假期管理及假期活动开展的实效性的问题，学校积极鼓励家长志愿者参与管理，聘请当地学生家长志愿者在假期轮流值日，对学生阅读进行督促，不仅如此，学校还联合葛溪乡“五老”走进阅览室，对学生进行关怀、指导。

六、案例成效

有书的陪伴，孩子们的内心不再孤独，假期生活也更加充实了。在孩子们的带动下，在家校合作的推动下，不少村民也走进阅览室，成为“读书一族”，这在一定程度上改善乡村生活环境，改变了民风，推动了乡村文明的发展。

七、案例实践反思

第一，学生的阅读活动推进，需要全体老师积极参与指导。

第二，阅读的评价体系还不够完善，学校应根据实际情况，将评价体系完善好，真正激发学生的阅读的兴趣，让学生爱上阅读。

第三，借助学校的力量来改变乡村文明，是一个循序渐进的过程，需要长久地坚持。

家校共建“不在一起的共同生活”

弋阳县私立育才学校 徐晶

一、弋阳县私立育才学校简介

我校创办于 1999 年 8 月，现坐落在风景秀丽的世界自然遗产龟峰脚下，距离弋阳县行政中心不到 500 米，交通便捷，位置极佳。学校占地 150 亩，绿化面积近 40%，总投资近亿元，是一所现代化的园林式学校。

我校一直致力于打造以“生活的花园、温馨的家园、幸福的乐园、成才的学园”四园合一的特色校园，形成了具备鲜明特色的关爱留守学生的教育管理方法，并取得了丰硕的教学业绩，得到了上级领导高度赞扬，吸引了一批又一批来自全国各地的兄弟学校的老师和专家、领导到校参观指导，也吸引了全国各大媒体的关注：如《上饶教研》《江西教育》《教师博览》《中国教育报》《中国教师报》《上饶日报》《江西日报》《江南都市报》，以及上饶电视台、江西电视台、广东电视台、中央电视台等媒体纷纷报道我校的办学成果及办学特色。

二、家校合作共建微信群的产生背景

家校合作泛指家长在子女教育过程中，与学校一切可能的互动行为。留守学生作为一个特殊群体，与这个特殊群体的家校合作也应该要顺应这个群体的特质。他们的父母长年累月不在家，传统意义上的家访、让家长监督孩子做作业、让孩子与家长一起亲子活动等等这些家校合作的互动都很难实现。

作为一个全封闭的寄宿制学校，我们承担着孩子的学习及做人的双重教育，让每个育才学子都“学会尊重、懂得感恩、为人诚信、生活独立”，这些在一定程度上弥补了他们在成长过程中对父母的为人处事的教育需求。但是父母和子女间的情感交流与情感需求，这是学校怎么做都无法替代的。怎么让孩子经常听到父母的声音、了解父母的近况；怎么让父母时时了解孩子在学校的学习怎么样？吃得饱不饱？睡得好不好？

我们想到了微信，微信是一种更快速的即时通信工具，可以图文并茂地展示信息，与传统的短信沟通方式相比，更生动。它完全免费，谁都可以免费下载应用软件，在使用过程中只需要支付给运营商少量的流量费，所有的功能不需要额外付费，农村家庭都能负担得起。截至 2016 年 3 月，微信的使用人数已经超过 9 亿。学校的学生家长们的年龄在 25～38 岁，绝大部分家长拥有智能手机。家长们可在手机微信终端软件上看到除了文字信息外面的班级图片、相册及各种链接、附件等，甚至有不方便当面说的事情或者教师不方便通电话时，都可以通过群上留言或者私聊实现。一个班级建一个家校合作微信群，家长们可以在群里了解孩子在校的情况，可以互相分享育儿经验，还可以提出自己对学校的想法建议。

三、“不在一起的共同生活”的概述

我校现有学生 3900 余名，近 70％的学生为父母常年在外的留守学生，针对留守学生比例高，难管理的情况，我校长期不断探索、创新尝试，摸索出了一条关爱留守学生教育管理的新路子，用老师的真心、耐心、关心、爱心让每一位离开父母的留守学生快乐学习、健康成长。提出了“不在一起的共同生活”的构想，各班建立了班级家长微信群，架起了教师和家长家校沟通的渠道，搭建起了家长与孩子的亲情桥梁；同时学校也开通了微信公众平台，邀请家长关注我们的微信公众号，每天将学校发生的一些动态，孩子每天在学校的伙食编辑成文，通过微信平台群发给各位家长。

我校通过学校微信公众号、班级微信群这两根纽带，拉近了家长与孩子的距离，学校微信公众号平台每天群发图文并茂的内容，让家长每天都可以了解孩子在校活动、伙食的情况。我校家校合作的班级微信群，班主任每天分享孩子在班里的情况，家长也讲述自己在外的动态，通过这两根纽带基本解决了孩子与家长的“相思之苦”，填补了孩子成长过程中需要的父母的关注。

我校的微信公众号得到了家长朋友的广泛关注，班级微信群受到了家长们的热烈欢迎，家长们都积极加入，基本每位孩子都有至少一位家长入群，在这个微信群里班主任及任课老师就是家长和孩子的联系纽带，他们也是微信群的维护责任人。

四、“不在一起的共同生活”微信群的操作及意义

（一）解决家长对孩子的情感需求

父母常年在外，渴望每日都能看看自己孩子，这种思念之情是无法用语言来形容的（尤其是低年级孩子家长）。班主任利用班级微信群高效、便捷、及时的特点，基本解决了这一问题。

（1）班主任每天都会在班级微信群上传孩子的学习、生活情况，用图文并茂展示，传递孩子的点滴进步。看着孩子香喷喷吃着饭菜，穿得一身干净；看着孩子认真学习劲；看着孩子们获奖照片……家长心里别提多欣慰和幸福，每日可以关注到孩子的一举一动，一言一行，不在身边似在身边。“每日能看到孩子照片，我干活都有劲”！这是一位低年级家长微信留言。

(2)给孩子过生日。作为家长可能会因为工作的原因忘记给孩子过生日，感动的是老师没有忘记，要是哪个孩子生日，群里早早地就有老师的祝福，随之而来的就是各个家长的祝福。这一天，总是老师帮忙订好生日蛋糕，利用晚自习的时间，全班为他庆祝，吃着蛋糕，享受着祝福的画面立刻又反馈回群里，家长看到，眼含泪水，孩子也被幸福的泪水包围着。

(3)书信交流。班主任定期组织孩子给家长写信，主题以感恩为主，通过班级微信群以照片形式上传。家长看后，感动得一塌糊涂，及时回复，平时的含蓄在书信中都是直白明了，看后暖人心，既促进情感的交流又作为练笔，提高语文写作能力。

(二)解决孩子对家长的情感需求

在日常情感交流过程中，我们往往重视家长对孩子的情感需要，而忽视了孩子对家长的情感需要，为此学校在这方面也对家长进行引导并形成惯例。

(1)家长定期上传在外工作场景，使孩子了解父母在外工作的艰辛，孩子们心灵得到促动，深感不认真学习愧对父母!

(2)家长可以随时上传对孩子关爱的视频、语音、文字 ，有些“肉麻”话语可以在尽情书写。每日午后和傍晚班主任的手机成了“唐僧肉”，学生争抢着看，每每看到家长的消息都激动万分、欢欣鼓舞，没看到家长的消息就会沮丧、垂泪。这些班主任都默默看在眼里，悄悄联系那些失落的孩子的家长，让他们补上这些温情关怀。

(3)班主任利用每周一晚上班会课，通过班级多媒体现场微信情感互动。班主任会提前一天通知家长互动时间，活动时间之前，大部分家长会放下所有事务，等待这一时刻。活动开始后，家长的视频、语音、文字是接踵而至，孩子们通过语音及时回复，活动过程中孩子们非常开心和激动，时而听孩子们激动地喊着“我爸爸”!“我妈妈”!“我弟弟妹妹”!语音交流时互相毫不避讳地喊着

"我爱你",之后是家长的哽咽和孩子泪流满面!

我们班级微信群就是这样,让家长觉得虽在千里之外,却觉得孩子每天就在身边,让孩子们感受到爸爸妈妈没离开他们,这就是育才学校的"不在一起的共同生活"的微信活动。

五、成立家长委员会

家校合作少不了家长的参与,各班班主任牵头,班级群内部选拔,从每个班选出两名有思想、有号召力、有爱心、有责任心的家长作为班级家长代表,交由学校审核,成立我们学校的家长委员会。我校郑执行校长说:家庭是社会的最基本元素,也是孩子成长的第一所学校。"最完备的教育是学校、家庭和社会的有机结合"。成立家长委员会,就是构筑和搭建学校与家庭、社会沟通交流的平台和桥梁。家长委员会是体现家长参与学校管理以及教育教学工作的有效组织形式,是学校实施素质教育和实现办学目标的重要力量。家长与学校是合伙人的关系,更是一家人的关系,我们的共同目标是"为孩子提供一个良好的生活学习环境,让他们健康成长。

我校通过家长委员会的成员向广大家长传递学校的正能量,推动更多的家长和社会力量走进学校、关心学校、理解学校、支持学校、指导学校、服务学校。期间,我们组织过家长走进育才活动,让家长们充分感受孩子在校的一天生活是如何度过的;组织家长朋友参观学校的无人监控,感受孩子诚信教育的成果。

教育是个系统工程。家庭、学校在其中担当着不同角色,承担着不同的责任。微信在教育领域无疑是一个很大的助力。它最大的优势就是建立了企业与客户之间的互动平台,也就是学校与学生之间的互动平台,而教学如何教得好,要建立在双方互动的基础上。班级微信有效实现家校交流平台由校园内到社区化的转变。与此同时,开通微信公众平台,彰显了我校在自媒体时代的自信和大气,同时也表达了我校愿意以更亲和、更开放、更年轻的姿态为广大家长和学生服务，为全社会关心和支持学校发展的网友服务。

我校以班级微信群为“奠基石”推广校园微信公众号，进一步促进师生和家长们的沟通体验，让学校走出校园内部，走向社会，从班班沟通、家家沟通到校校沟通，分享更多教育教学的乐趣与成果。

推行"五个一",惠及千万家

芦溪县家庭教育服务指导中心　易宜忠　周丙琰

家庭教育是学校教育的重要组成部分。俗话"5＋2＝0",这说明了家庭教育的重要性。近年来,芦溪县家庭教育服务指导中心在省市教育主管部门的高度重视下,改革创新、主动作为,扎实推进家庭教育工作的研究与实践,在家庭教育工作方面取得了一些经验和成果,得到省市领导的高度肯定和赞扬。

一、一个坚强的组织体系

为深入推进全县家庭教育研究和服务指导工作,切实加强和改进未成年人思想道德建设,芦溪县委县政府高度重视,把家庭教育工作纳入重要工作部署。一是强化组织保障。2013 年 5 月,召开全县家庭教育工作会议,会议出台了《芦溪县家庭教育工作五年发展规划》《关于进一步加强家庭教育工作的意见》《芦溪县家校合作改革试点实施方案》等文件。在县教师进修学校授牌成立"江西省家长函授学校芦溪站""芦溪县家庭教育服务指导中心"。二是强化经费保障。县教育局每年整合家庭教育专项经费 10 万元,县妇联等部门争取家庭教育专项经费约 10 万元。三是强化人员保障。成立了家庭教育专门办公室,配备了专职人员3人，做到了“六有”，即有人抓、有计划、有措施、有落实、有效果、有总结，保证家庭教育工作顺利进行。四是强化协同保障。县委县政府成立了以县委副书记为组长、分管副县长为副组长的领导小组，县妇联的“一个专栏、一个考核、一系列评比”、教育局“一份报纸、一本教材”、一个改革试点、指导中心“一系列宣讲、一个QQ群、一个网上家长学校”、卫计委的“人口学校”、民政局的“婚姻学校”、老科协的“家庭教育调研”，全面构建了政府主导、协同推动的“三位一体”家庭教育新格局。

二、一批高效的知识宣讲

由于很多农村家庭缺乏教育常识，忽视对农村孩子课堂之外的教育，尤其是留守儿童的爷爷奶奶、外公外婆等，家庭教育知识急需“补课”，为此，芦溪县每年组织开展了一大批高效的“送教下乡”家庭教育知识讲座。一是建立了一批健全的教学基地。为解决家长分散难以组织集中的矛盾，提高家庭教育的普惠率，芦溪县利用三年时间，建立了覆盖全县各乡镇学校、幼儿园、村、社区的家庭教育基地。目前，按照相对集中、就近设点、兼顾公平的原则，已授牌建立第一批91个教学点，其中中小学校28个、村（社区）31个、幼儿园32个。芦溪县要求所有的教学点必须有固定的场所、组织机构、家长委员会和相关管理制度等。教学点一般是利用学校开家长会时间、每天下午3:00～4:30家长接送孩子的时间、晚上的时间进行家庭教育宣讲活动。二是建立了一支优秀的宣讲队伍。为充分解决家庭教育空而不实、脱离实际等问题，提高家庭教育讲座的针对性、实效性，芦溪县在最基层人员即班主任、“五老”人员、妇联组织、志愿者队伍中筛选37人组成了家庭教育讲师团，讲师团成员分为幼儿园、低年级、中年级和高年级四个阶段进行分类教学。芦溪县注重讲师培养培训工作，每年组织讲师团成员进行专题培训，聘请了省教科所、省委党校等教授专家来校讲座，并派出教师外出培训10多人次。实行讲师团讲师聘任制，凡讲课不符合要求的一律解聘。经过层层把关，宣讲教师在下乡宣讲中效果良好，得到了家长的一致好评。三是扎实开展了一系列的家庭教育知识讲座。自 2013 年 8 月开始，芦溪县每年下乡进行家庭教育知识宣讲约 100 场次，每年惠及家长上万人次，真可以说是惠及千家万户。家庭教育知识宣讲下乡讲座活动的效果良好，得到了家长的一致好评。例 1：在芦溪镇进行家教讲座后，有家长听得不过瘾，要求我们第二天去宣风镇讲座时，他出车费再带上他去再听讲座，第二天他还真的是早早地在出发地等着。听后还跟我们说，如果不是时间问题，还想跟着下去继续听讲座。例 2：讲师团罗老师在路行学校讲座时，把自己教女儿的一封信念给家长听时，部分家长感动地哭了。讲座中，几个家长泣不成声当场谈了很多辛酸体会。讲座后，部分家长打电话或写信给罗老师请教教子方法。例 3. 在好多村（社区）讲座完成后，很多家长都是围着讲课老师，问这问那，咨询自己在家教过程中碰到的自己无从下手的疑惑问题，由于时间问题而现场没有咨询到，就要求讲课老师留下电话号码，以备他们在以后的家教过程中为遇到的问题及时咨询，弄的教师很晚都没回校吃饭。很多家长在听完我们的讲座后，都表示要求以后要经常下去进行这样的讲座，都说这种讲座太好了，太对我们家长的胃口了，对我们在家庭教育中特别是跟孩子交流沟通时太有帮助了。

三、一项扎实的改革试点

芦溪县通过开展庭教育宣讲活动，各中小学幼儿园以及广大家长更加充分认识到家庭教育的重要性，尤其是认识到学校与家庭的合作显得尤为重要，合作才会共赢。为此，在省教科所和县教育局的共同推动下，芦溪县于 2014 年被列为“江西省家校合作试点县”。项目将家校合作的国际视野与我县的本土实践紧密结合，以推动出台省级、县级文件为政策前提，以总结帮助试点学校的家校合作实践为落脚点，开展并实施了一系列实践推动活动，包括推动家长委员会的组织建设，举办专项培训会，开展大样本跟踪调查，驻校指导和调研，家长

教育和家庭教育指导等。通过这些活动,已完成了第一轮的大样本调查,形成了家长委员会建设的规划,初步形成了家校合作的实践框架与统一规范。项目推广的由家校合作六种实践类型构成的专业框架及其包含的科学理念,已经植入核心试点学校,多数学校也已形成相对规范地开展家校合作的热潮。一是高度重视专项培训工作。多次派讲师团成员、学校校长及相关人员到井冈山参加培训。先后三次邀请省专家到校进行驻校指导调研,2015 年,在全县进行了 200 余人的专题培训。二是高度重视案例成果的推介和总结工作。到 2017 年,各试点学校已上报“六种类型”活动案例 200 多个,开展了案例的活动交流研讨活动、案例收集汇总活动、案例评比表彰活动,并将优秀案例上传至省教科所和网上家长学校。三是高度重视家教科研工作。2016 年,全县评选优秀案例 50 个、论文 30 多篇、优秀讲稿(课件)20 个,省级课题《新时期家校合作改革试点模式研究》于 2016 年结题,编辑书刊《赢在家教》《家教》4 本,《家校合作天地宽》一文被省级刊物发表并获奖。

四、一套实在的规章制度

为改变过去那种单一而随意性很大的家校合作局面,建立家校合作长效机制,芦溪县一是制定出台了《芦溪县家校改革试点实施方案》和评估细则,印发了《试点学校工作手册》。二是建立了完善的家长学校制度和家长委员会制度,从家长教育、家长访问、书面沟通、家长委员会五个方面,制定完善《家长学校(教学点)章程》《家长学校(教学点)指导纲要》《家长学校(教学点)管理制度》《家长学校(教学点)表彰条例》等一套制度。三是建立了完善的督导检查和表彰奖励机制。建立家庭教育评比奖励机制、出台评估体系,做到“三纳入”即把家庭教育开展情况作为德育工作的重要内容纳入对中小学幼儿园的年度工作考核评比体系;把指导家长学习情况纳入班主任评先评优范围;把开展家长教育情况纳入学校教师和班主任工作量。四是积极推行“六个一”活动常态化、制度化，即每班建立一个家长留言本、一个电话联系卡、一份告家长书、一张意见征集表、一份素质报告单、一份家教导报，建立畅通的家校联系渠道。

五、一系列大型的主题活动

为深入推进家校合作不断深入，营造良好的家校合作氛围，芦溪县积极开展家校合作主题教育活动。一是每年举办一次大型的学校开放日和亲子运动会；二是每年开展一次大型的家长参与的社会实践综合活动；三是每年开展一次学生品行表现联评活动和大型家庭教育演讲活动；四是扎实开展万师访万家活动；五是积极做好“学做合格父母、培养合格人才”新春家教公益活动。这些活动的开展，有利于进一步完善家庭、学校、社会“三位一体”的大教育格局，形成家校（园）携手、共同育人的强大合力。有利于改变了过去那种单一而随意性很大的家校合作教育的局面，拓宽家校合作教育的渠道，形成切合本校实际的可操作性的家校合作教育新途径。

家庭教育是农村教育工作的“短板”，我们深感责任重大，我们深感意义不凡，“我们有点累但有意义，我们有点亏但不后悔”这是我们家教人的普通不过的话语。我们将不遗余力，在各级领导的关心重视支持下，按照既定目标，改革创新，开拓进取，争取为家庭教育事业创作出新的成绩！

附录：

县域家校合作改革试点实施方案

（芦教字〔2013〕62 号）

为深化家庭教育工作，发挥家庭教育的积极作用，提高家长的教育素质，不断推进我县中小学、幼儿园健康发展，创建家校携手、共同育人的和谐局面。根据省、市、县《家庭教育发展五年规划》、萍乡市教育局《关于进一步加强家庭教育工作的指导意见》等文件精神，特制定《芦溪县家校合作改革试点实施方案》。

一、指导思想

以邓小平理论 、"三个代表"重要思想和科学发展观为指导，认真贯彻落实党的十八大精神和教育规划纲要，坚持以人为本、德育为先，以中小学、幼儿园、村社为依托。以提高家长素质为根本。以建设和谐家庭、培养"四有"新人为目标，积极开展富有成效的家庭教育工作，进一步完善家庭、学校、社会"三位一体"的大教育格局，形成芦溪县家校携手、共同育人的强大合力。

二、总体目标和任务

总体目标：以课程为载体，以教学为纽带，以管理为保障，以传授家庭教育思想和观念、家庭教育的科学知识和方法、家庭教育咨询、指导和服务为基本内容，帮助家长提高自身教育修养，不断增强家庭教育的科学性和规律性，促进家长学校（函授站）教育内容的系统化、教学管理的规范化、育人功能的最大化，形成学校、家庭教育互为补充相互贯通和谐共进的良好局面。

工作任务：学校与家长、班级与家长、教师与家长的三个层面，从家长教育、家长访校、家庭访问、书面沟通、家长委员会的五个方面，提高学校、教师与家长的合作教育的意识，改变了过去那种单一而随意性很大的家校合作教育的局面，拓宽家校合作教育的渠道，形成了切合本校实际的可操作性的家校合作教育的途径。

三、实施步骤

第一阶段:宣传启动阶段(2013 年 3—6 月)

1.制定实施方案,成立领导小组。

2.在芦溪县教师进修学校挂牌成立芦溪县家庭教育指导服务中心和省家长函授学校芦溪函授站。

3.设立教学点 90 个(学校 30 个、幼儿园 30 个、村社 30 个)。

4.成立讲师团 50 人。

5.召开全县家庭教育工作会。

第二阶段:组织实施阶段(2013 年 7 月—2014 年 8 月)

1.芦溪函授站制定年度教学计划,组织讲师团成员下到家长学校(教学点)进行宣讲教育。

2.健全家长学校(教学点)常规制度《家长学校(教学点)章程》《家长学校(教学点)教育指导纲要》《家长学校(教学点)学员管理制度》《"好家长"优秀学员"表彰条例》。

3.各校建立并逐步完善家长委员会工作机构,合理确定委员会成员人数,要具备广泛代表性,兼顾不同行业和各个年级的学生家长,可根据班级情况聘请部分社区代表参与家长指导委员会的工作。

4. 加强家长学校(教学点)的教学管理,明确教学内容和方法。

5.芦溪函授站编辑家庭教育导报。

6.各学校认真组织家长会,采取报告会、交流会、展览会、表新式、会诊式、恳谈式、辅导式、咨询式、辅导式、咨询式等方式召开家长会,芦溪函授站将采取流动评比方式每年评选一批优秀家长会。

7.各学校建立畅通的家校联系渠道,要做到"五个一"即每班设立一个家长留言本、一个电话联系卡、一份告家长书、一张意见征集表、一份素质报告单。

8. 各校要积极开展家校合作主题教育活动。一是每年举办一次学校开放日活动;二是每年开展一次参与社会实践体艺等亲子活动;三是每年开展一次学生品行表现联评活动;四是各校要扎实开展千名教师访万家活动;五是配合做好全县“学做合格父母、培养合格人才”宣传教育活动和家长教育“六个一”行动。

9.认真开展家庭教育课题研究。各学校要认真组织好家庭教育的县级德育科研课题的研究,及时提炼、总结开展家庭教育工作中的新思路、好方法,提升家庭教育科研课题的质量和水平。

第三阶段:总结表彰阶段(2014 年 9—12 月)

1.建立评估体系。教育局将把家庭教育开展情况作为德育工作的重要内容纳入对中小学幼儿园的年度工作考核评价体系中,把指导家长进行学习的情况纳入优秀班主任的评比中,并作为学校及个人评先选优表彰奖励的必要条件。

2.实行奖励表彰。教育局将适时开展优秀家长学校(教学点)、优秀家长(家庭)和家长学校(教学点)先进教师评选等表彰活动。

3.抓好宣传推广。教育局每年将举办家庭教育经验交流会,采取组织学习观摩、交流互动、编辑成果集等方式及时总结推广家庭教育的先进经验,推动家挺教育工作的健康持续发展。

四、工作要求

1.加强组织领导,确保工作落到实处。各学校要高度重视家庭教育工作,要成立家校合作工作领导小组,全面领导和协调家校合作教育工作。要制定年度工作目标和较为详尽的计划方案体系。要认真开展家长学校(教学点)工作,统筹安排,认真组织,扎实有效地推进。家长学校(教学点)要有校牌或标志,制定工作计划,安排授课课程表,建立家长学习档案、考勤表,做好家长学校授课记录、教案、家长作业等的档案管理工作。家长学校(教学点)的活动要适应形势变化和学生家长的接受特点,确保教育活动既富思想性、教育性又富吸引力、感染力,在出实招、求实效上下功夫,防止形式主义要做到措施到位责任到位、落实到位,保证家长学校(教学点)建设的顺利进行。各中小学幼儿园要保证家庭教育工作开展所需的经费。工作开展过程中发生的有关教学参考资料购进、授课人员讲课费等费用由学校公用经费支付。由学校根据实际情况在不影响学校正常教学的情况下自主安排家庭教育工作的教学场地。

2.坚持育人为本,把思想品德教育放在首要位置。各学校家长学校(教学点)的教育教学活动要渗透和体现培养具有正确的世界观、人生观、价值观和全面发展的社会主义事业建设者和接班人这一中心思想,引导家长正确认识智育与德育、成人与成才的关系,把教育孩子学会做人放在第一位,并将思想政治教育、品德教育、民族团结教育、公民意识教育、法纪教育、心理健康教育等有机融合渗透在教学全过程。

3.把握正确导向,科学指导家庭教育,积极争取学生家长对学校教育工作的支持和配合。各学校要转变陈旧落后的家庭教育理念,使家庭教育由经验育人向科学育人转变,由片面注重书本知识向注重孩子正确做人转变,由简单命令向平等沟通转变,把学生家长希望子女成才的迫切愿望引导到正确的方向上来。通过家长学校教学点使广大家长学习掌握家庭教育的规律,了解家庭教育的基本原则,学会家庭教育的方法和艺术,走出家庭教育的误区。

4.注重理论与实践相结合,发挥家庭教育的积极作用。家长学校在教学中要摒弃空洞的说教和照本宣科,要以现实生活中的生动事例来解读家庭教育的基本理论,用身边鲜活的实例启迪、引导、教育学生家长帮助学生家长解决家庭教育中的矛盾和问题。要引导家长在关注子女智力因素开发的同时,开展对子女非智力因素的培养,使学生家长充分认识到孩子在兴趣、情趣、情感、意志、性格等方面的发展和进步,对提高学习成绩巩固知识成果具有重要作用,自觉地从小培养孩子学会学习、学会做人、学会交往。

5.坚持德才兼备,建立一支专业化家教队伍。各学校在开展家庭教育活动中对教学人员的选聘要充分利用当地的教育资源坚持校内与校外、专家学者与一线教师管理工作者与班主任等相结合的方式确保教学的科学性、针对性和实效性。家长学校(教学点)的工作要记入教师工作量根据当地标准发放授课费。要选聘一批具有科学育人理念、家庭教育经验丰富、热心开展家庭教育工作的教育工作者作为专家。经过专门培训后为家庭教育提供专业化指导服务为家长及学生的家庭教育问题提供个性化服务对家庭教育骨干力量进行培训指导服务。

芦溪县教育局

2013 年 5 月 7 日

家校合作天地宽

——芦溪县家校合作改革试点探索与思考

芦溪县教师进修学校　贺明贤　刘本伟

在教育工作中，家庭教育是一切教育的基础。目前家长对子女的教育存在一些不合理的现象：部分家长缺乏参与学校教育的意识，没有认识到参与“家校合作”是自己的权利和义务；有的家长只盼子女成“龙”成“凤”，过分关心子女的学习成绩，而在其他方面却置若罔闻；还有的家长自称文化素质不高或工作忙碌而推脱没有能力或没有时间参与学校教育活动。因此，在教育过程中，学校和教师应加强与家长的合作，以人为本，使每个学生都得到全面健康和谐的发展。

一、建立完善的家校合作关系

家校合作是一种双向活动，是家庭教育与学校教育的相互配合。完善的家校合作关系就是家长要对学校教育给予支持，学校要对家庭教育做出指导，其中学校应起主导作用。家校合作使学校、家庭、社会各系统之间形成协同效应，学校教育居于系统的主导地位，指导家庭教育，协调社会教育，使教育系统不断向着平衡、和谐、有序状态发展。

1. 完善的家校合作关系能更好地促进青少年的健康成长

家校合作的目的是为了孩子的健康成长，让孩子充分享受来自老师和家长的关怀，使孩子感受到教育带来的快乐。由于家庭的千差万别，家长对教育子女的目标、成才的观念各不相同，因此家长对子女的教育理念也不同，所以家庭教育必须在学校教育的配合下，具体分析每个孩子的实际情况，正确引导孩子成才，让孩子健康成长，成为有用之才。

2. 良好的家校合作关系有利于培养学生良好的行为习惯

学校是培养学生良好行为习惯的主要渠道，学校严格按照《中小学生守则》和《中小学生日常行为规范》的要求对学生进行行为规范教育。然而，培养学生良好的行为习惯是一项复杂的系统工程，需要多方面连续不断地，数年如一日地努力。家庭是学生接受教育最早，时间最长的场所，家庭教育的模式适合与否，对其能否顺利接受学校教育关系极大。因此。家庭教育和学校教育之间的一致和配合，更有利于培养学生良好的行为习惯。

3. 和谐的家校合作关系可以促进学校和家庭之间的信息交流

学校家庭两方面教育是否密切配合，重要的一条是要及时交流信息，老师要了解学生在家庭中的表现及对待父母的态度等，以便有针对性地进行思想教育工作。家长也想要了解孩子在学校中的表现，并且还想知道学校是怎样开展工作的。建立家校联系后，能使这一渠道更通畅，学校与家庭教育更有时效性、针对性、目标要求更一致。

4. 完善的家校合作关系能够优化学校教育的环境

从管理学的角度分析，学校管理中由家长参与制定的决策，能够增强家长在学校管理中的责任感，提高教育质量，为建立现代学校制度打下一定基础；学校管理过程中有关各项决策、措施的制定有家长的参与，就会增强家长在学校管理中的主人翁意识和责任感。同时，由于家长又最了解学生的成长经历，了解学生各方面的需要、兴趣、爱好，由家长参与制定的决策，才更具有针对性。激发学生的学习动机，提升在校学生的成就动机与学业成绩，进而整体提高学校教育质量；家校合作送教下乡普及家长育儿知识，提升了家庭教育水平，保护儿童权益，为青少年学生健康成长创造良好的家庭教育环境。

5.完善的家校合作关系有利于学习型社会的构建

终身教育的蓬勃发展需要家校合作构建学习共同体，社会各个领域的改革都聚焦于学习，呼唤学习共同体的构建。尤其是当前留守儿童增加所带来的家庭教育缺失，爷爷、奶奶、外公、外婆带孩子的现象日益增多，学前教育“小学化”现象等问题日益突出。如何探索家校合作新途径，普及家庭教育知识，推进家庭教育工作显得至关重要。

二、明确家校合作的方向重点

家校合作活动围绕的中心应该是学生，学生是家庭和学校共同的服务对象。促进学生的全面发展是家校合作活动的最终方向。

1.家校合作的首要任务是更新家长理念，让家长明白家庭教育的重要性

苏霍姆林斯基说：“孩子良好成长，是家庭教育与学校教育成功合作的结果。”也就是说，要教育好一个孩子，离不开成功的家庭教育和学校教育。那么，在家庭教育和学校教育进行PK时，两者在孩子成长的过程中谁占的比重更大？或者说，哪方对孩子影响更重要呢？教育学家在跟踪调查许多案例之后，得出的结论让许多人难以置信：如果实在要用数字来显示，其比例是9:1。如果你在面对家长的抱怨时，说出这个数据比例，相信大部分家长不会赞同这种说法。在他们的心中，家长只要为孩子的衣食住行负责把关，就已经尽全责了，其余的事，应该由学校负责。在他们的意识里，“我只管生育小孩，学校才是育他成才的地方”。可见，学校的教育的首要任务，其实不应该是如何教育孩子，而是对家长的培训。只有让广大家长真正意识到家庭教育对于孩子的成长是那

么重要之后，才能更好地做好家校合作这篇文章。

2.家校合作的核心内容是培养学生的良好习惯，让家长明白学生身心成长规律

有人提出这样的问题：家庭教育的核心内容是什么呢？穷尽众多的教育专家的各种学说，虽说法不一，但却不要否认培养孩子的良好习惯是家庭教育的核心内容。马克思主义关于人的终极目标的学说认为，人由自然人迈向社会人就是人的终极目标。而由自然人迈向社会人的重要方式是自由的全面发展的人。由自然人迈向社会人的重要方式是学习与劳动的结果，即将“一清二白”的动物式的自然人，通过学习与劳动锻炼，培养成既富有社会责任感，又能将自身自由成长、全面发展的身心健康的自食其力的劳动者。根据马克思主义的这一学说，将自然人培养成社会人，由自发走向自觉，只有依靠学习和劳动培养的结果。学习的是前人的经验，劳动是验证和提高的过程。最终的目的是在学习和劳动的过程中建立能使自己身心健康发展的行为习惯和良好的生存方式。从这方面讲，良好的习惯的培养是自然人向社会人蜕变的重要手段，是人生成功的基石。

所谓良好的人生习惯包含哪些方面呢？综合各方观点，良好的人生习惯包含三方面内容：即良好的生活习惯、学习习惯、健身习惯。良好的生活习惯的养成，既可以使自己生活有规律，又使自己尊重他人，融入社会，容纳他人，为个人的自由发展提供良好的生存空间。良好的学习习惯的养成，减少了人生摸索成长的历程，缩短了人生成长的周期，节约了人生成长的成本。良好的人生习惯培养中最容易被人忽视的是健身习惯的培养。在众多家长的头脑中，明白“身体是事业成功的本钱”这一基本观念，但在实施行动往往视子女的学习为第一位的，将学业分数视为孩子好坏的评分标准，其实，孩子智商的发展与身体的发育有密切的联系。常言道“心灵手行”，反之若“手不行”，恐怕“心也不见得灵”吧。况且，学习的重要目的之一是让学习者身心受益。会学习的人，应该是会

生活爱生活的人。

3.家校合作的基本目的是贴近学生学习生活，让教师明白家校沟通的途径

苏霍姆林斯基说:“学校和生活的一致，家庭生活和学生生活的一致，是青少年时期完善教育的首要和不可缺少的条件。”学生虽然有学校生活，但是学生生活的主要构成是其家庭生活，所以说家庭教育不但是孩子在上学之前接受教育的主要渠道，在孩子上学以后也会对他们产生十分深刻、潜移默化的影响。如果家庭教育与学校教育两者相一致，将强化和提升学校教育的效果，如果两者产生矛盾，将破坏和削弱学校教育的作用。因此，教师要善于与家长沟通，形成教育的合力。

教师如何与家长合作育人。首先，教师应尊重家长，强化服务意识。即教师应学会换位思考，站在家长需求的角度，以德服人，耐心细致与家长进行平等沟通。其次，要主动与家长积极沟通，营造合力。即采用多元化沟通方式，将普访、常访、重点访问结合起来，在与家长接触中，对学生以正面鼓励为主，多肯定少责难，善于聆听家长的意见，从而使与家长的沟通更具技巧性，更贴近学生、家长的心田。再次，教师在与家长的积极沟通中要有意地普及科学，宣传教法，指导家长提高教育子女的技巧。劝导家长要以一颗“平常心”来看待孩子，树立“三百六十行，行行出状元”的观点，让孩子在舒心宽松的环境中成长。劝导家长既要关心子女的学业，更要关心他们的做人。劝导家长要掌握爱的尺度与分寸，言行一致，行无言之教。劝导家长要学会赏识孩子，忌泼冷水，盲目批评，伤害自尊。

培养青少年良好的习惯是家校合作的最重要内容。因此，要建立新型的家校联合育人模式，当以培养青少年良好的习惯为贯穿始终的核心内容。首先，教师在与家长的沟通中，劝导家长在孩子面前应以身作则，在行为上做好示范作用，在精神上做高尚情操的示范者，建立广泛的兴趣爱好，丰富生活，具有高雅的生活品味，创造生活。其次，人格魅力，洁身自好。成功教育的奥妙在于教

师和家长人格魅力，而教育的困惑与失败，大多源于人格的失落与错位。因此，在教育的过程中，一方面教师应培养和建立自我人格魅力，一方面劝导家长注意自身人格魅力的修养，以激励子女的学业发展，陶冶其情感态度，激发子女的道德升华，从而达到“以身立教，其身亡而其教存”的理想教育效果。再次，心理健康，提升品质。以培养青少年良好的习惯为主要目标内容的家校联合体，要注重以孩子们的心理健康教育入手，使被教育者在成长的过程中，树立起正确的自我意识和角色意识，在健康的教育心理环境中建立和谐的人际关系，培养优良的人格魅力，形成较强的适应和改造生活环境的能力，达到具有正确的人生态度，学会调控自己的情绪，及时排解消极情绪的心理健康状态。

三、形成家校合作的良好格局

家校合作是社会参与学校教育的一个重要组成部分。家长的参与离不开社会大背景，家庭教育、学校教育和社会教育要协调一致，相互配合，家庭教育是基础，学校教育起主导作用，社会教育是家庭和学校教育的补充。

1.送教下乡，“五个一”给家长“补课”

家庭教育是学校教育的重要组成部分。俗话“5＋2＝0”就说明了家庭教育的重要性。2013 年芦溪县在县教师进修学校成立县家庭教育服务指导中心和省家长函授学校芦溪站，从经费、人员上给予保证，让家长教育常态化、科学化，与学校教育互融互通。自 2013 年 8 月以来，开展送教下乡宣讲 300 多场次，惠及家长 30000 多人次，发放调查问卷 3200 多份，发放家庭教育杂志 30000 多本，真可以说是惠及千家万户。究其根由，主要做到了“五个一”。

(1)一个坚强的组织体系。为深入推进全县家庭教育研究和指导服务工作，建立健全家校合作平台，进一步提升广大家长的科学育人水平，切实加强和改进全县未成年人思想道德建设，县委县政府高度重视，把家庭教育工作纳入政府重要工作部署。县教育局召开全县家庭教育工作专门会议。县委县政府成立了以杨志副书记为组长的家校合作工作领导小组，全面领导和协调家校合作教育工作。芦溪县教育局实施了家校合作改革试点，印发了方案，制定了年度工作目标和较为详尽的计划方案体系。在县教师进修学校授牌成立“江西省家长函授学校芦溪站”“芦溪县家庭教育指导服务中心”，县教育局每年设立家庭教育专项经费10万元。

(2)一批健全的教学基地。为解决家长分散难以组织集中的矛盾，提高家庭教育的普惠率，芦溪县建立覆盖全县各乡镇学校、幼儿园、村、社区的家庭教育基地。目前，按照相对集中、就近设点、兼顾公平的原则，已授牌建立第一批91个教学点。在全县所有中心校以上的学校设立28个教学点，要求学校有固定的场所、组织机构和家长委员会等，并充分利用学校开家长会，组织开展省市县家庭教育宣讲活动。在全县80多所幼儿数较多的民办幼儿园中设立32个教学点。充分利用幼儿园每天下午3:00～4:30家长接送孩子的时间进行家庭教育宣讲活动。根据相对集中又照顾边远地区的原则在村、社区设立31个教学点。这些教学点大部分都是村小孩子的家长，主要是留守儿童的爷爷奶奶、外公外婆等，家庭教育急需“补课”。与妇联组织一起组织开展“家教大讲堂”活动，将家教课送到农村、社区。

(3)一支优秀的宣讲队伍。为充分解决家庭教育空而不实、脱离实际等问题，提高家庭教育的针对性、实效性，我县在最基层人员即班主任、“五老”人员、妇联组织、志愿者队伍中筛选37人组成了全县家庭教育讲师团，讲师团成员分为幼儿园、低年级、中年级和高年级四个阶段进行分类教学。

(4)一套实在的规章制度。为改变过去那种单一而随意性很大的家校合作局面，建立家校合作长效机制，芦溪县制定出台了《芦溪县家校改革试点实施方案》，从家长教育、家长访问、书面沟通、家长委员会五个方面，制定完善《家长学校(教学点)章程》《家长学校(教学点)指导纲要》《家长学校(教学点)管理制度》《家长学校(教学点)表彰条例》等一套制度。同时，建立家庭教育评比奖励机制、出台评估体系，做到“三纳入”，即把家庭教育开展情况作为德育工作的重要内容纳入对中小学幼儿园的年度工作考核评比体系，把指导家长学习情况纳入班主任评先评优范围，把开展家长教育情况纳入学校教师和班主任工作量。另外，要求学校积极推行“六个一”，即每班建立一个家长留言本、一个电话联系卡、一份告家长书、一张意见征集表、一份素质报告单、一份家教导报，建立畅通的家校联系渠道。

(5)一系列好的主题活动。为深入推进家校合作不断深入，营造良好的家校合作氛围，芦溪县积极开展家校合作主题教育活动。一是每年举办一次学校开放日活动；二是每年开展一次参与社会实践体艺等亲子活动；三是每年开展一次学生品行表现联评活动；四是扎实开展千名教师访万家活动；五是积极做好“学做合格父母、培养合格人才”宣传教育活动。这些活动的开展，有利于进一步完善家庭、学校、社会“三位一体”的大教育格局，形成家校(园)携手、共同育人的强大合力，有利于改变过去那种单一而随意性很大的家校合作教育的局面，拓宽家校合作教育的渠道，形成切合本校实际的可操作性的家校合作教育新途径。

由于组织体系完善，队伍基地健全，下乡宣讲活动多样，群众反映良好。家长去教学点听讲，不是去听大道理，而是去学习解决实际问题的办法；不是去“受训、道歉”，而是与其他家长交流经验，自省自悟。把孩子的问题解决在未然状态，是教育的最佳选择。以教学点为单位组织家长进行引导和沟通，特别是结合孩子的实际情况普及教育学、心理学知识和科学的教育方法，是再合适不过了。总之，开展送教下乡，加强家庭教育的服务指导，路子走对了。送教下乡，深入农村服务农村家庭教育，是一大进步。送教下乡，长期坚持打造家教服务的新模式，是教育之急。

2.改革推动，开展家校合作改革试点

芦溪县于2014年被列为“省家校合作改革试点项目县”。项目将家校合作的国际视野与我县的本土实践紧密结合，以推动出台省级、县级文件为政策前提，以总结帮助试点学校的家校合作实践为落脚点，开展并实施了一系列实践推动活动，包括推动家长委员会的组织建设，举办专项培训会，开展大样本跟踪调查，驻校指导和调研，家长教育和家庭教育指导等。通过这些活动，已完成了第一轮的大样本调查，印发了《试点学校工作手册》，形成了家长委员会建设的规划，初步形成了家校合作的实践框架与统一规范。项目推广的由家校合作六种实践类型构成的专业框架及其包含的科学理念，已经植入核心试点学校，多数学校也已形成相对规范的开展家校合作的热潮。

3.政府推动，构建"三位一体"家校合作新格局

(1)加强协调，齐抓共管。成立县家庭教育领导小组，由县委副书记担任组长，相关部门担任成员，负责指导全县家庭教育工作。妇联组织是家庭教育指导工作的牵头协调单位，教育行政部门负责全县中小学、幼儿园等教育机构中家长学校工作的指导与管理；卫生部门负责孕妇家长学校；各级妇联、团委、教育、卫生、民政、关工委等部门共同参与指导乡镇社区的家长学校和家庭教育指导服务中心的工作。

(2)创新方法，完善体系。创办家庭教育报纸，在电视台、网站等设立家教专版、专栏，利用现代信息技术，多形式、立体化的传播家教新知识、新理念、新方法，普及家庭教育知识。开通家庭教育咨询服务热线和家庭教育咨询服务QQ群，为家长开设家教咨询服务，为学生开设心理辅导，解决家长和学生在学习及生活中产生的苦恼和困惑。开办家庭教育交流园地，分类切磋指导，定期举办家庭教育经验交流活动。

(3)加强宣传，全面提升。各有关单位充分利用现代传媒进行家庭教育舆论宣传和知识普及，通过报刊、广播、电视、网络等媒体办好家庭教育专栏，进一步扩大家庭教育的辐射面和社会影响力，推动全县家庭教育工作上新水平。

家长志愿者，幼儿教育的“合伙人”

芦溪县教育局 彭望萍

陈鹤琴说过：“幼儿教育是一件很复杂的事情，不是家庭或幼儿园哪方面可以单独胜任的，必须是两方共同合作方能得到充分的功效”。因此，让家长参与幼儿园的教育活动，成为教育“合伙人”和“加速器”至关重要。如何有效利用家长志愿服务进行家园合作是当前幼儿教育的一大课题。

一、家长志愿服务是家园合作的一种方法论

家长志愿者在欧美国家特别普遍。特别是在美国，几乎每个幼儿园都有家长志愿者，家长志愿者的工作范围也非常广。虽然我国幼儿园或多或少也会争取家长的参与，但是家长志愿者这种称呼的使用不普遍，更没有很好地将其作为志愿者资源进行管理。近几年，国外先进思想逐渐进入我国，很多幼儿园开始将参与幼儿园活动的家长称为“家长志愿者”。

当前，留守儿童增加所带来的家庭教育缺失，爷爷、奶奶、外公外婆带孩子的现象日益增多，学前教育“小学化”现象以及在幼儿园管理中社会和家庭支持乏力等问题日益突出，如何探索家园合作形式之家长志愿服务新模式，普及《3

～6岁儿童学习与发展指南》等教育知识，从而共同促进幼儿健康成长显得非常重要。

《幼儿园教育纲要》提出，幼儿园必须与家庭取得密切联系与配合。《幼儿园工作规程》也提出，家园合作是幼儿园教育工作必不可少的一部分，它不仅是教育的需要，更是幼儿自身发展的需要。幼儿教育发展到今天，从“还幼儿一个正常的社会生态”的观点出发，家庭的重要性重新受到重视。苏霍姆林斯基把幼儿园和家庭比作两个“教育者”，认为这两者“不仅要一致行动，要向儿童提出同样的要求，而且要志同道合，抱着一致的信念”。这就需要家长作为家长志愿服务者参与到幼儿园各项工作，了解幼儿园对幼儿进行教育的情况与要求，了解幼儿在园的表现，并积极发挥自身的优势为幼儿园献计献策。

我们开展家长志愿服务模式的实践与研究，是根据幼儿园的特点，积极为家长创造有利的平台，利用家长志愿服务模式，让家长与幼儿园成为合伙人，发挥教育的整体作用，更好地促进幼儿成长。在家长志愿服务中，家长学习如何更好地教育孩子，提升育儿水平，从而提高家长对家庭教育的认识，让家长积极承担起教育者的责任，这样才能形成合力。

二、家园志愿服务是家园合作的一种模式

推动家长志愿服务模式进行家园合作，是一项非常复杂和艰辛的工作，它需要通过利用家长的各种优势资源，提高家长的自愿参与意识，提升家长的育儿知识和家教常识来实现。为此，我们通过调查研究、家访座谈、培训培养、建章立制、服务保障等举措，充分利用家长丰富的资源，不断丰富家园合作形式，发挥教育整体功能，构建志愿服务体系，成立相应的志愿服务队伍，组织一系列的志愿服务活动，并使之成为幼儿园工作常态。

1.“安全护导”牵手幼儿保驾护航

针对幼儿园放学时段往往是车辆人流聚集的高峰，特别是下雨天更会造成

门口、马路堵塞的现状，我们组建了“安全护导”志愿队。每天下午放学，无论刮风下雨，他们都坚持佩戴红袖章，每天协助行政值日和门卫保安值守站岗。时而是“交警叔叔”指挥来往的车辆，时而是“车管阿姨”看管车辆停放，时而是“爷爷老师”，与幼儿互相道别……带领幼儿走进大自热，领略自然之美，是幼儿最开心的事情。为此我们也组建了户外“安全护导”志愿队。春赏油菜花、夏游石溪、秋摘橘子、冬玩温泉等活动中，都有爷爷奶奶、爸爸妈妈志愿者队伍忙碌的身影，走小道时提醒孩子当心、过马路时督导交通、游戏时陪在身边。这些家长志愿者耐心细致地呵护每一个孩子，维护着孩子们的安全。

2.“活动助手”呵护幼儿健康成长

让家长参与幼儿园的管理、活动等，有利于家长了解幼儿在园的学习与生活，也有利于家长理解、支持幼儿园，更有利于促进幼儿园管理的科学化、规范化、民主化发展，帮助幼儿园提升管理水平。从一定意义上讲，幼儿园各项活动，家长都乐意参加，在进行“活动助手”家长志愿者征集时，家长们也积极报名。如幼儿“快乐生活”自理能力竞赛中，家长志愿者全程参与主持、计分、评分、颁奖工作；“六一文艺”会演中，佩戴红袖为孩子化妆、换服装、维持现场秩序、做节目评委、为节目颁奖的家长志愿者成了舞台下一道靓丽的风景线；宝宝班家长组成了妈妈志愿故事团，为小朋友们讲述有趣的小故事，激发了孩子的阅读兴趣。果果二班家长志愿者自发组织的亲子活动《爱的旅行》为大班的孩子度过了一个不一样的毕业时光。

3.“家长助教”激发幼儿求知欲望

“家长助教”是家长根据自己的工作性质、特点和专长，走进幼儿园，和教师一起组织幼儿园教育活动的一种志愿服务形式。当前，我们每学期通过志愿服务征集都有 20 多位家长自愿参加。他们中有的是医生、有的是护士，有的是交通警察，上课的内容丰富多样，有《交通安全我知道》《养成良好卫生习惯》《环境保护靠大家》等。上课时，他们精神饱满，自然大方，语速适中，语言甜美，极具亲和力,采取了多种形式与幼儿进行积极有效地互动,孩子们的眼球被家长们设计的有趣内容深深吸引着,激发起了孩子们强烈的好奇心,满足了孩子们的求知欲望,深受孩子们的喜爱,同时也让孩子们从中学会了自我保护、分享、坚强、宽容、奉献……

4.“爱心使者”构筑幼儿爱的海洋

“爱心使者”是家长志愿者带着孩子们把“爱”传递到身边的每一个人的一种志愿服务形式。他们走进读书活动为孩子献上爱心图书和玩具、走进敬老院为孤寡老人送去水果和欢笑、走进社区为贫困家庭送去温暖、走进特殊群体送去节日问候……“爱心使者”们身体力行,为孩子们树立了好榜样,他们将爱心播撒在幼儿园、家庭、社会的每一个角落,根植在每一个幼小的心灵里,生根发芽,开花结果。

三、家长志愿服务引发家园合作思考

在家长志愿服务工作的实践中,我们发现还存在一些问题。例如我们在前期准备和布置的过程中,因培训和模拟演练不够到位,造成助教活动内容不够精彩,缺乏童趣,助教的课堂组织方法也单一,从而志愿活动有时不能有序有质进行。再如,家长志愿者在志愿服务时,全程关注的较多是自己的小孩,没有以全体幼儿的学习为服务目标,导致活动成效不明显,甚至在活动中找园所的麻烦,并不是协助园所一起解决问题和困难。

我们需要继续做以下完善:一是积极营造氛围。活动开展前,利用家长会、致家长的一封信等方式宣传家长志愿者参与活动的意义。活动开展后,家长志愿活动简报、家长志愿心得、“护苗使者”评选名单在芦溪教育微信、幼儿园网站和各班级群进行宣传,扩大社会影响,形成家园合作的浓厚氛围,激励更多的家长参与志愿服务。二是加强领导小组的理论学习,用理论指导实践,制定有效的行动计划和改进计划,并且落实志愿服务队领导小组责任和职责。三是对于每一次的志愿服务活动制定详细可行的活动方案，明确活动目标和责任，以为了一切的孩子为宗旨开展活动。四是对每一届的志愿服务队进行有针对性的培训和指导，提高志愿者的服务意识和服务精神。五是及时反思总结活动中的优缺点，为下一次活动提供方向和借鉴。六是建立激励机制，每期表彰一批先进优秀的志愿者，推进活动的继续开展。

原载《中国教育报》2017 年 6 月 19 日

芦溪县科学育儿知识进社区开放活动

芦溪县第二保育院　彭望萍　刘玉丹

活动背景:芦溪县是一所经济快速发展的县级乡镇,随着计划生育工作的深入,家庭生活水平的提高,年轻一代家长的科学育儿理念日益增强,0～3岁婴幼儿的教育和成长问题越来越受到关注和重视。为了积极普及0～3岁婴幼儿的家长和看护人员的科学育儿知识并为其提供有质量的科学育儿指导,使出生至3岁的儿童健康成长。我院华夏芦溪县早教中心定于2016年3月至5月联合芦溪县镇妇女联合会、芦溪县教育局、芦溪县家庭教育服务中心、芦溪县妇幼保健院开展面向我镇0～3岁婴幼儿家庭,举办一次科学育儿知识进社区到家庭的开放活动。积极响应国家"二胎"政策的需要,积极普及0～3岁婴幼儿的家长和看护人员的科学育儿知识,提供有质量的科学育儿方法,提高人们的早教意识和我县早教质量,促进0～3岁的儿童健康成长。

活动主题:芦溪县科学育儿知识进社区活动

主办单位:芦溪县第二保育院华夏芦溪县早教中心

协办单位:芦溪县妇女联合会、芦溪县教育局、芦溪县家庭教育服务中心(芦溪县教师进修学校)、芦溪县妇幼保健院

一、活动过程和实施

本次“科学育儿知识进社区到家庭”大型社区开放活动主要包括：专家咨询（聘请县妇幼保健院著名的胎教早教专家现场咨询）、婴幼儿常规体检、科学育儿知识讲座、心智测评、亲子活动四个部分。通过此次活动，将立足芦溪县第二保育院，联手妇联、县妇幼保健院、街道，以多方联动、协同推进的方式，同时以幼儿园为基地，社区家庭为核心，在政府的统筹安排规划下，逐步进行覆盖全镇0～3岁早教指导，让早期教育真正进入家庭，以推动0～3岁婴幼儿教育重要性、必然性和规律性，让更多的家长参与、认同、接受早期教育。逐步形成以政府为主导、幼儿园为基地、家庭为核心的多方联动、协同推进覆盖全县的0～3岁婴幼儿教育体系，让早期教育真正进入家庭，进入社区、进入乡村，提高我县幼儿家庭的科学育儿认识和水平。

（一）设立接待区

1. 签到报名处（幼儿园）

所有符合年龄的到场幼儿家庭先到签到处签名，领取活动号码牌。

亲子游戏活动区（幼儿园）

与社区共同参与策划，提供各种丰富的运动器材，组织亲子一起开展游戏，感受亲子互动的乐趣，增加亲子感情，增强活动的宣传力度。（幼儿园负责）

（二）课程展示、育儿咨询区

1. 亲子课程展示区（幼儿园）

在指定的活动室开展亲子课程，带领家长幼儿一起互动玩游戏，指导家长学会观察、记录、评价和教育宝贝，使孩子得到健康、科学、合理、前沿的教育。（幼儿园负责）

形式：提前报名集体听课参与活动。（1.5～2岁的家庭10组）

2. 专家育儿知识讲座（县家校服务中心）

省育婴专家知识讲座，提高家庭科学育儿观，指导家庭教育、幼儿心理发展及生活行为习惯培养。

形式：当天参与活动的幼儿家庭集体参与。（2 岁家庭 15～20 组）

3. 0～3 岁育儿咨询区（县妇幼保健院、家校服务中心、幼儿园）

婴幼儿卫生保健、疾病预防、营养保健、生活行为习惯、入园衔接及适应问题、早期阅读指导、心理特点及教养要点专家咨询活动。

形式：个别咨询、互动探讨。

（三）测评区

1. 婴幼儿身体健康检查区——芦溪县妇幼保健院专家医生（妇幼保健院负责）

主题：常规体检、疾病预防等。

形式：现场检查、个别指导、宣传。

2. 婴幼儿身心发展测查区——早教中心顾问（幼儿园负责）

主题：通过常规检测从大动作、精细动作、言语、认知、应物应人等多方面来反映幼儿的发展状况。

形式：现场测查、个别咨询、互动探讨。

三个咨询台：

常规体检（妇幼保健院）

育儿咨询（保健院、家校服务中心、幼儿园）

身心发育测评（幼儿园）

二、活动成效

本次活动的开展，拉近了社区和学校的关系，更拉近了家长与孩子、家长与老师的距离，真正意义上的学校和社区的联动。通过活动，让更多的家长认识并了解0～3岁幼儿科学养育的关键性和重要性,孩子成长的每个阶段都是关键期,在游戏活动中家长的直接参与和幼儿的互动,直接让家长感受早期教育的必然。活动中,家长们表示这样的活动从来没有参加过,这是第一次也是非常值得参与的活动。希望今后有更多的游戏互动以及育儿知识送到社区送到家庭,这样家长在陪伴孩子成长的过程中才会有信心有方法。活动结束后,个别家长还主动咨询幼儿的心智发展情况,以及培育策略。

三、活动拓展和改进

本次科学育儿进社区活动得到了县妇联、县妇幼保健院、县家校服务中心、丰泉社区的大力支持和通力合作。活动结束后,我中心针对参与活动的家庭逐一安排亲子课程体验、心智发育测评等服务。给家长提供有针对性的教育指导和亲子互动方案指导。

科学育儿是一个长期并且一直需要我们坚持关注的话题,孩子出生从来就不是带着说明书来的,并不是所有的父母家长都是合格的,相对于孩子来说,其实父母更需要教育。那么如何保证孩子成长的路上有家长耐心的陪伴和正确的指导?父母是孩子的第一位老师,父母的一言一行时刻影响着孩子。让父母了解更多的育儿知识,掌握正确的育儿方法,在孩子的关键期施以正确的教育,那么,孩子的健康成长就收到了事半功倍的效果。

继续通过知识讲座、发放宣传单等形式提高父母0～3岁科学早教育儿观念,了解孩子成长发展的关键期。

继续扩大范围开展亲子游戏互动活动,从社区走进家庭,从乡镇走进村户。幼儿园、家庭和社会三位合一的教育是现代教育的需要。幼儿园是对幼儿实施教育的主体,家庭成员,尤其是父母对孩子的教育,对孩子的学习和成长具有非常重要的意义。

幼儿园与社区紧密合作,利用社区资源来开发幼儿园课程,是教育生存和发展的需要。

附录：

芦溪县科学育儿知识进社区开放活动方案

一、指导思想

以提高我国人口素质和计生水平为宗旨，积极策应国家“二胎”政策的需要，积极普及0～3岁婴幼儿的家长和看护人员的科学育儿知识，提供有质量的科学育儿方法，提高人们的早教意识和我县早教质量，促进0～3岁的儿童健康成长。

二、活动目标

通过讲座、测评、咨询、体验等方式，让家长学习到0～3岁婴幼儿教育的一些简要知识、技能和感悟，体会到0～3岁婴幼儿教育的乐趣、童趣和亲情，认识到0～3岁婴幼儿教育重要性、必然性和规律性，让更多的家长参与、认同、接受早期教育。逐步形成以政府为主导、幼儿园为基地、家庭为核心的多方联动、协同推进覆盖全县的0～3岁婴幼儿教育体系，让早期教育真正进入家庭，进入社区、进入乡村，提高我县幼儿家庭的科学育儿认识和水平。

三、承办单位

主办单位：芦溪县第二保育院华夏芦溪县早教中心

协办单位：芦溪县妇女联合会、芦溪县教育局、芦溪县家庭教育服务中心（芦溪县教师进修学校）、芦溪县妇幼保健院

四、活动安排

1. 活动时间：2016年4月16日

2. 活动地点：芦溪现代城小区、宣风镇、银河镇

3. 活动对象：0～3岁婴幼儿家庭

4. 开放内容：专家咨询（聘请县妇幼保健院著名的胎教早教专家现场咨询）、婴幼儿常规体检、科学育儿知识讲座、心智测评、亲子活动

五、活动设计

（一）接待区

1. 签到报名处（幼儿园）

所有符合年龄的到场幼儿家庭先到签到处签名，再领取号码牌参加亲子互动游戏。

2. 亲子游戏活动区（幼儿园）

与社区共同参与策划，提供各种丰富的运动器材，组织亲子一起开展游戏，增进亲子关系。（幼儿园负责）

（二）展示、咨询区

1. 亲子课程展示区（幼儿园）

开展亲子课程活动，带领家长幼儿一起学习玩游戏，指导家长学会观察、记录、评价和教育宝宝，使孩子得到健康、科学、合理、前沿的教育。（幼儿园负责）

形式：提前报名集体听课参与活动（1.5～2 岁的家庭 10 组）

2. 专家育儿知识讲座（县家校服务中心）

省育婴专家知识讲座，提高家庭科学育儿观，指导家庭教育、幼儿心理发展及生活行为习惯培养。

形式：当天参与活动的幼儿家庭集体参与（2 岁家庭 15～20 组）

3. 0～3 岁育儿咨询区（县妇幼保健院、家校服务中心、幼儿园）

婴幼儿卫生保健、疾病预防、营养保健、生活行为习惯、入园衔接及适应问题、早期阅读指导、心理特点及教养要点专家咨询活动。

形式：个别咨询、互动探讨

（三）测评区

1. 婴幼儿身体健康检查区——芦溪县妇幼保健院专家医生（妇幼保健院负

责)

主题:常规体检、疾病预防等

形式:现场检查、个别指导、宣传

2.婴幼儿身心发展测查区——早教中心顾问(幼儿园负责)

主题:通过常规检测从大动作、精细动作、言语、认知、应物应人等多方面来反映幼儿的发展状况

形式:现场测查、个别咨询、互动探讨

六、活动流程

8:30 场地部署完毕

现场摆放物品:

1.展板3张

2.气球布置

3.条幅:科学育儿知识进社区开放活动,华夏芦溪县早教中心

4.音响设备1套

5.活动场地、亲子课程活动区(看现场)

6.桌椅板凳2套

8:50 全体工作人员就位分工如下:

1.活动分工、调度人员:赖金玲、刘玉丹

2.装车、运输人员:章桂荣

3.音响安装人员:幼儿园

4.签名负责人:幼儿园杨洁

5.礼仪引导:幼儿园彭夫英

6.游戏活动:幼儿园罗馨

7.早教课程展示:幼儿园彭夫英

8.育儿知识咨询:县妇保李科长

9.育儿知识讲座:县家庭教育服务中心

10.现场幼儿健康体检:县妇保李科长

11.现场幼儿心育测评:幼儿园赖玲

12.现场活动安全秩序:幼儿园

9:00 活动正式开始:

播放音乐,开始分发宣传单,签到,开展亲子游戏活动。

9:30～10:00 亲子课程活动、育儿讲座

多元启智课程(1.5～2 岁宝宝家庭,一大一小,提前预约)

科学育儿讲座(2 岁宝宝家长)

10:00～10:50 常规体检、发育测评、育儿咨询区

三个咨询台:

常规体检(妇幼保健院)

育儿咨询(保健院、家校服务中心、幼儿园)

身心发育测评(幼儿园)

七、准备工作分工

1.社区调研摸底:人口分布情况,0～3 岁幼儿家庭情况。

2. 社区宣传单设计印刷发放、宣传海报制作张贴。

3.易拉宝宣传展板、横幅。

4.活动场地布置材料准备:幼儿园

5. 妇幼保健专家邀请:县妇联

6.亲子活动老师课程练习:幼儿园

7.亲子老师服装:幼儿园

8.专业人员安排:(包括常规检及咨询专家)

9.现场布置:幼儿园

横幅 1 个

音响设备 1 套

活动及咨询登记册 2 本

参加亲子课程活动标识 10 个

气球若干

宝宝赠品(小区房地产赞助商准备)

八、总结

活动结束两周后,拿出活动总结汇报、统计发放测评报告。幼儿园将参与心智发育测评幼儿的书面报告作出来,并电话通知家长来园拿取,给家长提供适合其幼儿的教养游戏和帮助。

工作人员安排表

工作	内　　容	负责人	截止时间
总指挥、调度	协调各方面事物	彭望萍	
安全、秩序指挥	协助现场活动有序进行	蔡锦萍、韩晶	
现场指挥	按活动方案、安排,督促进度	刘玉丹	
设备运送、采购	联系车辆 8 点到位,音响一套,活动纪念品若干	刘欣乐子	
签到、活动协调	引导幼儿家庭签到、开展游戏、听讲座上课	杨洁、肖妮	
活动调度、心育测评	负责测评、咨询、准备咨询台咨询布、测评考核表、测评材料	赖玲、刘玉丹	
课程展示	课程练习,教具准备,名帖,坐垫,音乐碟	彭夫英、李娜	
游戏组织	游戏名称、组织、排练,道具、气球、音响、话筒	罗馨、周宇红、廖淳、李爱梅	
现场布置	横幅、宣传、场地安排	全体老师	
体检、咨询	工作台、体检器材等	县妇保	
讲座	场地	家庭教育中心	

芦溪二保班级微信群建设与管理案例

芦溪县第二保育院 张黎霞

微信的诞生不过短短的几年时间，但是已经跟每个人的生活、工作息息相关了。正是因为需要与时共进，微信在工作交流中的应用已经越来越普及。

由于许多年轻的父母平时忙于工作几乎无暇来园参加各项活动，我们便把一些幼儿园的计划、新闻通知、每周食谱、活动的内容及其他家长反映的问题及时发送到班级微信群上。让家长在繁忙的工作中及时了解幼儿园及孩子的动态，让大家聚焦于某问题畅所欲言。这样，不仅便于忙于工作的家长和教师沟通，而且可以起到家长之间相互教育、相互启发和交流的目的。但是交流的便利无孔不入，让很多老师和家长都“跑偏了”，这让大家感到增添了许多烦恼。不少老师、家长都快“怕”了家长群。这样，还怎么愉快地交谈呢？教师可以从以下方面入手，有效管理班级微信群促进家园合作：

一、班级微信群管理制度

（一）建群要求

班主任负责建群，其他教师和幼儿监护人经群主批准方可入群，禁止无关人员加入。群成员一律实名制，教师命名规则：教师姓名；学生家长命名规则：学生姓名 + 爸爸/妈妈。

(二)设立班级微信群群规

“不以规矩，不能成方圆。”在建班级群时应设立班级微信群群规，在日后的工作中，教师能更好地管理班级微信群。群规包含建本班级微信群的目的、信息发布要求等。

例：

亲爱的家长朋友，本群建立的目的是让家长了解孩子在园的生活，交流孩子成长经验，传达班级信息，同时为各位家长和老师，家长和家长之间交流教育信息提供平台。

信息发布要求

(1)遵守国家法律法规及相关网络信息管理规定。

(2)为弘扬正气，传播正能量，群内成员发布信息应积极向上。

(3)本微信群只用于家校沟通交流，不做聊天使用。个别突出问题只能私信交流，不得在群内交流。

(4)交流中，禁止诋毁学校及师生形象，禁止出现有违社会公德、不文明、侮辱性的语言，禁止出现不良政治倾向、宗教、色情、暴力等内容。

(5)严禁恶意刷屏(相同的文字连续出现 3 次及以上视为刷屏)。

(6)鼓励在群内表扬先进个人，先进做法。

信息主要分为：校动态、班级动态、家教指南、温馨提示、节假日问候、孩子成长经验交流。……为了营造良好的网络环境，使本微信群成为每个家长乐于关注的平台，请您使用实名学生姓名 + 爸爸/妈妈，文明交流。

如涉及以下言论请自动退群：

(1)危害国家利益的反动言论；(2)传播黄色淫秽信息的；(3)多次发布虚假

信息、消极负面信息的;(4)发布病毒链接及诅咒信息的;(5)涉攻击群员人身言论的;(6)私自发布招生、拉票、广告信息的;(7)发动画表情刷屏;(8)禁止对外泄露群友个人信息和照片信息。

以上为本班微信群群规,请各位家长自觉遵守,共同维护。如有违反请自动退群。已阅者同意请回复(学生姓名 + 爸爸/妈妈已阅同意)字样

XX 年 XX 月 XX 日

(三)对老师的管理规则

(1)班级微信群由班主任与副班老师共同管理,班主任为第一责任人,执行微信群管理规定,负责群成员实名制、聊天监管、违规处理等。班主任不能处理的要及时向有关领导汇报。

(2)不定时检查群成员,不应加入人员应予以清退。

(3)对发布非本群应发内容的,如是教师成员班主任有权制止,如是家长成员的,班主任或教师要及时向其指出并指导其发布相应的内容。

(4)发布通知时必须做好充分、充足准备,以免出现表达不清现象,在群里上传学生学习和活动照片时不得只上传优等生照片,不得发布批评或教育言论。

(5)孩子的个别问题不要在群里抛出话题而单独交流(有些学习和生活上的问题,家长、老师的联系,面谈也是不可或缺的),普遍问题可以在班群中与家长交流。

(6)在班群中晒照片要注意公平看待每一个孩子,多表扬,少批评。

(7)试着在每一条通知后加上"不用回复"几个字或类似的话语,可以避免大量不必要信息的骚扰。

(8)注意说话方式,传播积极向上的正能量。

(9)做班级群中的引导者,对于一些不适合发在班级群里的内容,要学会婉

言提醒。

二、微信群发图片注意事项

家长每天都想知道孩子天天在园做些什么，教师难免会发孩子在园的照片。发照片有些家长会问道：老师，怎么不见我家宝贝，他去哪了。教师在班群中晒照片要注意公平看待每一个孩子，尽量每位孩子都能上镜。如今天活动的确没拍到全班的孩子，发照片前可以预先告知，今天的活动是抓拍，有个别孩子不在镜头里，发这些照片的目的是什么。

三、微信评价

家长也需要表扬，我们说好孩子是“夸”出来的，那么好的家长也需要我们表扬、鼓励，才能成为我们的合作伙伴。在开家长会时，我会表扬一些家长配合我们工作或与幼儿互动的事情。每次家长活动后，在微信群给各位家长颁发各种奖状称号，同时孩子来园当着孩子的面再次表扬家长并请孩子带话给家长。

每个人都要面子，在群内一般只批评不良现象，不批评具体孩子。

四、教师专业素养

福禄贝尔认为：“教师是幼儿学习的指导者，是良好环境的卫士。”这说明，幼儿教师肩负着儿童启蒙教育的重任，教师的一言一行、一举一动都会像镜子一样被幼儿模仿和反射，其素质的好坏直接影响到下一代人的成长和发展。

唯有幼儿教师专业修养提高了，才能把握幼教形势的脉搏，深化幼教改革，促进幼儿的全面发展。

良好的班级家长微信群加强了家园合作化，给家长、幼儿园和教师提供网络交流的平台，既解决了家长因工作繁忙不能及时在园里和老师详细交流的矛盾，同时也提高了家园合作和教师工作的效率。

芦溪镇中心学校"舌尖上的美食"家校合作案例

芦溪镇中心学校　邱小梅

2015年12月22日在芦溪小学405班成功举行"舌尖上的美食"活动。这次活动弘扬饮食文化，增加孩子的DIY能力，促进亲子关系，加强家校合作。这次活动给孩子们提供一个展现平台，展示他们的风采。通过介绍了各种美食成果，充分锻炼的孩子们的组织及DIY等各方面的能力以及孩子们学到了在处理事情时，合作的重要性。

一、充分锻炼了孩子们的能力及增强DIY能力

在活动的前期准备工作中，老师利用综合实践课与孩子们积极讨论精心策划并制定出了活动方案及注意事项。

本次活动学生参加活动的材料用具，如碗、筷子、桌布等要小组自备。

参加美食节的食品要卫生，要自带垃圾袋，保证教室的卫生。

在活动过程中注意安全。

另外品种多样性，孩子们的喜爱哪种实物，分组展示，品尝，评选等各方面大大小小的问题。

活动中，各个小组在志愿家长的带领下井然有序，一起分享，一起幸福。

最后，在大家的热情中，活动画上了完美的句号。并且在结束后每个孩子积极打扫本组的卫生，同时家长们也做好了表率。每个小组分工明确。一组，二组收拾东西。三组，四组扫地。五组，六组抹桌子。七组，八组拖地。在大家的共同努力下，教室又恢复到了干净，明亮的知识殿堂。

这次活动充分体现了我们405班是一个有组织、有纪律、团结的大集体。我们确信，在这次活动中我们学到了很多。这次活动使孩子们了解了饮食文化，同时也让孩子们懂得了粮食的来之不易。同时增强了孩子们的DIY动手能力。力求做到了在活动中学习，在学习中求乐趣。

二、促进了亲子关系，加强了家校合作

本着一切为了孩子，为了孩子的一切的想法，家长们挤出点时间来，一心一意地陪伴孩子的成长，参加“舌尖上的美食”活动。在家的时候，在家长的帮助下孩子们精心做出了一道道美食。有部分有爸妈来自四川，广西等地方的家长们带来了川菜，广西菜肴。在活动中，家长志愿者协助老师组织孩子们分享美食，以及在分享过程中协助老师关注孩子们的安全。另外，家长志愿者还与老师一起评选出了本次活动的最佳创意奖、最佳合作奖、最佳人气奖、最佳味道奖等奖项。

由于在活动前，工作没有井然有序地安排到每一个细节，整个活动仍旧存在着一些美中不足之处。场地的有限性，导致在活动过程稍显拥挤。但是通过“舌尖上的美食”，我们学习到了许多东西，积累了很多经验和懂得了更多的道理，相信这些宝贵经验不论是对今后的学习还是工作都将大有帮助。405班美食节在孩子们的心中烙下了一个快乐的痕迹，让许多孩子久久难忘。在下一次的活动中，我们会达到预期目标，争取做得更好！

附录：

舌尖上的美食活动方案

(一)活动背景

为了弘扬饮食文化，增加孩子的DIY能力，促进亲子关系，加强家校合作，405班特举办“舌尖上的美食”活动，给学生提供一个展现平台，展示他们的风采。邀请家长与孩子共同参与美食制作及班级美食活动，以达到提高孩子饮食质量，促进孩子身体健康，家校相互交流的目的。

(二)活动时间

2016年12月22日下午

(三)活动地点

405班教室

(四)参加对象

学生、家长、老师

(五)活动内容

1.本次活动由学生DIY制作，展示每个家庭特色的小吃。

2.学生分为9个小组。每个小组商量，尽量做到品种多样。

3.评选出舌尖上的美食 。

(六)活动流程(两小时)

1. 迎接家长、孩子入校。

2. 按类摆放自制食品。

3. 学生代表、家长代表、老师代表对菜肴进行评选。

4. 评选。每组选一位学生代表组内分享菜肴制作过程，制作者介绍本道菜肴的营养成分及食用的好处。各小组成员在边上助威，鼓掌，营造欢乐的和谐氛围。

5. 美食餐厅开放。

6. 学生、家长和老师一起品尝美食。

（七）注意事项

1. 学生参加活动的材料用具，如碗、筷子、桌布等要小组自备。

2. 参加美食节的食品要卫生，要自带垃圾袋，保证教室的卫生。

3. 在活动过程中注意安全。

4. 在活动过程中给孩子做好表率作用。

用爱与智慧守望学生成长

芦溪县路行学校 黄屹婷 贾维依

一、主题与背景

苏霍姆林斯基曾说过："教育的效果取决于学校和家庭教育影响的一致性。如果没有这种一致性，那么学校的教育和教学过程就像纸做的房子一样倒塌下来。"

社会的飞速发展促进了学校的发展。学校的发展离不开社会环境，尤其离不开学生家长对学校的关心和支持。然而，近年来，随着社会经济成分、组织成分、物质利益、就业方式日益多样化，人们的社会联系、社会流动日益频繁，各种大众传媒、精神文化产品对家庭的影响不断增强，由此带来了未成年人教育的选择性、差异性明显增加，家庭成员之间的思维方式、道德水准、价值取向、文化的需求也呈现多元化态势，家长学校的建设面临着对象覆盖难、方法奏效难、效果实现难的问题，特别是近几年麻城城市圈的扩大，城区人口增长越来越快，市民对教育的需求越来越大，对教师的要求越来越严，对孩子的期望越来越高，加之独生子女的增多，进城务工的农民工子女和留守儿童的增多，造成班级人数越来越多，学生越来越难教，老师的精神压力、工作压力越来越大，有的教师产生了职业倦怠，觉得现在的书难教，家长难缠；而有些家长只顾自己挣钱，把教育孩子完全推给了学校；也有些家长对学校教育十分挑剔，稍有意见就在公众场合或网站上发泄不满，攻击老师、攻击教育，既有损教师尊严、又有损教育形象，极大地影响了素质教育的进程，不利于学生的健康成长。为了进一步深入贯彻中共中央、国务院《关于进一步加强和改进未成年人思想道德建设的若干意见》，全国妇联、教育部《关于进一步加强家庭教育的意见》和《关于全国家长学校工作的指导意见》等文件精神，充分发挥家庭在未成年人思想道德建设中的重要作用，帮助家长更新家庭教育观念，掌握科学的家庭教育方法，引导帮助家长树立正确的人生观、亲情观，提高家长学校的办学水平，促进学校与家庭、社会的沟通，从而优化教育环境，培育出思想高尚、充满活力和创造力的时代新人，我校积极响应上级文件精神组织召开了“千名教师访万家”活动，让教师主动到学生家里和家长联系。大家真正做到了平等，教育产生了一致性。

二、组织实施者

学校领导、各年级班主任以及科任教师。

三、案例过程描述

（一）主题目标

1.“千名教师访万家”活动落到实处，每个学生家庭都要走访到。

2.了解班级学生家庭住址、家庭情况。

3.沟通孩子在学校与家庭的学习生活习惯、交流家庭教育的方法。

4.架起家校合作的桥梁。

(二)活动准备

1. 建立对家长的培训制度;实行家长委员会制度;建立组织机构;成立家长学校;组建家长工作委员会。

2. 建立《家校联系卡》;定期召开家长会;树立榜样,表彰优秀家长;举办"家长开放日"活动;举办家长培训班。

3. 教师定期家访;教师准备好交流材料。

4. 开展家校共建活动。

四、活动过程

1. 举办家长学校

学校举办家长学校的主要目的是要有计划地向家长宣传国家的教育方针、政策,宣传、推广、普及科学的教育方法,从而提高家长的教育能力,提高家庭教育的质量和效益。鉴于我校学生人数多,将分层开展形式多样的教育活动。如:组织开始"五会",即家长委员会、家长会、家长培训会、家长座谈会、家教经验交流会、家长学校办公室,要搞好家校联合方面的组织、协调、督办、存档等工作。

2. 成立家长委员会

家长委员会是学校、教师与家长之间相互联系的畅通渠道,是家庭教育与学校教育相互沟通协调的纽带。家长委员会分三级(学校—年级—班级)。

(1)学校家长委员会由分管德育的副校长牵头,各年级推举代表组成,其职责是:审议学校工作计划,参与学校的重大决策,听取学校工作总结,提出改进意见,督促学校各项工作的开展。

(2)年级家长委员会由年级主任牵头,各班推举代表组成,其职责是:审议年级工作计划,参加年级组织的重大活动,协助级主任和班主任做好年级的家校联系工作，及时反馈家长信息，参与年级教科研活动，督促年级不断改进工作。

（3）班级家长委员会则由班主任牵头，由班内家长推荐代表组成，班级家长委员代表家长的利益和愿望，对班级工作提出意见和建议，还可以审查修订班级工作计划，参与班级教育科研活动，参与班级管理及教师教育教学常规管理，督促班级不断调整工作思路，改进方法，达到最佳育人效果。

3. 召开家长会

按照《小学管理规程》规定，学校必须定期召开家长会。一年级一般在刚入学时，毕业班一般毕业前夕，其他年级根据本班实际情况酌情定时。在家长会上学校领导及教师要把学校的办学方向，办学水平和教改的成果及举措告诉家长，也可介绍一些科学的育人方法，请有经验的家长作交流，老师和家长把孩子在校在家的表现相互通报，也可让学生参加，让他们亲身感受老师和家长都在关心他们，帮助他们，为他们操心，从而激发学生奋发向上自主教育的意识。

4. 举办“家长开放日”活动

作为家长，往往迫切希望了解孩子在校的成长与发展状况，学校举行“对家长开放日”活动就给家长提供了机会。开放日的时间定为，每月的第一周，按年级分别为：星期一为一、二年级，星期二为三、四年级，星期三为五、六年级，星期四为七、八年级，星期五为九年级。活动内容包括，参观班级布置，检查教师常规教学工作（备、教、辅、批、考），翻阅学生作业，参加主题教育活动，观看学生成果展示等。让家长看到学校工作的整体水平和学生的发展水平。

5. 教师定期家访

教师到学生家庭进行家访是他的工作内容之一，家长应热情接待。教师家访要仪表端庄，语言文明，一分为二地评价学生，与家长达成一致意见，切忌家访时附带其他与孩子无关的事，而有损教师形象。家长要认真了解孩子在校的表现，主动向老师介绍孩子的优缺点、个性及特长，与教师共同研究教子良方，使家庭教育与学校教育相得益彰。

6.通过微信、QQ进行家长培训

为了提高家教水平达到家校共建的目的,实验二小家长学校决定定期分批举办家长培训班,让家长了解、支持、督促学校各项工作,学习先进的育人经验,不断总结自己,改善方法,为孩子健康成长寻找科学有效的途径。

7.建立家校联系卡

家校联系卡是家校联系最方便、最灵活、最实用的渠道。它可以省时,增强透明度,使老师和家长充分了解孩子在校、在家的情况,充分地交流信息,为及时有效地教育孩子打下基础。所以教师和家长都要以认真的态度对待家校联系卡,每月按时发放,如实地填写,不要把它当作差事应付。从下学期起凡不认真填写家校联系卡的家长将受到家长委员会的批评,本校老师完成此项工作的情况将纳入班级考核和教师年度考核。

8.开展家校共建活动

家校共建活动是学校与家庭,教师、家长与学生共同参加的活动,其主要形式和内容有以下几种:亲子运动会、"六一"科技艺术节、主题班队会、综合实践活动、绿色环保……家校共建融教师、家长、学生为一体,可增进相互了解与合作,加深相互间的感情,有利于调动三方的积极性,达到共同成长的目的。

9.开通微信群"家长信箱"

为了提高办学质量,学校必须面向社会、面向广大家长,随时接受他们的监督。通过博客或微信群建立"家长信箱"便于及时了解家长对学校的反映,对本校教师教育教学工作的反映。德育处对家长反映的情况进行整理,会同相关部门及老师共同解决,争取做到公正、求实、快捷、有效。

10.建小组合作评价表、班级事务本、读书笔记

(1)现代社会需要品德优秀,个性优良,素质全面,具有创新精神和实践能力的人才。给学生建小组合作评价表与班级事务本,就是采用激励积累的方

式,鞭策学生进行自主教育,不断进步,成为合格的小学生。

小组合作评价表:每班依据本班情况创建合作小组若干,每小组成员 4～6 人,每天根据学生的操行和在校表现,在小组合作评价表酌情加分或减分,每天一小结,每周每小组分数最高者,评为小组优秀之星,登入班级事务本上。

班级事务本:记录每周的小组优秀之星,记录每周的班级之星(进步之星、文明之星等),还可以记录学生平时在学校与班级中的一些事项,如:好人好事、纪律情况、迟到人员、特殊贡献等。

读书笔记:参与“书香萍乡”海量阅读活动,每班设立读书角,每个学生带 2 本课外书放入读书角,供全班学生相互借阅,每周至少 2 篇读书笔记。一周一评比,一月一总结,学生毕业时搞一次综合大展示,以激发广大学生在漫长的小学九年中不断进取,博学多才,个个成为小能人。

(2)其他班级的学生采取自愿原则。学校、年级、班级都要搞好家教材料的积累,建立健全的家教工作档案。每学期政教处将对各班家校联系工作进行全面检查。采取看、听、问、座谈的形式,看资料记载与积累,听教师的汇报,搞问卷调查,请家长、教师、学生座谈。最后总结经验,找出不足,提出修正意见,使家校联系工作向纵深发展。

五、有效落实措施,取得明显成效

1.家长教育理念得到较大转变

我校地处农村,很多孩子的父母都在外打工,且家长的教育观念相对陈旧,对孩子所付出的心力和时间极其有限,教育方式也比较单一。通过家校合作措施的实施和渗透,家长们多数认识到了自己的教育问题,对孩子的陪伴投入以及教育方式方法都有明显的改观。

2.对孩子的关注度明显提高

之前,部分家长只简单关注孩子的分数,而今,通过数次家长学校的培训,家长更多地关注到了孩子的学习过程以及全方位的发展，这是一个观念上的进步，也是家长素质的进步。

3. 与学校的配合率与日俱增

很多家长从前忙于工作，认为孩子上了学教育就是学校的责任，不管不问，现在，很多家长能够主动与老师联系，并配合学校和老师完成教育孩子的工作，形成合力，共促学生发展。

芦溪镇中学班级家长会纪实

芦溪县芦溪镇中学　刘升

为了提升家庭教育的科学性和有效性，促进学校与家庭、教师与家长的交流与沟通，更好的形成家校教育的合力，继续家校两位一体的教育网络，芦溪镇中学于2016年11月19日上午8:30召开了全校学生家长及学生共同参加的常规性家长会。

此次家长会在学校周密的安排下，以班级为单位由各班班主任组织召开。主要内容分为四部分：一是胡昶校长通过广播向家长汇报学校成绩和工作；二是班主任向家长汇报孩子在校的学习情况；三是优秀学生代表和优秀家长代表与家长交流；四是科任老师与家长进行交流。

为筹备此次家长会，各班主任和学生都准备了详实的发言材料和展示材料，对教室进行了精心的设计和布置。在家长会上，班主任老师和科任老师有针对性地跟家长进行了汇报、沟通和交流，家长与子女都说了心里话，家长们相互交流了教育孩子的经验和方法，也向老师们反映自己在教育孩子时遇到的困惑。最后，班主任们对家长就如何进行有效家庭教育作了相关的指导，并向家长印发了家庭教育的相关资料。

此次家长会拉近了学校和家长的距离，使家长们在学校管理、家庭教育、家校联系等方面达成了共识，为城北中学今后工作的进一步顺利开展奠定了基础。

附录 1:

活动方案

为了帮助家长了解学生在校情况，使家长深入了解学校的现状和有关政策规定，与家长联手处理好即将来临的事情，例如考试等，和家长进行沟通，互相了解学生在另一半时间和空间里的情况，使家长和老师都能更全面了解学生，引导家长用更合理的方式教育和管理孩子，现制定六(3)班家长会实施方案。

一、主题

加强家校联系，构建和谐教育

二、目的

1. 宣传学校办学理念、治校特色、管理要求、育人氛围，使家长更好地了解我们学校，展示学校实施素质教育和办学的成果，张扬学生的个性特长。

2. 向家长汇报学生在校的学习、生活、成长等情况，了解学生在家中的表现。引导家长形成正确的教育观，密切家庭与学校的联系，共同关注孩子健康、快乐地成长。

三、家长会准备

1. 家长会有关资料。

(1)家长会签到表及家校交流材料。

(2)家长会班主任发言稿纸或演示文稿。

(3)学生代表的发言稿。

2. 班主任主动邀请主要任课教师作交流(如数学老师、英语老师)。

3. 布置教室(如在教室前面黑板写主题欢迎词，在学生的课桌上放好学生的作业本等)

4.准备好发言稿。发言稿应包括以下内容：

(1)介绍半学期以来学校、班级基本概况。

(2)向家长汇报学生学习情况和行为习惯情况。

(3)向家长介绍学习方法、教育子女的方法，并向家长提出具体要求(如作业要求、多读课外读物要求、安全防范要求、早晨到校以及下午放学等要求)。

五、家长会程序

1.全校师生及与会家长集中在教室

(1)由胡校长讲解我校的基本情况。

(2)严校长就家庭教育问题进行讲座。

2.在各班教室集合开展以班为单位家长会。

3.家长签到并填写家校互动材料。

4.班主任班级情况介绍以及对家长的建议和要求。

(1)班级整体情况介绍。

(2)六年级学生的特点。

(3)家长查阅自己孩子的作业，了解学生的学习及考试情况。

(4)现在存在的一些问题(如安全问题，学习问题，学生心理问题等)。

(5)向家长介绍学习方法、教育子女的方法，并向家长提出具体要求。

5.任课教师介绍学生情况，并与家长个别交流。

6.和个别家长进行单独交谈。

7.家长提出意见，班主任，任课教师和家长达成一致，共同为了孩子的成长进步努力。

附录 2:

芦溪镇中六(3)班家长会流程

时间:2016 年 11 月 19 日上午 9:00

主持人:班主任

参加对象:班主任、科任教师、六年级全体学生和部分学生家长(50 人)

会议目的:研讨怎样提高学生的学习成绩及良好的学习习惯的养成

过程记录:

一、班主任致欢迎词,学生中队活动课展示

二、向各位家长说明这次开家长会的意图

1. 培养良好的学习习惯,提高学生的学习成绩。

2. 鼓励学生参加各种兴趣小组活动,培养孩子的特长。

三、班主任老师就当前班级情况及学习情况进行汇报

1. 介绍学校的基本情况及班级学生人数,整体情况。

2. 表扬这几个月来学习、卫生、纪律、品格各方面表现突出的学生。

3. 公布期中调研测试成绩。

4. 关于作息时间 、学习方面以及班级情况的说明。

四、学生代表发言

五、家长发言,交流

六、教师与家长共同探讨解决的方法

1. 加强良好习惯的养成和督促。

2. 对于卫生习惯太差的学生,家长、教师共同配合,加强检查、指导、督促,加强家校联系……

七、班主任总结

八、道别

芦溪宣风镇中心学校亲子共读活动纪实

芦溪县宣风镇中心学校　辛均晓　易志英

一、活动背景

现在越来越多的家长抱怨:孩子刚回家就玩电脑游戏,孩子不爱看书,孩子学习习惯不好……错,难道责任百分之百全在孩子身上吗?家长是孩子永远的老师,要为孩子建立一个学习型的家庭,要努力争做学习型家长。宣风镇中心学校致力于建设"书香校园"的同时,为了给孩子创造良好的家庭阅读环境,促进孩子阅读兴趣及阅读习惯的养成,特提出"亲子共读　家校和美"读书活动。引导家长通过读书转变教育观念,掌握育子经验,增进亲子感情,构建浓郁的"书香家庭"。

活动主题:亲子共读　家校和美

二、活动目标

1.通过亲子共读活动,创设温馨的家庭学习氛围,使学生、家长养成读书的习惯,努力构建"书香家庭"。

2. 通过家长读书活动，提升家长教育孩子的理论和实践水平，提高家庭教育质量。

3. 通过亲子共读分享，共享读书所得，带动更多的家长做学习型好家长。

三、活动过程

1. 营造氛围

发放“亲子阅读，共享幸福时光”亲子共读活动倡议书。通过班会、广播、公众号等窗口，对活动的目的意义进行宣传。倡导家长给孩子提供静心阅读的时间、空间和足够多的好书；与孩子共读好书，共享亲情阅读的别样风采。

2. 好书推荐

学校开辟专栏，利用学校微信平台向家长推荐优秀家长教育用书、优秀儿童读物。提供购书单，发动家长为孩子购买2～3本课外读物。

3. 共读步骤

(1)学生制订阅读计划，教师教会学生掌握正确的阅读方法。

(2)个人阅读与家庭共读相结合。学校大厅有开放书吧，教室里有图书角，学生可以挑选自己喜欢的课外书尽情阅读，还可借阅回家和家人共读。家里的好书也可以带到班上推荐给同学，并与同学共读。校内家内，处处有书香。

(3)认真撰写读书笔记。鼓励学生摘录和随时记下自己的心得体会、有感而发。开展“亲子读书活动小书签”“亲子读书摘要”的卡片制作征集活动；班级设立“书香园地”，由班级定期张贴“好书推荐”“名人名言”“我最喜欢的……”“我的日记”等栏目，由同学们自己介绍自己看过的新书、好书，交流自己在读书活动中的心得体会，形成良好的读书氛围；期末对学生的读书笔记进行评选，评出“最美摘星”，给予表彰。

(4)班主任定期向学生及家长了解读书情况，填写《亲子读书反馈表》，也可以利用微信展示学生和家长在家里阅读情况。

4. 家长交流

阅读与家庭教育相结合。班主任定期召集家长聚在一起，共同探讨以亲子共读、亲子学习为引线，共建和谐关系的“家教沙龙”，在班级微信群里组织“畅谈家教知识”，家长们纷纷交流共读的收获或者疑虑，把读书学到的理论，用来指导和改进育人工作。91%的家长能踊跃发言，大家互相学习，取长补短，共同进步。

5.展示风采

(1)开展家长亲子共读心得交流会。在交流会上畅所欲言，对学习心得进行评选，评出优秀读书个人进行奖励，并把评选结果晒在学校的微信平台。

(2)评选“最美亲子共读照片”，评选“书香家庭”。家长参与阅读情况、阅读计划和总结情况，都作为评选的重要内容。

(3)学生诵读和亲子共读展演出。

利用家长会，各班组织5～8个家庭，以家长和孩子合作的形式，通过个性化的家庭介绍、家庭才艺展示、家长与孩子合作诵读等形式展示亲子阅读的成果。其他家庭观摩学习。

四、活动成效

“腹有诗书气自华”，老师们欣喜地发现，自从“亲子共读 家校和美”的活动开展以来，很多方面发生了可喜的变化：

家长的教育理念正悄悄发生着转变，让孩子爱上看书不单单是老师的专利了，家长也有义务有责任把孩子引入读书的殿堂。

学生们更爱阅读更爱学习了，课余追逐打闹的现象少了许多。学校、家庭的阅读的氛围更浓厚了，孩子们愿意静静地读，静静地写，理解能力和写作能力有了明显提高。

亲自共读，交流之间也多了许多共同话题。家长“教有法”，孩子“愿倾听”，亲子之间的沟通也更和谐了！

学生们在各类活动中表现更加从容自信，文明素养得以提升！

附录：

“亲子共读　家校和美”活动方案

一、活动目的

学校是孩子学习成长的地方，家庭是孩子栖息的港湾。父母又是孩子的第一任老师，家庭、学校是孩子一生受教育的两个重要阵地。家校携手，开展“亲近阅读，家校和美”亲子读书活动，营造浓厚的书香校园氛围，激发学生的读书兴趣，培养孩子读书习惯，促进孩子全面健康地成长。建设“书香校园”、“书香家庭”。

二、活动口号

1. 我读书，我快乐，我读书，我美丽。

2. 让学习成为习惯，让读书成为乐趣。

3. 亲子共读，共同成长。

4. 让书，成为我和家人共同的朋友。

三、活动时间

2017 年 4 月—2017 年 9 月

四、活动准备

（一）校园

1. 校园内的走廊、宣传橱窗等阵地张贴宣传标语、名人名言等，营造出一种浓郁的读书氛围，让学生明白读书的益处。

2. 学校图书保证做到全天开放，清源楼和尚美楼大厅开设开放型读书吧，每班设有图书角，方便学生借阅图书。

3. 各班级开展“书香园地”活动，介绍有关名人读书的故事，推广优秀书目，交流学生和家长的读书心得，让学生好读书，读好书，在潜移默化中受到书的熏陶。

（二）家庭

1. 每个家庭为孩子创造一个好的阅读环境，建立家庭小书库。

2. 家长带孩子购买一些必读书目（见推荐表）。

五、活动过程

第一阶段：宣传动员（3 月中旬）

1. 发放《亲子读书活动倡议书》，倡导亲子读书活动的理念。家长和孩子每天晚上坚持一起分享 30 分钟左右的阅读时光；定每周星期天的一小时时间为读书时间，和孩子一起阅读。家长和孩子互相监督各自的阅读情况，达到共同提高的目的。形成家校读书合力，引导家长为孩子营造书香家庭的氛围。

2. 通过班会、广播、公众号等窗口，对该活动的目的意义进行宣传。

第二阶段：组织实施（3 月下旬—9 月中旬）

1. 向家长宣传必读的书目，结合学校的活动和语文课文开展拓展阅读。

2. 每一位同学要在班主任的具体指导下制订阅读计划，教师要教会学生掌握正确的阅读方法。

3. 班主任定期向学生及家长了解读书情况，填写《亲子读书反馈表》，也可以利用微信展示学生在家里阅读情况。

4. 根据《亲子读书反馈表》，评选读书之星，并向各位家长通报，让家长充分重视，并向自己的孩子宣传身边的榜样，促进孩子的阅读兴趣。

5. 各班级设计一个班级“书香园地”，由班级定期张贴“好书推荐”“名人名言”“我最喜欢的……”“我的日记”等栏目，由同学们介绍自己看过的新书、好书，交流自己在读书活动中的心得体会，在班级中形成良好的读书氛围。

第三阶段：成果汇报（4 月、6 月、9 月）

1. 2017 年 3 月：开展“小书房评比”活动，数一数我有几本藏书，比一比谁读过的书多，开展评比，向家长们告知。

2.2017 年 4 月：开展“亲子读书活动小书签”“亲子读书摘要”的卡片制作征集活动。可以将自己创作的读书名言制作成小书签。将读书活动中读到的精彩片段、好词好句、名人名言记录下来制作卡片，要求人人参与，内容与课外阅读有关，每个班级装订一本。开展“最美亲子共读照片”的评比。

3.2017 年 5 月—6 月：开展“班级亲子读书交流会”，各班组织 5～8 个家庭，以家长和孩子合作的形式，通过个性化的家庭介绍、家庭才艺展示、家长与孩子合作诵读等形式展示亲子阅读的成果。交流材料各班择优上交 3 篇。

4.2017 年 9 月进行“书香家庭”评比。评比的内容：家庭藏书量、亲子共读经验交流材料，亲子读书笔记、日记等文字资料及相关的音像资料。